36가지 계략 속에 담긴

중국인의 지혜

〈原題 : 三十六計〉

* 일러두기

1. 책의 원문은 〈상해강동서국(上海江東書局)〉의 판본을 기준으로 하였다. 36계의 원문에 총론과 주해가 함께 실려 있는 글이다. 다만 간자체로 되어 있는 부분은 정자체로 바꾸었다. 다른 책과 대조하여 몇 개의 오탈자는 수정하였다.
2. 전체의 구성은 *계략의 유래 *본문 및 주해 *해설의 세 부분으로 되어 있다. 계략의 유래는 한국과 중국의 기존 자료를 참조하고 원전을 찾아 확인하여 가장 타당한 부분을 택하여 소개하였다. 본문 및 주해는 원문과 안(按)에 대한 번역과 원문을 실은 것이다. 번역은 원문에 충실한 것을 원칙으로 하되 분명한 의미가 드러나도록 일부 가감하고 의역하였다. 해설은 독자의 이해를 돕기 위하여 각 계략마다 역자가 이해한 내용과 주관적인 느낌을 그대로 드러내었다.
3. 원문 및 번역에서는 한글의 번역문을 먼저 싣고 한자의 원문을 아래에 배열하였다. 그리고 한자에는 한글음의 덧말을 붙여 한자를 모르는 사람들도 음을 읽을 수 있도록 하였다.
4. 주석은 세 부분으로 되어 있다. 한자의 해석이나 인용문의 출처와 관련된 부분은 원문에 주석을 달았다. 인명이나 지명 및 고사와 관련된 내용은 한글 번역문에 주석을 달았다. 주역의 내용과 관련된 부분은 본문에 삽입시켰으며, 원문과 주해의 아래에 배열하였다.
5. 각 계략을 해석함에 있어 다음의 점을 중시하였다. 계략 자체의 내용과 그것의 사용방법, 인용하고 있는 주역의 괘에 대한 풀이, 전체 6장 36계의 구조 속에서 각 계략이 위치하고 있는 의미가 무엇인지를 밝히고자 하였다. 그리고 중국인의 사유방식과 현대사회에서 활용할 수 있는 방안이 무엇인지를 음미하였다.
6. 인명과 지명은 한국식 발음으로 통일하였다. 다만 각 계마다 처음 나오는 인명과 지명의 경우 중국식 발음을 병기하였다. 예) 제갈공명(諸葛孔明 : 주꺼콩밍), 천진(天津 : 톈진).
7. 주를 처리함에 있어 인물이나 지명, 고사 등 앞 장과 중복되는 경우 뒤의 것은 생략하였다.

36가지 계략 속에 담긴
중국인의 지혜 〈原題 : 三十六計〉

발행일 2010년 04월 12일 발행인 송용호 지은이 무명씨 역해 김방룡
펴낸곳 궁미디어(충남대학교출판부) 주소 대전광역시 유성구 대학로 79
전화 042-821-6045 홈페이지 cnupress.cnu.ac.kr E-mail cnupress@cnu.ac.kr

ISBN 978-89-7599-346-6 93150
값 : 15,000원

36가지 계략 속에 담긴

중국인의 지혜

原題 : 三十六計

김방룡 역해

궁미디어
GUNGMEDIA

| 머리말 |

생명이란 음과 양이 만나서 이루어진다. 우연히 알 수 없는 끌림에 의하여 만나게 되고 갑갑함과 설레임, 절망과 황홀, 혼돈과 격정 속에서 탄생한다. 오랜 기간 준비하고 계획하고 정성을 다하여 만들어진 생명도 있겠으나, 혼돈과 격정을 통해 만들어진 생명만큼 운명적이지는 않다. 책도 예외는 아닌 것 같다.

『삼십육계』와 만남은 예기치 못한 우연이었다. 불혹의 나이에 훌쩍 집을 떠나 중국의 유학생활을 시작한 지 정확히 한 달이 되던 날, 역자는 북경(北京 : 뻬이징)을 벗어나 기차여행을 해보고 싶은 충동을 강하게 느꼈다. 그동안 배운 중국어 실력을 시험할 겸 같이 유학생활을 시작한 K박사와 함께 우리는 가까운 천진(天津 : 톈진)으로 향했다. 천진에 도착하여 우리가 찾아 간 곳은 서울의 인사동 거리와 같은 '고문화가(古文化家 : 구원화지아)' 였다. 새롭게 단장한 건물사이로 중국의 향수가 물씬 풍기는 물건들이 즐비해 있었다.

그 고문화가를 돌다가 우연히 필자의 눈에 띈 것이 바로 『삼십육계』란 책이다. 한 50년쯤은 족히 지났을 것 같은 누런 창호지에 손으로 직접 실을 역어 제본된 것이 3권으로 묶여 있었다. 여기저기 물기의 흔적과 손때가 묻어 있고 그 표지에는 '三十六計 上海江東書局 印行' 이라는 글씨가 가는 붓글씨로 쓰여 있었다. 저자도 엮은이도 또 발행 연도도 표시되어 있지 않은 책이었다. 당분간 어학관련 이외의 책은 사지도 보지도 않겠다고 다짐을 했던 터라 한 참을 망설였지만, 너무 다정하게 유혹하는 누런 종이의 손짓을 거부할 순 없었다. 결국 3권에 인민

폐로 15위엔(한국돈 1750원) 달라는 것을 깎아서 10위엔(1300원)을 주고 구입하였다.

『삼십육계』를 알고는 있었지만 한자 원문과 주해가 달린 책을 접한 것은 처음이었다. 시간이 날 때마다 조금씩 읽어나가다가 어느 순간 완전히 거기에 빠져버렸다. 누군가를 닮아 있는 것 같은 느낌, 그의 냄새가 잔뜩 배어 있는 느낌, 다가갈 순 없지만 거부할 수 없는 그런 느낌을 받고 있었다. 무엇일까? 평정을 찾지 못하고 어이없이 나의 마음을 흔들어 버린 그 실체는.

중국이었다. 중국인과 닮아 있었다. 불교를 배우기 위해 중국에 왔건만 커다란 절만 있을 뿐 불교는 보이지 않고, 잔뜩 향을 태우고 기도하는 신도들의 모습 속엔 왠지 불교 특유의 냄새가 나지 않아 외면하게 되고, 알 것 같으면서도 이해되지 않고 쉽게 다가설 수 있을 것 같은데 먼발치에 있는 그 중국인과 닮아 있었다. 유교적이지도 않고 그렇다고 사회주의적인 것은 더더욱 아닌 중국인들의 의식. 『삼십육계』를 보며 필자는 그런 중국인의 내면을 훔쳐 볼 수 있었다.

고전을 번역하는 작업은 전공자가 오랜 시간 공을 들여 원전의 의미가 충실히 드러났을 때 조심스레 세상에 내놓는 것이 옳다. 그래야 그 책이 본래 가지고 있는 의미에 충실할 수 있다. 그러나 어떤 고전을 현대에 부활시키는 것은 새로운 해석의 힘이다. 힘든 교양의 축적이 아닌 '아!' 하는 감동과 재미를 불어넣어야 한다. 현대적인 사유로 고대인에게 접근하여 단절된 의사소통의 지점을 확인해야 한다. 서로 말이 통하지 않는 갑갑함을 충분히 느끼고 손짓 발짓을 해가며 소통을 이루어내야 한다. 전공자의 번역이 우리에게 다가오지 않는 것은 그 갑갑함을 외면하고 고대인의 언어로 우리에게 다가오기 때문이다. 그 단절과 갑갑함을 독자와 같이 호흡하며 현대인의 사유로 고전에 다가가서 현대적인 언어로 설명하는 번역서가 필요하지 않을까?

고대인과 현대인, 중국인과 한국인 사이에 단절된 의사소통의 지점을 역자는 『삼십육계』를 읽으면서 발견하였다. 그리고 가슴을 꽉 누르는 갑갑함을 느꼈다. 그러면서도 『삼십육계』와의 인연을 놓을 수가 없었다. 그냥 눈으로 읽어가던 것을 컴퓨터에 옮기고 그것을 번역하고 거기에 나름을 설명을 붙여 보았다. 갑갑함은 어느 사이 알 수 없는 열정으로 바뀌었고, 그 열정은 계속해서 또 다른 자료들을 볼 수 있게 했다. 아마도 이 책을 읽기를 원하는 누군가가 기다리고 있는 것만 같았다.

춘추전국시대의 혼란기 속에서 중국의 수많은 철학이 탄생한다. 제자백가의 사상이 그것이다. 혼란기에 살아남는 지혜, 안정된 사회를 꾸려 인간다운 세상을 만드는 지혜, 혼란기의 현실을 초월하여 마음의 평안을 누리며 살아가는 지혜 등 다양한 삶의 방식이 체계적으로 정리되었다. 그러한 사상은 역사가 흐르면서 사회적 상황과 개인적 취향에 따라 추앙되었고, 새롭게 보완되었고, 외부의 사상이 들어와 중국화되었다. 때론 서로 다른 사상을 통합하여 새로운 사상을 창조하면서 중국사상사가 전개되어 왔다. 병가(兵家)의 사상도 그 중에 하나이다.

중국의 병법을 대표하는 것은 무경칠서(武經七書)이다. 『손자병법』·『오자병법』·『육도』·『삼략』·『사마법』·『위료자』·『이위공문대』가 그것이다. 여기에 『황석공소서』·『제갈량심서』·『삼십육계』를 덧붙여 10권의 책이 중국인들이 애호하는 10대 병서이다. 『황석공소서』는 유방(柳邦 : 리우방)의 책사였던 장량(張良 : 장량)이 애지중지 했던 책이며, 『제갈량심서』는 유비(劉備 : 리우뻬이)의 군사인 제갈공명(諸葛孔明 : 주꺼콩밍)이 쓴 책이다.

『삼십육계』를 누가 지은 것인지는 분명하지 않다. 송나라 때의 명장 단도제(檀道濟 : 탄따오지)가 고래의 병법들을 집대성하여 만들었다고 하는데, 이는 단도제가 "36계 중에서 달아나는 것이 상책이라고 말했다"는 내용에 근거한 것이다. 그러나 단도제가 『삼십육계』를 지었는지는 불문명하고 그 이전에 이미 36계가 민간에 회자되었음을 알 수 있다. 분명한 것은 주해가 실려 있는 이러한 형태의 『삼십육계』가 아닌 것은 분명하다. 왜냐하면 이 책에는 단도제에 관한 몇 가지 일화들이 실려 있기 때문이다. 따라서 송나라 이후에 지어진 것으로 보아야 한다. 주림(朱琳 : 주린)이 지은 『홍문지(洪門志)』에는 청대 초에 홍문회에서 『삼십육계』를 편찬한 일이 있다는 기록이 전한다. 이를 근거로 홍문회에서 편찬한 것이라고 주장하기도 하나, 이는 홍문회의 필요에 의하여 책을 인쇄한 것이고 그 이전에 편찬된 것으로 보인다. 이러한 사실로 미루어 송나라 이후 명나라와 청나라 시대에 누군가에 의하여 정리되어 전해 내려온 것으로 짐작된다. 그리고 36가지의 계략 속에는 단순히 전략과 전술의 내용을 담고 있는 것이 아니라 풍부한 처세술을 내포하고 있어서 중국인들이 즐겨 읽어 왔던 것 같다. 저자의 이름을 밝히지 않고 있는 것은 목판으로 간행되거나 필사되긴 했지만 당시 지식인들이 드러내놓고 이야기하기를 꺼렸기 때문인 것 같다.

현대를 살아가는 우리에게 과거의 병서가 무슨 의미가 있을까? 인공위성을 이용하여 적의 동태를 정확히 파악하고 수만리 떨어진 거리에서 미사일을 발사하여 정확히 적의 기지를 폭파하는 시대에 살아가고 있는 우리이다. 말을 타거나 뛰어가서 칼싸움을 벌이던 시대의 전쟁이야기가 무슨 교훈과 지침을 줄 수 있을까? 이러한 의문을 가질 수 있다. 분명 과거의 병서가 쓰여 졌던 시대 상황은 지금의 상황과는 크게 다르다. 그리고 중요한 것은 현대이지 분명 과거는 아니다.

과거에 중요했던 가치가 현대에는 중요하지 않게 되고 반대로 과거에 중요하지 않던 가치가 현대에는 중요한 가치로 부각되기도 한다. 과거 전시에 사용되던 병서 중의 하나였던 『삼십육계』라는 책이 현대에는 정치 · 경제 · 문화 · 스포츠 · 광고 · 게임 등 많은 분야에서 활용될 수 있다. 그것은 현대인의 삶이 점점 무한 경쟁 속에 놓이게 되고 흡사 과거 전투장을 방불케 하기 때문이다. 살아남기 위해서는 전문적인 지식과 함께 계략이 필요하게 된 것이다. 현대인에게 계략은 은밀히 숨어서 상대를 음해하거나 자신을 보호하던 도구가 아니라, 공개적인 경쟁 속에서 상대를 이기고 성공하는 지혜의 도구가 된 것이다.

'36가지 계략' 속에는 싸움에 대한 기술뿐만이 아니라 싸움을 치르는 사람이 지켜야할 원칙, 싸움을 풀어나가는 방식 그리고 싸움 뒤에 해결해야할 문제가 무엇인지에 대한 중국인의 지혜가 고스란히 담겨 있다. 전쟁은 생(生)과 사(死)를 가르는 싸움이다. 인간의 욕망이 극명하게 표출되는 현장이다. 그러기에 계략 속에는 인간의 교묘한 심리가 그대로 투영되기 마련이다. 상대방의 심리를 정확히 파악해야 만이 전쟁을 승리로 이끌 수 있기 때문이다. 월드컵 4강 신화를 이루어냈던 히딩크 감독은 스포츠심리학의 대가라고 한다. 스포츠가 사회에 끼치는 영향과 스포츠를 통해 대중을 하나로 묶어내는 방법과 한국인의 심리적 특징에 대한 해박한 안목을 지니고 있었기에 '히딩크 신화'를 만들어 낼 수 있었던 것이다. 그는 동서양의 병서에 대하여 해박한 지식을 소유하고 있었던 것이다.

우리는 '권모술수(權謀術數)'를 나쁜 것으로 배웠다. 36계에서 말하는 계략 또한 일종의 권모술수이다. 우리가 어떤 일을 '정도(正道)'로서 해결할 수 없을 때 '권도(權道)'를 사용한다. 그런데 조금 달리 생각해 보면 '정도'를 실현하기 위해서는 '권도'를 알아야 한다. 상대가 권모술수를 통하여 자기를 공격해올 때 그것을 간파하지 못하면 위험에 처할 수밖에 없다. 따라서 상대의 의도를 파악하지 못하면 자기가 주장하는 '정도'는 한낱 명분이나 구호에 불과할 수 있다. '36계'는 겉으로는 권도, 위궤, 권모술수 등을 논하고 있지만 그 이면에는 전쟁과 치열한 생존경쟁에서 살아남기 위한 지혜가 담겨져 있다. 그것은 바로 '정도'의 적극적인 구현이라 할 수 있다.

그러기에 '36가지 계략' 속에는 우주 자연의 도에 순응하는 도가철학과 역(易)의 사상이 깊게 깔려 있다. 중국 병서는 문왕과 무왕의 스승이었던 강태공(姜太公 : 지앙타이공)이 지었다 하는 『육도』·『삼략』이 그 효시를 이룬다. 나라를 다스리는 구체적인 방법에 대한 문왕과 무왕의 물음에 대하여 태공이 가르치고 있는 내용의 철학적 바탕은 도가철학과 역의 원리이다. 도가철학과 역의 원리 속에서 병가와 도교가 탄생한 것이다. 중국인 특유의 현실 중시의 삶의 방식은 이런 도교와 병가의 사상에서 찾아진다. 비록 『삼십육계』는 상대를 속이고 위장하고 유인하고 반격하고 교란하여 적을 이기는 구체적인 계략을 말하고 있지만, 그 근본적인 철학은 『육도』·『삼략』과 마찬가지로 도가철학과 역의 원리이다. 도가철학과 역의 핵심적인 사상은 '반자도지동(反者道之動)' 즉 '되돌리는 것, 그것이 도의 움직임이다.' 라는 것이다. 극한 것은 다시 거꾸로 변화한다. 미래의 변화를 읽어내고 거기에 맞추어 움직이는 것이 생존의 비결이다. 아무리 어렵고 힘이든 상황이라 하더라도 이제 바닥을 찍고 다기 올라간다는 희망을 가지는 것, 그 변화의 이끌어 내는 동력을 찾아 의지를 가지고 행동하는 것이야 말로 현대를 살아가는 지혜일 것이다.

책의 제목을 『36가지 계략 속에 담긴 중국인의 지혜』라고 붙여 보았다. 그 이유는 이 책이야 말로 중국인의 사유를 잘 드러내고 있다고 보았기 때문이다. 우연히 내게 운명처럼 다가온 낡고 오래된 책 속에서 분명하게 중국인을 보았기에 이렇게 혼을 불어넣은 것이다. 독자들은 아마 낡은 고전 하나를 만나서 틈틈이 이야기를 나누며 유학생활의 고적함을 달래었던 필자의 심정을 느낄 수 있을 것이다. 아무리 어려운 고전이라 하더라도 사랑하는 연인의 몸을 더듬는 정성으로 한 글자 한 글자 더듬어 가다보면 어느 순간 글자 뒤에 숨어 있는 자신의 속내를 털어놓기 마련이다. 사랑하면 할수록, 관심을 기울이면 기울일수록 감추어진 속내를 하나씩 드러내어 주니 고전을 읽는 즐거움에 빠져볼만 한 것 같다.

다소 감상적이고 적조한 마음으로 이 글을 번역하고 주를 달고 해석을 붙였지만, 이 글의 내용은 지극히 비정(非情)하고, 현실적이다. 필자의 입장에서는 비정하고 현실적인 것으로 적조함을 달랬지만, 이 책을 읽는 독자에게는 계략 속에 담긴 지혜를 터득하는 즐거움과 생활 속에 활용하는 유용함이 있기를 기대해 본다.

2006년 모 출판사에서 출판하기로 하였다가 한 동안 미루어 놓았던 작업을 이렇게 충남대 출판사와의 인연을 통하여 독자들과 만나게 되었다. 불교를 전공하는 필자의 입장으로서는 이러한 외도(外道)가 여간 망설여지는 일이긴 하지만 그러하기에 독자들로서는 공감이 있는 면도 있으리라 생각해 본다. 끝으로 흔쾌히 책을 출판해 준 충남대 출판부에 감사드린다.

2009. 10.

유성 연구실에서 김방룡.

| 목차 |

혼전계

적이 혼란한 틈을 이용해 승기를 잡는 전략

병전계

내부의 적과 외부의 적을 아울러 상대하는 전략

패전계

불리한 상황에서 국면을 전환하는 전략

■ 본문 및 주해

【본문】 6과 6을 거듭한 수가 36이다. 수(數) 가운데서 술(術 : 계략)이 나오고, 술 속에는 수가 있기 마련이다. 이는 음(陰)과 양(陽)이 변화하는 이치 속에 반드시 기틀(機)이 있는 원리와 같다. 기틀이란 말로 설명할 수 없으며, 설사 말로 설명한다 해도 적중되지 못한다.

(原文) 六六三十六，數中有術，術中有數[1]。陰陽變理 機在其中[2]。機不可設，設則不中[3]。

---

1 수중유술(數中有術), 술중유수(術中有數) : 수(數)와 술(術)이 상호 밀접한 관계를 맺고 있음을 말하고 있다. 역에서 상(像)과 수(數)와 술(術)을 구분하여 말한다. 고대 중국인들은 하늘의 뜻을 물어 그것을 행동으로 옮기려 했다. 성인이란 하늘의 뜻을 대행하는 자이다. 상이란 하늘의 뜻이 형상으로 나타나 있는 모습이다. 수란 상의 모습을 해석해 낸 것이다. 술이란 수를 통하여 구체적인 처세와 전략의 방법을 세우는 것을 말한다. 따라서 수(數) 속에는 하늘의 뜻이 담겨있으며, 그러한 뜻에 맞추어 술(術)을 전개하는 것이 바른 술수라 할 수 있다. 술수는 일상적으로 나쁜 의미로 사용되고 있지만 고대 중국인들에게 있어서는 이처럼 긍정적인 의미가 내포되어 있다. 술(術)이란 자연을 탐구하고 사람이 처세하는 방법으로서의 점술, 기술, 병법, 의술 등을 포괄한다. 수(數)에는 상수(象數), 천수(天數), 예수(禮數), 명수(命數), 역수(曆數), 율수(律數), 의수(醫數), 산수(算數) 등의 여러 가지가 있다.

수가 하늘의 뜻을 대변하고 있다는 생각은 중국뿐만 아니라 고대인들의 공통적인 생각이었다. 피타고라스정리로 유명한 피타고라스는 수학자이자 천문학자였으며 한 종교집단을 이끄는 우두머리였다. 피타고라스학파는 당시 대표적인 종교 공동체였다. 그들은 우주가 수의 원리에 의하여 창조되었다고 믿었다. 특히 '직각삼각형의 양변의 제곱의 합이 빗변의 제곱과 같다'는 피타고라스의 정리의 발견은 그러한 확신을 결정적으로 강화시키는 계기가 되었다. 그러나 피타고라스학파는 '피타고라스 정리'의 발견으로 위기에 처하게 된다. 그것은 양변을 1로 하였을 때 그의 제곱의 값이 당시까지 있었던 확정된 수로서 존재하지 않는다는 사실이 발견되었기 때문이다. 수학사에 있어서 피타고라스정리는 무리수를 발견하는 기념비적인 업적을 남겼지만, 그로 인하여 피타고라스학파는 우주가 모두 수로 만들어져 있다는 믿음을 잃게 됨으로써 결국 쇠망의 길로 들어서게 되었다.

2 음양변리(陰陽變理), 기재기중(機在其中) : 음양의 변화하는 이치와 기틀과의 관계를 밝히고 있다. 음양의 변화하는 이치는 상극과 상생의 원리이다. 기틀이란 근본적 동인이다. 우주의 도(道)이며 태극(太極) 혹은 이(理)라고 말할 수 있다. 음양의 변화원리 속에 기틀이 존재하고 있다는 것이다. 결국 36계의 계략의 성패는 우주의 도에 적중하느냐 그렇지 않느냐에 따라 나타난다는 철학이 깔려 있다.

【주해】 위의 뜻을 해석해 보자. 6과 6이란 수가 거듭되었다고 해서 그 속에 담긴 원리(理)가 반복되는 것은 아니다. 대개 원리란 술(계략)로 표현 되었을 때 그 의미가 분명히 드러난다. 그러나 수란 달로서 표현할 수가 없다.

만약 36계를 공부하는 사람들이 술(계략)이 어떻게 슬이 되는 것인지를 알지 못하고, 또 술(계략) 가운데 수가 있음을 알지 못한다면, 아무리 많은 술(계략)을 알더라도 그것을 제대로 활용할 수는 없다.

궤(詭)와 모(謀)와 권(權)과 술(術)은 원래 일상적인 생활 속에 있고 사람들의 감정 속에 있는 것이다. 베를 짜는 일은 날줄을 떠나지 않는다. 이처럼 근본적인 원리를 떠나서 계략을 꾀하려 하면 바른 견해를 세울 수가 없다. 그것은 세상을 혼탁하게 하며 사람들을 혹(惑)하는 것이며, 기틀과 계략을 꾀하는 사이에 틈이 벌어져 새는 것과 같은 것이다.

혹자는 말한다. 36계 가운데 매 6계가 하나의 묶음을 이룬다. 구체적으로 제 1장은 승전계이다. 제 2장은 적전계이다. 제 3장은 공전계이다. 제 4장은 혼전계이다. 제 5장은 병전계이다. 제 6장은 패전계이다.

---

3 기불가설(機不可設) 설즉부중(設則不中) : 기틀, 즉 우주의 도는 말로 설하여 질 수 없는 것이다. 같이란 현상을 규정하고 속박하게 된다. 규정하고 속박되어지면 결국 적중되지 못하게 되는 것이다. 그러기에 노자는 "도가도비상도(道可道非常道)"라고 말하고 있는 것이다. "도가 이러 저러한 것이라고 말한다면 그것은 진짜 도는 아니다."는 노자의 일갈은 도의 성격을 분명히 말하고 있다. 여기서 말하는 기틀 또한 마찬가지이다. 말로 설하여질 수 있는 것이 아니다. 따라서 36계의 운용은 정하여지거나 규정된 것이 아니라 그 때 그 때 운용하는 것이다. 근본적인 기틀을 스스로 알 게 될 대단이 응용이 가능한 것이다.

(按) 解語重數不重理。蓋理，術語自明；而數，則在言外。若徒知術之爲術，而不知術中有數，則術多不應。且詭謀權術，原在事理之中，人情之內。倘事出不經，則詭异立見，託世惑俗，而機謀泄矣。

或曰；三十六計中，每六計成爲一套[4]；第一套爲勝戰計；第二套爲敵戰計；第三套爲功戰計；第四套位混戰計；第五套爲幷戰計；第六套爲敗戰計。

■ **해설**

동양적 사유의 멋스러움이 그대로 드러나는 총론이다.

왜 하필 36계인가? 그것은 6 곱하기 6이 36이란다. 너무도 당연한 말, 어찌 보면 의미 없는 말 같기도 하고 어린아이들도 알 수 있는 듯한 말로 36계는 시작되고 있다. 도대체 '6'이란 수가 왜 그토록 중요한 것일까? 이 책의 신비와 의문은 여기서부터 시작된다.

서구적 사고에 길들여진 우리로서는 동양의 사유구조가 낯설다. 낯설음의 근본적인 원인은 무지함 즉 모르기 때문이다. 허구적이고 미

4 투(套) : 한 벌을 말한다. 여기에서는 장으로 번역하였다.

신적이란 말을 쉽게 내뱉는다. 무지한 자의 자기변명, 자기방어일 뿐이다. 사유는 예술이다. 나와 외부세계를 연결하는 것은 사유의 힘이다. 동양의 고전을 읽는다는 것은 동양의 사유구조를 복원해 내는 일이다. 동양의 사유구조를 이해하지 못하고서 동양고전을 읽게 되면 자칫 아전인수(我田引水) 격으로 해석하는 오류에 빠질 수 있다. 그러기에 고전을 읽을 때면 항상 '갑갑함'이 밀려온다. 누군가 그 '갑갑함'을 시원스레 풀어주었으면 하지만 그러한 기대감은 대개는 절망감으로 되돌아온다.

36계의 저자는 이렇게 이야기 하고 있다.

> "너희가 '6'의 의미를 아느냐? '6'의 수수께끼를 풀지 못하면 36계는 이해할 수 없을 걸!"

도대체 36계의 저자는 무엇을 의식하고 있는 걸까? 36가지의 기가 막힌 병법을 가르치는 자의 마음속에 가장 중요한 것이 무엇일까? 그것을 우리는 읽어내야 한다. '6'. '여섯'. 단순히 36가지가 아닌 중요한 의미를 간직하고 있는 '6'의 곱으로서 36의 의미를 우리는 깊게 생각해야 한다. 그 속에 저자의 철학과 사유가 응축되어 있기 때문이다.

'6'에 대한 수수께끼의 실마리는 역(易)에서 찾을 수 있다. 역에 있어 '6'이란 음을 대표하는 상징이다. 우주는 수로 표현된다. 수란 우주의 운행원리에 대한 일종의 암호이다. 우주를 생성하는 수는 1[水, 北], 2[火, 南], 3[木, 東], 4[金, 西], 5[土, 中央]이다. 그리고 완성된 수는 6[水, 北], 7[火, 南], 8[木, 東], 9[金, 西], 10[土, 中央]이다. 우주는 음과 양으로 구성되어 있다.

이러한 수와 방위에 대한 약속은 일찍이 중국인의 사유구조 속에 정착하였다. 천문학, 풍수지리, 한의학, 역, 건축, 음악, 미술, 사주 등 중국 학문의 모든 분야에 있어 공통적으로 사용되는 제 1원리이다. 그리고 그 기원은 『하도(河圖)』와 『낙서(洛書)』에 둔다. 하늘로부터 용마(龍馬)와 거북이를 통하여 탄생되었다는 권위를 부여하고서 모든 논리의 제 1원리로 받아들이게 하고 있다. 해와 달의 음양(陰陽)과 수·화·목·금·토의 오행(五行)을 우주를 이루는 기본적 요소로 보고, 음양과 오행 간의 상생(相生)과 상극(相剋)의 원리에 의하여 변화가 이루어진다고 보는 것이 중국인의 사유방식이다.

그렇다면 도대체 이러한 원리가 어떻게 정당화될 수 있을까? 그러한 의문은 '『하도』와 『낙서』가 어떻게 탄생되었는가?' 하는 물음으로 바꾸어 생각할 수 있다. 하늘로부터 내려왔다고 하는 것은 하늘의 권위를 부여하여 믿게 하려는 것에 불과하다. 수학의 제1 공리처럼 최초의 원리는 정의되어 있고 그것이 참이라는 무조건적인 믿음으로부터 논리는 출발한다. 문제는 그것이 진정 참일 때만이 이후의 논리적인 전개가 타당성을 획득할 수 있는 것이다. 고대인의 우주에 대한 수와 방위에 대한 제1 공리는 자연의 질서 속에서 찾고 있다. 우주를 형성하고 있는 것은 하늘과 땅이다. 그리고 하늘을 주재하는 것은 별이다. 하늘에 떠있는 별자리의 관찰하여 수와 방위를 만들어 낸 것이다. 고대천문학이 중국학의 기원을 이루고 있는 것이다. 우주의 중앙은 북극성이다. 북극성을 이루는 것은 북극성을 포함한 5개의 별이다. 그래서 중앙이 '5, 토(土)'를 상징하고 있으며, 나머지의 경우도 마찬가지로 하늘에 존재하고 있는 별을 통하여 수와 방위의 관념을 만들어 낸 것이다. 하늘의 모습과 마찬가지로 땅과 자연과 인간이 존재하고 하늘의 운행원리와 같이 땅과 자연과 인간의 존재가 생성 변화하는 것이라는 믿음과 전제가 중국인의 사유 속에 정착된 것이다.

음을 대표하는 수가 '6'이며, 양을 대표하는 수가 '9'이다. 생수 중에서 음수인 2와 4의 합이 바로 '6'이다. 그리고 생수 중에서 1과 3과 5의 합이 바로 '9'이기 때문이다. 그래서 역이란 '음양'으로 다시 '6, 9'로 대치될 수 있는 것이다. 즉 음의 효가 두 번째 있으면 '六二'라 하고, 양의 효가 네 번째 있으면 '九四'라 한다.

이러한 수 가운데에서 술이 나오는 것이다. 음의 세계는 정(靜)의 세계이다. 보이지 않고 움직임이 없는 듯한 것이 음이다. 그런데 그 음 속에서 양이 나온다. 양은 동(動)의 세계이다. 계략이란 드러나지 않는 속에서 이루어져서 실행되는 것이다. 만약 계략이 상대에게 드러나면 그것은 이미 계략이 아니다. 철저히 음의 세계 속에서 계략이 존재하는 것이다. 그러기에 음을 상징하는 '6'이 되는 것이다. 음의 거듭되는 것은 '2'이다. '2'란 음의 시작이다. 또한 음과 양이 둘이기 때문에 '2'이다. 음과 음을 거듭하여 '36'이 이루어지는 것이다.

보이는 것, 움직이는 것을 아는 것은 누구나 알 수 있다. 그러나 보이지 않는 세계, 움직임의 이전과 움직임의 기미를 아는 자가 지혜로운 자이다. 음의 세계를 제대로 이해하는 자만이 양의 세계를 지배할 수 있다.

양의 세계가 음의 세계로부터 연관되어 드러나고 양의 기운이 사그라지면 다시 음의 세계로 바뀌게 된다. 음과 양의 변화의 이치가 바로 도(道)의 운행원리이다. '반자도지동(反者道之動)' 즉 음이 극한에 달하면 양으로 전환되고, 양이 극한에 달하면 음으로 전환된다는 변증법적 원리가 바로 도의 움직임이다. 기틀이란 바로 음과 양의 변화의 원리를 말하는 것이다. 수축과 팽창, 원심력과 구심력, 움직임과 고요함, 음과 양. 이 모든 상대적인 것은 사실은 하나의 움직임 속에 있는 것이다.

도의 움직임, 기틀은 말로 표현할 수 없다. 말로 표현된 순간 그 의미는 반드시 왜곡되어진다. '중(中)' 이란 화살이 정확히 중앙에 꽂히는 것을 말한다. 적중되었다는 의미의 중이다. 말로 표현한다면 그것은 적중할 수 없는 것이다. '언자부지(言者不知) 지자불언(知者不言)' 즉 "말하는 자는 알지 못한 것이며, 아는 자는 말하지 않는다."란 노자(老子 : 라오즈)의 말을 연상시킨다.

'술(계략)' 과 '수' 의 관계는 '음양의 변화' 와 '기틀' 과의 관계와 같다. 이 책에서 술이란 36가지 계략을 말하는 것이다. "이 36가지 계략은 어디에서 나온 것이며, 어째서 그것이 현실에서 제대로 맞는 것인가?" 하는 물음을 던지고 그에 대한 설명을 하고 있다.

계략이란 수에 근거한 것이다. 수란 우주를 이루고 원리이고 인간의 지혜로 알 수 없는 것을 하늘에 물을 때 인간에게 답으로서 내려주는 상징이다. 끊임없이 우주의 자연현상이 변화하고 인간의 마음 또한 끊임없이 변화한다. 그것을 음양의 변화라 표현하고 있다. 그런데 그 변화 속엔 일정한 운행원리가 있는 것이다. 그 운행원리를 수라고 표현하고 기틀이라 표현하고 있다. 36가지 계략은 이러한 우주의 운행원리인 수에 바탕하고 있다.

36가지의 병법을 말하고 있는 이 책의 저자는 우주 자연의 원리인 '도' 의 세계를 의식하고 있다. 저자의 의식 속에서 '싸움' 조차도 도이고 예술이다. 싸움의 1차 적인 목표는 상대를 이기는 데에 있지만, 이기기 위해서는 우주의 운행원리인 도의 세계에 순응해야 한다. '순응함' 이야말로 인간이 가장 인간다울 수 있는 존재 원리이다. 신(神)에 순응을 하던, 우주 자연의 도에 순응을 하던 그것은 중요하지 않다. 중요한 것은 '순응함' 이다. 에고를 버리고, 자신의 상(相)을 버리고 우주자연의 섭리에 따르는 자만이 승리할 수 있는 것이다.

전쟁의 혼란 속에서 36가지의 핵심적인 전략을 말하고 있는 저자의 총론은 이처럼 담담하다. 우리는 항상 조급하다. '36계를 어디에 적용하고 또 유용하게 활용할 방안이 무엇인가?' 하고 물어보지만, 정작 저자는 '도' 의 세계에 관심을 가지라고 말할 뿐이다. 만약 누군가 그럴싸하게 풀어놓은 말에 현혹된다면 36계를 절대 이해할 수는 없을 것이라고 엄포를 놓고 있다. 여기에 주목해야 한다. 따뜻한 바람 하나만으로도 봄을 느낄 수 있는 지혜를 가져야 한다. 36가지의 계책과 전략이 중요한 것이 아니라 36계를 활용할 수 있는 능력을 키우는 것이 중요하다. 양의 세계가 아닌 음의 세계를 간파할 수 있는 능력이 있어야 한다.

그럼에도 불구하고 저자는 36계를 우리에게 가르쳐 준다. 그것은 36가지의 계략을 통하여 모든 계책과 전략을 활용할 수 있는 능력을 키우라는 것이다. 36가지 속에 모든 도의 원리를 말하고 있는 것이다. 교묘하고 그러기에 재미가 있다.

모든 만물은 변화한다. 봄 · 여름 · 가을 · 겨울이 변화하듯이, 태어나서 성장하고 늙고 죽듯이 말이다. 변화하지 않고 영원한 것을 찾으려는 인간의 욕망은 헛되고 결국 절망 속에서 덧없음을 자각하기 마련이다. 변화를 예견하여 미리 대처하고 순응하는 자만이 평화를 누릴 수 있다. 싸움을 항상 유리한 상황에서 전개할 수는 없다. 유리한 싸움도 있고 때론 불리한 싸움도 있다. 경우에 따라서는 강적을 만나 전멸할 위험에 놓이는 경우도 있다. 어떠한 경우이든 거기에 적절히 대처하는 것이 지혜로운 자이다. 역의 원리가 그렇다. 중국인의 사유를 이해하기 힘이 든다고 하지만, 이러한 자연의 법칙에 순응하려는 자세가 중국인의 사유의 본질이다.

이 책의 저자는 음을 상징하는 '6'의 수로서 6가지의 상황을 제시한다. 인생을 살다보면 잘나갈 때도 있고, 잘 안 풀릴 때도 있다. 중요한 것은 매 상황에 어떻게 대처해야 하는가 하는 것이 살아가는 지혜이다. 그러기에 '시(時)' 즉 때를 잘 알아야 한다. '철부지'란 때를 모르는(不知) 자를 말하는 것이다. 싸움에 있어서도 마찬가지이다. 자기가 승리할 수 있는 상황인지 아니면 지는 상황인지에 대한 객관적인 상황을 파악하는 것이 우선되어야 한다. 그래야 전략이 나온다. 지는 상황을 이기는 상황으로 잘못 판단하여 무리수를 두면 결국 패하게 되는 것이다. 상황에 맞추어 전략을 세우고, 상황에 맞추어 행동을 하게 되면 무리가 따르지 않는 것이다.

1장 승전계, 2장 적전계, 3장 공전계, 4장 혼전계, 5장 병전계, 6장 패전계의 6가지로 저자는 이 책을 구성하고 있다. 이기는 상황에서 지는 상황까지 싸움의 모든 형국에 대하여 대처요령을 말하고 있다. 승전계와 적전계 그리고 공전계는 양(陽)에 해당한다. 즉 우세한 상황 속에서 싸우는 전략을 말한다. 혼전계, 병전계, 패전계는 음(陰)에 해당한다. 즉 열악한 상황 속에서 싸우는 전력을 말한다. 6계의 장을 설정하고 있는 것은 아마도 역(易)의 6효를 의식하고 있는 듯하다. 또한 64괘의 운행원리를 염두에 두고 있다.

승전계

싸움에서 승리하기 위하여 기본적으로 갖추어야 할 전략

제 1계. 만천과해 목표를 위해 황제라도 속여라
제 2계. 위위구조 약한 고리를 먼저 공격하라
제 3계. 차도살인 다른 사람을 끌어들여 적을 공격하라
제 4계. 이일대로 유리한 조건에서 적과 싸워라
제 5계. 진화타겁 적의 혼란을 틈타 이익을 취하라
제 6계. 성동격서 지도부를 교란시켜 적을 혼란에 빠뜨려라

제 1계

목표를 위해 황제라도 속여라

만천과해(瞞天過海)

하늘(황제)을 속이고 바다를 건넌다

■ 〈만천과해〉의 유래

만천과해란 '하늘을 속이고 바다를 건넌다.'는 뜻이다. 하늘은 천자(天子)인 황제를 가리킨다. 본래 '바다를 두려워하는 황제를 속여서 배에 타게 한 뒤 바다를 무사히 건넜다'는 당 태종의 고사(故事)에서 유래한 말이다.

만천과해에 대한 구체적인 기록은 『영락대전(永樂大全)』〈설인귀정료사략(薛仁貴征遼事略)〉에 나와 있다.

당나라 정관 17년(서기 643년) 당태종 이세민(李世民 : 리스민)은 고구려와 백제를 정벌해달라는 신라의 요청을 받고, 고구려에 사신을 보내 신라를 침범하지 말라는 압력을 넣는다. 고구려가 이에 응하지 않자 연개소문(淵蓋蘇文)의 영류왕(榮留王) 살해 및 대신(大臣) 학살사건에 대한 문책을 표방하고서, 당 태종은 644년 11월에 직접 30만 대군을 이끌고 고구려를 침범하게 된다. 결국 양만춘 장군에 의하여 이세민은 눈에 화살을 맞고 당나라로 돌아가게 되었고, "고구려를 침범하지 말라."는 유언을 남기고 죽었다 한다. 만천과해란 당태종이 30만 대군을 이끌고 고구려를 침범하기 위하여 바다를 건너가는 역사적 배경에서 탄생했다.

이 때 30만대군의 총사령관은 장사귀(張士貴 : 장스꿰이)였다. 당의 군대가 요동을 지나 바닷가에 도착했을 때 눈앞에 펼쳐진 망망대해를 보고 당태종은 그만 질려서 의기소침하게 된다. 당시 총사령관이었던 장사귀는 바다를 건널 방법에 대하여 고민에 빠진다. 이 때 부장 중의 하나였던 설인귀(薛仁貴 : 쉬에런꿰이)[1]가 다음과 같은 말을 고하고서, 하나의 계략을 제시한다.

> "황제가 고민하는 것은 바다를 건너기가 무서워 고구려 정벌이 어렵다고 하는 것이니, 만약 황제와 군사들을 안심시키고 바다를 건널 수만 있다면 고구려를 정벌하여 승리하는 것은 어려운 것이 아니다."

며칠 후 장사귀는 설인귀를 데리고 당태종 이세민을 찾아간다. 그리고 바다에 정통한 노인이 있는데 당나라의 군사들을 무사히 바다를 건너가게 하여 고구려 정벌을 성공시킬 수 있다고 말한다. 당태종은 신이한 노인의 있다는 소리를 듣고 희색이 만연하여 그 노인을 찾게 된다. 장사귀가 먼저 노인을 찾아가고, 이후 태종과 군사들을 안내하여 노인의 집을 찾아가게 된다. 그의 집 담벼락은 화려하게 꾸며져 있었고, 풍성한 반찬이 마련되어 있었다. 사실 그곳은 노인이 막사와 똑같은 모양으로 꾸며놓은 배안이었다.

며칠을 노인의 집에서 음주가무로 시간을 보내던 태종은 사방에서 파도소리가 들리고 술잔이 기울고 몸이 흔들리는 것을 느꼈다. 이상하게 여긴 태종이 장막을 걷어내고 밖을 보자 그곳은 다름 아닌 바다 위였다.

1 설인귀(薛仁貴, 613~683) : 당(唐)의 태종(太宗)과 고종(高宗) 시기에 활약한 장수(將帥)로 강주(絳州) 용문(龍門, 지금의 山西省 河津)에서 태어났다. 이름은 예(禮)이며, 자(字)가 인귀(仁貴)이다. 644년 당태종이 고구려 침입을 위해 군사를 모집하자 장사귀(張士貴)의 부하로 지원하여, 645년 요동(遼東) 안시성(安市城) 전투에서 공을 세워 유격장군(遊擊將軍)으로 발탁되었다. 이후 안동도호부(安東都護府)의 도호(都護)로서 한반도 침략 정책을 총지휘하였던 인물이다. 일개 농민 출신으로 기마와 궁술에 뛰어났으며, 681년 과주자사(瓜州刺史), 우령군위장군(右領軍衛將軍) 겸 대주도득(代州都督)으로 임명되었고, 682년 돌궐(突厥)과의 전쟁에 나서 큰 승리를 거두었다. 죽은 뒤 국가로부터 좌효위대장군(左驍衛大將軍), 유주도독(幽州都督) 등의 직위를 부여받았다. 설인귀는 중국인들에게 영웅으로 숭배를 받고 있으며, 『신당서(新唐書)』의 〈설인귀열전(薛仁貴列傳)〉에 그에 대한 내용이 소개되어 있으며, 『설인귀정동(薛仁貴征東)』, 『설정산정서(薛丁山征西)』 등의 고대 소설의 주인공으로 자리 잡고 있다.

이 때 장사귀와 설인귀가 머리를 조아리며, "이것은 우리가 생각해낸 꾀입니다. 곧 바람의 힘으로 30만 대군을 실은 배들이 모두 동쪽 해변에 다다를 것입니다." 라고 하였다. 이렇게 장사귀와 설인귀의 계략으로 황제를 속여 무사히 바다를 건널 수 있었던 것이다.

이 고사는 우리 민족의 입장에서 보면 썩 기분 좋은 고사는 아니다. 당태종이 고구려를 침입하는 것과 관련되어 있으니 말이다. 다만 고대사회 '하늘' 의 대행자로 떠받들던 황제마저도 속일 수 있다는 계략의 특징에 주목할 필요가 있다 하겠다.

■ 본문 및 주해

【본문】 주도면밀하게 준비를 하고 있으면서 상대가 나태해질 때를 엿봐라. 항상 보게 되면 의심하지 않는 법이다.

『주역』에서 말하는 것처럼 음(陰)이 양(陽) 속에 존재해야지, 양의 대립 편에 있게 해서는 안 된다. 태양(太陽)의 원리처럼 당당할 때 태음(太陰)처럼 지극한 계략의 효과가 나타난다.

(原文) 備周則意怠[2], 常見則不疑。陰在陽之內, 不在陽之對。太陽, 太陰。

2 비주즉의태(備周則意怠) : 비(備)란 방비함을 말하고, 주(周)는 주밀하게 주도함을 말한다. 의(意)란 의지 혹은 생각함을 말하고, 태(怠)란 나태한 것을 말한다. 비주는 나의 태도이고 의태는 상대의 나태함을 주시하는 것이다.

【주해】 비밀스런 계략을 시행할 때에 꼭 사람이 없는 틈을 타서 몰래 진행할 필요는 없다. 한밤중에 몰래 후미진 골목에서 사람을 죽이는 일은 비겁하고 속된 사람들의 행동으로 진정으로 '계략을 짜는 사람(計士)' 이라면 이렇게 하지 않는다.

옛날에 공융(孔融 : 콩롱)[3]이 적에게 포위되자 태사자(太史慈 : 타이스치)[4]가 적진을 뚫고 공융을 구하고자 하였다. 그는 말에 올타타 채찍과 활을 가지고서 두 기사로 하여금 그를 따르게 하고서는 각자에게 과녁을 하나씩 쥐어 주었다. 그리고는 성문을 열고 걸어서 밖으로 나아갔다. 성안을 지키던 병사는 물론 성 밖을 지키고 있던 병사들이 그 모습을 보고서는 깜빡 놀라했다. 태사자는 태연히 말을 끌고 성 아래의 참호에 이르러 앞에 세워 둔 과녁을 향해 활을 쏘았다. 이렇게 활쏘기 연습을 마치고는 성안으로 되돌아왔다.

다음 날도 다시 그렇게 하자 이번에는 성을 지키는 병사들이 일어나기도 하고 누워 있기도 했다. 이렇게 하는 것을 반복하자 아무도 일어나는 자가 없게 되었다. 태사자는 드디어 기회가 온 줄을 알고, 외양간에 가서 말에 풀을 먹이고 채찍을 가해서 곧장 포위망을 뚫고 나아갔다. 기다리던 적들이 그가 도망간 사실을 깨달았을 때는 이미 수리(里)를 도망간 뒤였다.

---

3 공융(孔融, 153~208) : 한나라 말기 북해(北海)의 제상으로 임명된 자이다. 중국 산동성(山東省) 곡부(曲阜) 출신으로 공자의 20대 손이며, 자는 문거(文擧)이다. 문필에 능하여 건안칠자(建安七子)의 한 사람으로 불렸다. 헌제(獻帝) 때 북해의 재상이 되어 학교를 세웠으며, 동탁(董卓)의 횡포에 격분하여 산동에서 황건적(黃巾賊) 평정에 힘썼으나 큰 성과를 얻지는 못하였다고 전한다. 당시 세력을 확장하고 있던 조조(曹操)를 비판 조소하다가 일족과 함께 처형되었다. 여기에서 적에게 포위된 사건은 북해의 제상으로 있을 때 황건족의 수령이었던 관해(管亥 : 꾸안하이)의 군대에 포위된 일을 말한다.
그의 시문으로 『공북해집(孔北海集)』 10권이 있는데 이를 조비(曹丕)가 칭찬하였으며, 지금은 『문선(文選)』에 「이형천표(禰衡薦表)」 등이 수록되어 있다.

4 태사자(太史慈, 166~206) : 한나라 말기 사람으로 비록 나이가 어렸으나 지혜와 용기를 겸비하였다. 위의 내용은 황건의 난 때 어머니의 명령을 받아서 황건적에게 붙잡힌 공융을 구해 낸 사건을 말한다.

(按) 陰謀作爲，不能於背時秘處行之。夜半行竊，僻巷殺人，愚俗之行，非謀士[5]之所爲也。昔孔融被圍，太史慈將突圍求救。乃帶鞭彎弓，將兩騎自從，各作一的持之。開門出，圍內外觀者幷駭，慈竟引馬至城下塹[6]內，植所持的射之。射畢，還。明日復然，圍下人，或起或臥；如是者再，乃無復起者。慈遂嚴行蓐食，鞭馬直突其圍；比敵覺，則馳去數里矣。

■ 『주역』의 내용 풀이

음재양지내 부재양지대(陰在陽之內 不在陽之對) : 여기에서 음은 비밀스런 계략을 말하고, 양은 공개적인 행동을 의미한다. 비밀스런 계략과 공개적인 행동이 서로 대립되는 것 같으나 비밀스런 계략도 공개적으로 행동해야 효과가 있음을 말하고 있다.

태양 태음(太陽 太陰) : 태(太)란 지극히 크고 당당하고 특별한 것을 의미한다. 즉 공개적이고 당당한 행동을 통하여 은밀하고 비밀스런 계략이 이루어짐을 말하고 있다. 즉 태양 속에 태음의 원리가 숨어 있음

5 계사(計士) : 계략을 짜는 사람을 말한다. 흔히 책사라고도 한다. 지금의 군대에 작전참모에 해당한다고 볼 수 있다.

6 참(塹) : 참은 구덩이를 말한다. 여기에서는 성에 있는 참호를 말한다.

을 말하는 것이다.

■ 해설

『삼십육계』는 여섯 개의 장으로 이루어져 있다. 여섯 개의 장에 여섯 개의 계략이 배치되어 있다. 그 첫 장이 승전계이고 첫 계략이 바로 만천과해이다. 첫 만남이 운명을 결정하는 것이다. 결국 만천과해라는 말 속에 36가지의 계략이 다 응축되어 있기 마련이다. 또 36가지 계략은 모든 계략을 응축시켜 놓은 것이다.

'계략은 어떻게 이루어지는가?' 저자는 36가지의 계략을 배치하면서 이러한 질문에 대한 답을 제일 첫머리에 제시하고 있다. 그것은 바로 '적을 속이는 것' 이다. 적을 속일 수 있는 계략이어야 전투에서 승리하고 속이지 못하면 실패하게 되는 것이다. 손자(孫子 : 순즈)가 '병법이란 속이는 도이다(兵者詭道也)' 라고 정의하는 것과도 통하는 것이다. 병법은 결국 '궤도(詭道)' 이다.

'모든 것을 속일 수 있어도 하늘은 속일 수 없다.' 는 것이 중국인의 믿음이다. 바로 그 하늘마저 속이는 것이 계략의 기본적 특징이다. 하늘조차 속여야 하는 절박함이 없다면, 하늘이라도 속일 수 있는 담력이 없다면, 능히 하늘마저도 속일 수 있는 지혜가 필요하지 않다면 계략은 성립할 수 없다. 계략이란 상대를 속이는 기술이니 선악의 범주를 벗어난 것이다. 선(善)한 용도로 사용하면 선이 되고, 악(惡)한 용도로 사용하면 악이 된다.

그렇다면 상대를 속이지 않고 상대와 더불어 화합하면서 상생(相生)의 삶을 꿈꾸는 자에게 만천과해는 무의미하지 않는가! 아니 계략 자체가 무의미한 것이 아닌가! 그럴 수 있다. 아무도 나를 속이고 나를 헤치려 하지 않는 상황 속에 존재할 수만 있다면. 그런데 만약 상극(相剋)인 존재와 대립하고 있는 현실 속에 존재하고 있다면 계략을 사용해야 한다. 계략을 사용하지 않으려면 상대의 계략을 간파하여 속지 않고 대처할 수 있는 지혜가 있어야 한다. 그러한 지혜 또한 결국 속이려는 상대를 속이는 것이니, 상대를 속이는 것이 본질이다.

'속이는 것이 본질이라면 진실이란 쓸모없는 것인가?' 만천과해를 보면서 이러한 의문을 가지게 된다. 거짓과 진실의 관계를 분명히 정리하지 않고 넘어가려는 자는 사욕이 앞서는 자이다. 사욕이 앞서는 자는 절대 상대를 속일 수가 없다. 계략을 아무리 배워도 실전에서는 실패하기 마련이다. 진실해야 상대를 속일 수 있는 것이다. '진실해야만 진정으로 속일 수 있다.' 는 말이다. 이 말은 역설이다. 설인귀는 자신의 황제인 당태종을 속였다. 그런데 당태종을 속임으로 인하여 당태종의 목적을 달성하게 하였다. 그렇다면 설인귀는 당태종을 속인 것일까?

『주역』은 변화와 불변의 두 가지의 원리로 되어있다. 끊임없이 변화하고 있는 것이 만물의 성질이다. 존재하는 것은 끊임없이 변화한다. 그 변화의 원리를 밝히고 있는 것이 바로 역(易)이다. 그러나 변화한다는 사실은 절대 변화하지 않는다. 그것이 바로 불변적 요소이다. 이 불변의 성격을 밝히고 있는 것 또한 역이다. 속이는 것이 계략의 본질이라 함은 역의 변화하는 성질에 비유될 수 있다. 진실이 계략의 본질이라 함은 역의 불변적 성격에 비유될 수 있다.

만천과해에서는 '절대 속이지 말라'는 말을 동시에 하고 있다. 하늘을 속이지 말고 황제를 속이지 않는 것이 계략의 본질이다. 이 무슨 궤변인가? 만약 장사귀와 설인귀가 당태종을 기만하였다면 살아남을 수 있었을까? 바다를 건너야 된다는 당태종의 목표를 바로 알고, 당태종에 대한 충성스런 마음이 있었기에 당태종을 속일 수 있었던 것이다. 상대를 속이려는 자는 우선 그 스스로를 정직하게 해야 한다. 그래야 완벽하게 상대를 속일 수 있는 것이다.

「주도면밀하게 준비를 하고 있으면서 상대가 나태해질 때를 엿봐라. 항상 보게 되면 의심하지 않는 법이다.」

상대를 속이기 위해서는 치밀한 계획을 세워야 한다. 치밀한 계획을 준비하되 그것을 실행하는 적절한 시기를 선택해야 한다. '상대가 자신에 대하여 무엇을 경계하고 있는가?'를 분명히 파악하여 상대의 의심을 없애려는 노력을 기울여야 한다. 즉 상대가 경계하고 있는 지점을 정확히 포착하여 상대의 주위를 딴 곳으로 돌리고, 경계를 누그러뜨려야 한다.

'지피지기면 백전백승'이라고 말한다. '상대를 아는 것'은 바꾸어 말하면 '상대가 의식하고 있는 것'을 아는 것이다. 너가 상대를 파악하듯 상대 또한 나를 파악하고 있다. 따라서 '상대가 의식하고 있는 나'를 변화시켜야 한다. 상대가 의식하고 있는 나의 모습을 느슨하게 하여야 한다. 그렇게 할 때 상대의 경계가 풀리기 시작한다. 그리고 상대의 경계가 느슨해지고 나를 의심하지 않는 순간 이미 준비된 계획을 과감하게 실행에 옮기는 것이다.

「음(陰)이 양(陽) 속에 존재해야지, 양의 대립 편에 있게 해서는 안 된다. 태양(太陽)의 원리처럼 당당할 때 태음(太陰)처럼 지극한 계략의 효과가 나타난다.」

음은 보이지 않고 은밀히 진행하는 것으로 계략을 말한다. 양이란 밖으로 드러난 공개적인 행동이다. 계략을 꾸미는 것은 상대가 모르게 이루어져야 한다. 절대 상대가 눈치체지 못하도록 은밀히 이루어져야 한다. 그러나 계략을 성사시키기 위해서는 대담하게 행동해야 한다. 은밀한 계략이 대담한 행동에 의하여 성공하게 되는 것이니 음을 양 속에 있게 해야 하는 것이다. 그것도 태양의 원리처럼 당당하고 과감하게 지속적으로 행동할 때 하여 상대가 자신을 믿도록 속일 수 있는 것이며, 자신의 목표를 이룰 수 있는 것이다.

조선 말기 흥선대원군 이하응이 권력을 잡기까지 자작거리에서 술을 마시며 광인(狂人) 행세를 한 이야기는 유명하다. 아들을 왕위에 올리기 위한 목적으로 당시 권문세가의 경계심을 없애기 위하여 이하응은 기꺼이 미친 자의 행세를 하였다. 수없이 미친 짓을 반복하자 당시의 세도가들은 하나 둘 그에 대한 경계를 풀었고, 정말 미친 자로 취급받았다. 온 세상의 조롱거리를 감수할 정도로 당당히 행동한 결과 자식을 왕위에 앉히고 권력을 휘두를 수 있었다.

황건족에게 포위된 공융을 구한 태사자의 이야기 또한 만천과해의 계략을 잘 사용한 실례이다. 태사자는 공융을 구할 것이라는 의심을 받고 있었다. 경계하는 적의 사병들을 속이기 위하여 태사자는 오히려 당당히 행동한다. 성 아래의 참호에까지 내려가 활쏘기 연습을 하였던 것이다. 그러다가 그들이 완전히 속아 경계하지 않는 순간 공융을 데리고 적진을 빠져 나온 것이다.

만천과해는 '황제를 속이고 바다를 건넌다.' 는 고사에서 유래한 계략이다. 계략의 기본적 특징이 속임에 있다는 것과 속일 때는 당당하게 속여야 성공한다는 내용을 담고 있다. 이러한 만천과해의 계략을 중국인들은 잘 숙지하고 있다. 중국의 상인들이 외국인을 만나면 터부니 없이 높은 가격을 부른다. 중국여행 중에 300위엔 하는 그림을 깎아서 150위에 사서 좋아하고 있는데, 노련한 사람은 같은 그림을 30위엔에 사가지고 가는 경우를 종종 목격한다. 황당하기도 하고 속이 상하고 어찌 생각하면 측은하기까지 느껴진다. 그러나 정작 중국인 자신은 당당하다. '중국인들의 이러한 성격이 어디에서 나오는 것일까?' 하는 의문을 가지게 되는데, 만천과해를 보고 있으면 그러한 의문의 실마리가 풀린다.

계략의 기본적 특징이 적을 속이는데 있지만, 계략을 사용하는 목적은 그가 속한 집단의 정치적 목표를 실현하기 위한 것이다. 정치인은 권력을 잡기 위해 계략을 사용하고, 경영인은 돈을 벌기 위해 계략을 사용한다. 황제마저 속일 수 있다는 당당함에는 계략에 대한 긍정적인 중국인의 태도가 깔려 있다. 장사귀와 설인귀가 당태종을 속인 것은 당태종의 염원을 실현시키고자 하는 충성스런 마음이 숨어 있다. 태사자가 적병을 속인 데는 유능한 장수인 공융을 구하고자 하는 마음이 전제되어 있다. 그러기에 속임은 기만이 아니고, 계략일 수 있는 것이다.

한국 사회는 계략을 사용하는 것에 대한 부정적인 인식이 강하다. 권모술수, 중상모략, 모사꾼, 음모 등의 말에서 드러나듯이 긍정적인 의미의 지모(智謀)나 양모(陽模)를 뜻하는 말은 드물다. 왜 그럴까? 아마도 삿된 사람들이 개인적 이해관계나 출세를 위하여 계략을 쓰고 그로인해 선량한 사람들이 피해를 받아온 경험이 강하기 때문이라고 설명할 수 있을 것 같다. 혹은 선비정신을 가지고 명분과 체면을 중시하는 유학자들의 영향 때문이라고 해석할 수도 있겠다. 즉 계략이라는 것은 선비가 행할 바가 아니라는 생각이 암암리에 깔려 있다. 이러한 점에서 분명 한국인과 중국인은 차이가 난다.

중국인은 고대 병법의 수많은 계략 속에서 지혜를 배우는 것을 부끄러워하지 않는다. 그만큼 실리적이고 현실적이다. 이런 면에서 보면 자본주의가 훨씬 중국인에게 어울린다. 한국인의 의식은 중국인에 비하면 오히려 사회주의에 가깝다. 중국인의 계략에 대한 긍정적인 생각 속엔 계략을 사용하는 자에 대한 믿음과 존경심이 깔려 있다. 설사 존경심은 아니더라고 적어도 계략을 사용하는 것에 대해 인정하는 태도를 지니고 있다. 만천과해의 계략 속에서 그러한 중국인의 태도를 읽을 수 있다. 중국인의 계략을 중시하는 태도는 일찍부터 형성되었다.

『육도(六韜)』에서 문왕은 태공에게 '군주가 인재를 등용할 때 무엇을 중시해야 하는가?'를 묻는다. 태공은 인(仁) · 의(義) · 충(忠) · 신

(信) · 용(勇) · 모(謀)의 여섯 가지를 갖춘 인재가 필요하다고 대답한다. 그리고 "돈을 주어 그를 넉넉하게 하여도 예의를 범하지 않으면 인을 갖춘 사람이요. 높은 지위에 올라도 교만하지 않는 자는 의를 갖춘 사람이요. 중요한 임무를 맡아도 마음에 동요함이 없으면 그는 충을 갖춘 사람이요. 그에게 일을 시켜 숨기는 것이 없으면 신을 갖춘 사람이요. 위태로운 상황 속에서도 두려워하지 않는 자는 용을 갖춘 사람이요. 일을 맡겨서 유능하게 처리하는 자는 모를 갖춘 사람이다." 라고 설명한다. 이 가운데 모(謀)란 모략, 지모, 계략을 뜻한다. 모를 갖춘 사람은 능력이 있는 사람을 말하는 것이다. 이와 같이 일찍이 중국에서는 계략을 갖추는 것이 인재의 중요한 조건임을 알 수 있다. 즉 계략을 사용하여 자기에게 맡겨진 일을 잘 처리하는 것에 대한 사회적 인식이 긍정적임을 볼 수 있다.

계략의 기본적 특징은 상대를 속이는데 있다. 상대를 속이되 스스로에게는 진실하고 당당해야 한다. 속임이 계략의 용(用)이라면 진실은 계략의 체(體)이다. 설인귀가 당태종을 속였다는 사실은 통쾌하지만 자신의 목숨을 걸고 황제의 뜻을 이루려 했던 진실은 가슴을 뭉클하게 한다. 자신과 자신이 속한 집단의 이익을 위하여 움직이는 것은 인간의 기본적인 속성이다. 작게는 가정이 될 수 있고, 나아가 회사가 될 수 있고, 지역사회가 될 수 있고, 국가가 될 수도 있다. 자기가 속한 집단의 이익과 생존을 위하여 상대와의 경쟁과 대결을 완전히 피할 수는 없다. 중요한 것은 '무엇을 위하여 계략을 사용하는 것인가' 하는 점이다.

제 2계

약한 고리를 먼저 공격하라

위위구조(圍魏救趙)

위나라를 포위하고 조나라를 구한다.

■ 〈위위구조〉의 유래

'위나라를 포위하고 조나라를 구한다.'는 위위구조는 전국시대 전쟁의 와중에서 당시 제나라의 군사(軍師)였던 손빈(孫臏 : 순빈)[1]이 실제 사용하였던 계략에서 유래하였다. 『사기(史記)』 권65 · 〈손자오기열전(孫子吳起列傳)〉과 나관중(羅貫中 : 루어 꽌 종)의 『삼국지연의』 〈제30회〉에 그 기록이 보인다.

B. C. 353년 위나라의 혜왕이 대군을 이끌고 조나라의 수도인 한단(邯鄲 : 한단)[2]을 공격하려 하였다. 다급하진 조나라는 산동(山東 : 싼동) 지역에 있던 제나라에게 구원을 요청하였다. 이에 제나라 왕은 조나라를 지원하기 위해 군사 8만을 모집하여 파견한다. 그리고 통사(統師)로 전기(田忌 : 티옌지)[3]를 군사(軍師)로 손빈을 임명하였다.

통사였던 전기는 조나라를 구하기 위해 그들의 군사로 위나라 군사들을 정면 공격하려고 시도한다. 이를 말리고 나선 것은 손빈이었다. 그 이유는 이러하였다.

---

1 손빈(孫臏) : 춘추시대 병법가로 『손자병법』의 저자이다. 흔히 손자(孫子)라 하면 손빈의 할아버지인 손무(孫武)와 손빈을 함께 칭하는 말이다. 손무는 장군으로 오나라 왕 합려(合廬)를 섬겼다. 손빈을 제나라의 군사로 활동하였다.
『한서(漢書)』 <예문지(藝文志)>에는 『오손자병법(吳孫子兵法)』 82편과 『제손자(齊孫子)』 89편에 대한 기록이 있다. 『오손자』는 손무의 저작이고 『제손자』는 손빈의 저작이라 한다. 현재까지 남아 있는 『손자』 13편이 『오손자』인지 『제손자』인지는 예로부터 논란이 있어 왔다. 그러다가 1972년 산동성(山東省 : 산동성) 임기현(臨沂縣 : 린이현) 은작산(銀雀山 : 인췌산)에 있는 기원전 2세기 초 무렵 한나라의 묘에서 죽간으로 된 병서가 출토되면서 『손자』라는 병법서는 기존의 『손자』와 『손빈병법』의 2가지가 있었음이 드러났다. 현재의 『손자병법』은 손무의 원본을 손빈이 수정 보완한 것으로 학계에서는 설명한다.

2 한단(邯鄲) : 지금의 하북(河北 : 헤베이)성에 있는 시(市).

3 전기(田忌) : 전국 시대(戰國時代) 제(齊)나라의 장수이다. 위나라가 조나라의 수도 한단을 포위하였을 때 손빈과 함께 조나라를 구했으며, 또 손빈과 함께 계략을 세워 위나라 군사를 마릉(馬陵)에서 대패시키고 위나라 장수 방연(龐涓)을 죽였다.

만약 지금 위나라를 정면에서 공격한다면 전력이 집중된 위나라의 군대를 당할 수가 없다. 지금의 상황은 어지럽게 얽인 실타래와 같다. 쉽게 풀어지기 힘들다. 이럴 때는 상대의 급소를 노려서 치게 되면 그 다음의 문제는 자연스럽게 풀리기 마련이다. 지금 위나라의 급소는 조나라를 치기 위해 병사들이 모두 빠져 나가 경비가 허술한 위나라의 수도이다. 위나라의 수도인 대량(大梁 : 따량)[4]을 공격의 목표로 삼아야 한다.

이러한 말을 들은 전기가 손빈의 의견을 따라 위나라 수도인 대량을 공격하자, 위나라 군대는 조나라의 수도 한단을 공격하는 것을 멈추고 병사를 돌려 대량으로 돌아오게 된다. 결국 제나라는 조나라를 돕고 위나라에게 큰 타격을 끼치게 되었던 것이다.

■ 본문 및 주해

【본문】 적이 단결하여 뭉쳐져 있을 때는 일단 적을 분산시켜라. 적을 공격할 때는 드러내놓고 하지 말고 은밀하게 공격하라.

(原文) 共敵不如分敵[5]， 敵陽不如敵陰[6]。

---

4 대량(大梁) : 지금의 하남성(河南省 : 허난성) 개봉(開封 : 카이펑) 지역.

5 공적(共敵)과 분적(分敵) : '공적'이란 집중되어 있는 적의 세력을 말한다. '분적'이란 흩어져 있는 적의 세력을 말한다.

6 적양불여적음(敵陽不如敵陰) : 적(敵)이란 적을 치는 것을 말한다. 양(陽)이란 공개적인 행동이며, 적양이란 적을 공격함에 있어 정면에서 혹은 먼저 하는 것을 말한다. 음(陰)이란 은폐되거나 숨어서 하는 행동을 말하며, 적음이란 적을 공격함에 있어서 측면에서 뒤늦게 공격하는 것을 말한다. 즉 선제공격이나 정면공격보다 뒤늦게 공격하고 측면에서 공격하는 것이 유리하다는 것이다.

【주해】 병사를 다스리는 것은 물을 다스리는 것과 같다. 물길이 창과 같이 강열하면 그 끝을 돌려 흘러내리도록 해야 한다. 물의 세력이 약해지면 가장 허약한 곳을 막아 제방을 쌓는 것이다.

'마땅히 제나라가 조나라를 구해 주어야 한다.' 라고 주장하면서, 손자는 전기에게 이런 말을 한다.

「어지럽게 섞여 진 실타래를 풀기 위해서는 잡아당겨서는 안 된다. 싸우고 있는 상황을 해결하는 방법 또한 무조건 치고 때린다고 되는 것이 아니다. 목 부분의 급소를 쳐서 숨을 못 쉬게 하다면 그 세력이 힘을 못 쓰게 되어 결국 자연스럽게 해결이 된다.」

(按) 治兵如治水：銳者避其鋒[7]，如導流：弱者塞其虛[8]，故築堰。如當齊救趙時，孫子謂田忌曰：「夫解雜亂糾紛者不控捲[9]：救鬪者不搏撠。批亢搗虛，形格勢禁，則自爲解耳。」

---

7 예자피기봉(銳者避其鋒) : 날카로운 창은 그 끝을 피하라는 말이다. 위의 문맥에서는 물길에 비유하고 있어 물길이 강열한 것으로 해석한 것이다. 적의 세력이 강열할 때는 싸우지 말고 피하라는 뜻이다.

8 약자색기허(弱者塞其虛) : 약한 것은 그 허약한 것을 막아버려라. 역시 물에 비유하였기에 물길이 약한 것으로 해석하였다. 약한 세력의 적을 공격할 때는 그 가장 허약한 곳을 공격하는 것이라는 뜻이다.

9 이 내용은 『사기(史記)』 권65 〈손자오기열전(孫子吳起列傳)〉에 기록된 내용이다.

■ 해설

승전계의 두 번째 계략이 '위위구조' 이다. 싸움은 공격과 방어로 이루어져 있다. 상대가 싸움을 걸어올 때 혹은 그들에게 싸움을 걸어야만 할 때 어떻게 싸워야할지가 고민스럽다. 위위구조는 '싸움을 어떻게 시작해야 하는가?' 하는 문제에 대한 답을 주고 있다. 그것은 한마디로 '약한 고리를 찾아 공격하는 것' 이다.

살다보면 예기치 않는 송사에 휩싸이기도 하고, 하다못해 교통사고로 분쟁하는 경우가 종종 있다. 물론 싸우지 않고 상대를 제압하거나 분쟁의 불씨를 해소할 수 있다면 그보다 좋은 일은 없을 것이다. 그런데 살다보면 종종 싸움을 피할 수 없는 상황에 직면하게 된다. 기업들간의 경쟁이나 정치적 당쟁에 있어서나 군사적인 전쟁에 있어서는 생존을 위하여 반드시 이겨야만 한다. 그럴 때 반드시 싸우는 기술이 필요하기 마련이다.

'위위구조' 의 계략은 구체적인 공격을 시작할 때 사용하는 지략이다. '우선 상대의 어디를 공격할 것인가' 하는 공격 포인트를 설정해야 한다. 싸움의 승패를 결정하는 것은 공격 포인트를 어디로 설정했느냐에 따라 달라진다. 핵심은 상대의 '약한 고리' 를 찾아 공격하는 것이다. 상대의 약한 곳을 찾아 집중적으로 공격하면 무너지게 되어 있다.

강한 적은 우선 그 힘을 분산시키고 힘이 분산된 이후에는 가장 약한 곳이 어디인가를 찾아내야 한다. 아무리 강한 상대라도 약점은 있기 마련이며, 그 약한 곳을 공격하면 강한 힘이 분산되어 더욱 약해지기 마련이다.

「물길이 창과 같이 강열하면 그 끝을 돌려 흘러내리도록 해야 한다. 물의 세력이 약해지면 가장 허약한 곳을 막아 제방을 쌓는 것이다.」

강한 물줄기는 물길을 여러 곳으로 흐르게 하여 그 힘을 분산시키는 것이다. 물살이 약해졌을 때 제방을 쌓으면 물을 가둘 수 있다. 강한 물줄기를 함부로 상대하였다가는 몰살하기 십상이다. 우선 강한 물줄기를 약하게 만드는 방책을 연구하여 약하게 만들고 이어서 약한 물줄기를 상대해야 한다. 강한 상대를 향해 무작정 싸움을 걸게 되면 그만큼 이길 승산이 없다. 우선 상대의 힘을 분산시키는 방책을 연구하여 상대의 힘을 분산시켜야 한다.

손자의 말을 다시 음미하여 보자.

「어지럽게 섞여 진 실타래를 풀기 위해서는 잡아당겨서는 안 된다. 싸우고 있는 상황을 해결하는 방법 또한 무조건 치고 때린다고 되는 것이 아니다. 목 부분의 급소를 쳐서 숨을 못 쉬게 하면 그 세력이 힘을 못 쓰게 되어 결국 자연스럽게 해결이 된다.」

어지럽게 섞여 진 실타래는 위나라와 조나라의 싸움이다. 제나라의 입장에서 이 두 강대국의 싸움에 말려들게 되면 싸움의 국면을 진정시킬 수 없다. 싸움에는 우선 '어디를 공격해야 하는가?' 하는 공격 포인트를 정해야 한다. 상대방이 약한 목 부분의 급소를 공격해야 하는데, 조나라의 수도인 한단을 공격하기 위해 위나라의 주력군이 모두 모여 있기 때문에 설사 조나라를 도와 위나라의 강한 군대를 상대하더라도 승산이 없다고 손빈은 판단한 것이다. 따라서 위나라의 급소는 주력군이 모두 빠져 나간 위나라의 수도 대량이 되는 것이다. 공격 포인트를 대량으로 잡아 공격하게 되면 위나라 군대는 한단으로부터 돌아올 수밖에 없다.

결국 이 같은 손빈의 예상은 적중했다. 이어 제나라의 군사는 길목인 계릉(桂陵 : 꿰이링)[10] 지역을 지키고 있다가 대량으로 되돌아오던 위나라 군대를 크게 무찌른다. 이는 일종의 이일대로(以逸待勞)의 계략이다. 손빈의 의견을 따른 전기는 위나라의 군대를 무찌르고, 조나라를 위기에서 구해주었으니 모든 문제가 풀리게 된 것이다. 만약 전기가 손빈의 말을 듣지 않고 바로 위나라를 치기 위하여 한단으로 진격하였다면 어떻게 되었을까? 전력이 막강한 위나라 군대에게 상당한 피해를 입게 되는 것은 불 보듯 분명한 일이다. 만약 위나라의 군대에게 패하게 된다면 조나라를 구해주려고 하다가 자기의 나라마저 위험에 처하게 되는 우를 범할 수 있다. 이 고사는 제대로 공격 포인트를 설정하는 것이 전쟁의 승패를 결정하는 중요한 요소라는 것을 잘 보여주고 있다.

아무리 강한 상대라 하더라도 결정적인 약점이 있기 마련이다. 시간이 걸리더라도 급소를 찾아 공격하는 것이 싸움의 방법이다. 권투경기를 예를 들어 설명하면 얼굴이 약한 상대 선수는 경기할 때 얼굴을 커버하기 하기 마련이다. 얼굴을 커버하면 복부가 비기 마련이니

10 계릉(桂陵) : 지금의 하남성 장원현(長垣縣 : 장위옌시엔) 서쪽 지역.

먼저 복부를 공격하면 어느 순간 커버가 내려오기 마련이다. 그 때 얼굴을 치면 이길 수 있다. 우선 공격 포인트를 복부로 잡아서 경기를 풀어가다 보면 문제의 실마리가 풀리는 것이다. 군대가 오른쪽에 집중하면 왼쪽이 비고 왼쪽에 집중하면 오른쪽이 비기 마련이다. 앞쪽에 집중하면 뒤쪽이 비고 뒤쪽에 집중하면 앞쪽이 비기 마련이다. 약점은 항상 존재하기 마련이니 신중을 기해서 보면 답을 찾을 수 있는 것이다.

위위구조의 계략은 현대에도 많이 활용되고 있다. 특히 정치권에서 위위구조의 활용이 두드러진다. 정치는 서로 권력을 차지하기 위한 정쟁의 무대이다. 정치인은 자신의 정적을 끌어내리기 위해 항상 상대의 약한 고리를 잡아 공격한다. 결정적인 약점을 잡아 공격하게 되면 일순간 정적을 권좌에서 끌어내릴 수 있기 때문이다. 역으로 만약 자신이나 자기의 정당이 어떠한 문제로 위기에 처하게 되면 상대의 약한 고리를 문제 삼아서 크게 이슈화함으로써 자연스럽게 자기를 향한 정치적 공세를 누그러뜨리게도 한다.

위위구조의 계략은 상대의 약한 고리와 급소를 노려 공격하는 전략이다. 전쟁과 같이 위급한 상황 속에서 이러한 계략은 반드시 필요하겠지만 일상생활 속에서 이 계략을 사용함에 신중을 기할 필요가 있다. 자그마한 이익을 위하여 무조건 상대의 약점과 급소를 잘 못 건드린다면 자칫 전면적인 싸움으로 확대될 수도 있다. 싸움에도 지켜야 할 룰과 선이 있음을 알아야 한다. 또 싸움을 시작하는 것도 중요하지만 타협을 통하여 싸움을 마무리 하고 자신의 실리를 챙기는 것이 더욱 중요할 때가 많이 있다.

제 3계

다른 사람을 끌어들여 적을 공격하라

차도살인(借刀殺人)

남의 칼을 빌려 사람을 해친다

■ 〈차도살인〉의 유래

'남의 칼을 빌려 다른 사람을 죽인다.' 는 뜻이 차도살인이다. 이에 대한 유래는 분명하지 않다. 물론 이 계략을 사용한 예는 춘추전국시대에도 볼 수 있다. 그러나 차도살인이란 이름을 사용하지는 않았다.

차도살인이란 말이 기록으로 보이는 것은 훨씬 후대의 일이다. 명나라 희극인 『삼축기(三祝記)』에 '차도살인' 의 글귀가 보인다.

> "이것이 이른바 차도살인이냐! 분명히 은혜를 입었음에도 덕이 아니라 원수로서 갚으려 하니 어찌 이 계략이 아니랴!"

이는 서하(西夏 : 시샤)의 사람인 조원오(趙元吳 : 자오위옌우)가 칼로서 범중엄(范仲淹: 판종옌)을 살해하여 할 때 범중엄이 내뱉은 말이다. 여기에서 차도살인이라는 말이 나오긴 하나 이것이 차도살인의 유래라고는 할 수 없다. 이 시기 이전에 차도살인이라는 말이 풍미하고 있었음을 알게 하는 대목이다.

■ 본문 및 주해

【본문】 적은 분명히 드러났는데도 우군의 태도가 정해지지 않았다면, 우군의 힘을 빌려 적을 쳐야 한다. 그렇게 되면 스스로 힘을 쓰지 않아도 된다. 이는 『주역』 〈손괘(損卦)〉의 뜻을 응용하여 펼친 것이다.

(原文) 敵已明，友未定[1]，引友殺敵[2]，不自出力，以損推演。

〈주해〉 적의 형세는 이미 드러났으나 달리 새롭게 펼칠 어떠한 힘도 없을 때는 어떻게 해야 할까? 마땅히 다른 힘을 빌려 적을 쳐부수어야 한다. 이는 자공(子貢 : 쯔공)[3]이 노(魯)나라에 있으면서, 제(齊)나라를 혼란에 빠뜨리고 진(晉)나라를 강하게 한 것과 같다.

(按) 敵象已露[4]，而另一勢力更張，將有所爲；變應借此力以毁敵人．如子貢之存魯，亂齊，破吳，强晉。

---

1 적이명(敵已明), 우미정(友未定) : 타격해야 될 적과 목표가 이미 분명히 드러났는데도, 우군의 태도는 아직 확실히 정해지지 않는 상황을 말한다.

2 인우살적(引友殺敵) : 인(引)이란 끌어들이는 것을 말한다. 즉 우군을 끌어들여 적을 살해하는 것이다.

3 자공(子貢) : 공자(孔子 : 쿵즈)의 10대 제자 중의 한 사람으로 『논어』에 등장하는 인물이다. 부유하였지만 항상 겸허하고 신중한 성격의 소유자로 비치고 있다. 『논어』 〈안연편〉에는 자공의 신중한 성격을 잘 알 수 있는 다음의 내용이 나온다. 자공이 지방의 수령이 되어서 공자에게 '정치를 어떻게 해야 하는지'에 대해 물었다. 공자가 "양식이 넉넉하고 군비가 충분하면 백성들은 믿게 될 것이다." 자공은 "부득이하게 이 세 가지 중에서 하나를 버려야 한다면 무엇을 제일 먼저 버려야 합니까?" 공자가 말했다. "군비를 먼저 버려야 한다." 자공이 말했다. "부득이하게 이 두 가지 중에서 하나를 버려야 한다면 무엇을 먼저 버려야 합니까?" 공자가 말했다. "양식을 버려야 한다. 예로부터 사람은 누구나 죽기 마련이다. 그러나 백성들이 군주에 대한 믿음을 저버린다면 나라는 제대로 설 수 없다."

4 적상이로(敵象已露) : 적상이란 공격해야 할 적의 대상(對象)을 말한다. 이슬이란 모습이 드러난 것을 말하는 것이다.

■ 『주역』의 내용 풀이

이손추연(以損推演) : 『주역』의 〈손괘〉의 뜻을 응용하여 펼친 것이다. 〈손괘〉는 『주역』의 41괘에 해당한다. 간(艮 : ☶)이 위에 있고 태(兌 : ☱)가 아래에 있는 형상이다. 간은 산(山)을 말하고 태는 연못(澤)을 의미하니, 산이 위에 있고 연못이 아래에 있는 형국이다. 이 괘의 이름인 손(損)은 '덜다'·'줄이다'·'손해보다' 라는 뜻이다. '산 아래에 있는 저수지의 물은 들판을 적시기 위해 계속 흘러가게 됨으로 그 세력을 잃게 된다.' 는 의미에서 '손' 이라는 이름이 지어졌다.

비록 연못의 물은 흘러가 줄어들더라도 그만큼 산의 높이가 올라가니 산의 입장에서는 이익이 되는 것이다. 그래서 이 괘의 전체적인 풀이가 길(吉)한 것으로 나와 있다. 여러 세력이 서로 갈리어 싸우게 되면 드러난 적의 세력은 점차 그 세력이 줄어들게 되니, 나의 세력은 더욱 왕성하게 되는 것이다. 결국 길한 것이다.

■ 해설

승전계의 세 번째 계략은 차도살인이다. '남의 칼을 빌려 상대를 치라는 것' 이 차도살인의 의미이다. 차도살인은 '드러난 적을 상대로 누구를 싸움의 주체로 세울 것인가?' 하는 문제에 대한 해답이다. 적의 실체는 분명히 드러났음에도 주위에 분명한 동맹군이 정해지지 않는 상황 속에서 취할 수 있는 계략이다.

적의 실체가 드러났다고 하여 무조건 그와 적대하여 싸워야 할까? 내가 나서지 않고서 상대를 이길 수 있는 방법은 없는 것일까? 만약 내가 나서지 않고서도 상대를 무너뜨릴 수 있다면 굳이 싸울 필요가 없는 것이다. 『손자병법』에서는 "백 번 싸워서 백 번 이기는 것이 가장 좋은 것이 아니라, 싸우지 않고서도 적을 굴복시키는 것이 가장 좋은 방법이다."라고 말하고 있다.

앞에서 나온 자공의 예화를 다시 보자. 자공은 『논어』에 등장하는 공자의 대표적인 제자이다. 흔히 공자의 대표적인 제자를 10철(十哲)이라 하는데 그 중에 한 사람이 바로 자공이다. 공자 문중에서 가장 부자였지만 항상 겸허하게 자기 몸을 낮출 줄 아는 인물이었다. 제나라가 노나라를 치고자 할 때 노나라의 임금이 공자를 찾아와 해결책을 묻는다. 공자가 노나라 임금에게 자공을 천거하여 보내게 된다. 자공은 직접 적국을 상대하여 군사를 보내 싸우는 대신에 적들의 힘을 교묘하게 이용하여 노나라를 구하게 된다. 먼저 제나라가 노나라를 치려고 하자 제나라를 찾아간다. 자공은 제나라가 노나라를 치는 것은 잘못된 전략이니 오(吳)나라를 치라고 설득해낸다. 다음으로 오나라로 간다. 오나라에서는 노나라를 도와서 제나라를 공격하라고 부추긴다. 결국 제나라와 오나라 간에 전쟁을 일으키게 한다. 그리고 진나라에 가서 오나라의 침공을 대비하라고 설득한다. 오나라는 다시 진나라와의 싸움에서 패배를 하게 된다. 결국 자공은 제나라를 혼란에 빠뜨리고, 오나라를 깨부수고, 월(越) 나라의 왕 구천을 패자로 만들고, 진나라를 강국으로 만들어 수 년 사이에 다섯 나라를 모두 변화시켰다.

위의 예화에서 보면 자공이 속한 노나라에게 드러난 적은 제나라이다. 힘이 약한 노나라를 위기에서 구하기 위해 자공이 택한 전략은 다른 나라의 세력들을 부추겨 제나라와 싸우게 하는 방법을 취한 것이다. 각 나라들 간의 이해관계를 정확히 판단하여 그들을 설득함으로서 노나라는 직접 싸움에 관여하지 않고서도 드러난 적을 무찌른 것이다.

일상 속에서 우리는 수없이 적을 만나게 된다. 개인과 개인, 집단과 집단, 기업과 기업, 정당과 정당, 국가와 국가 사이에 적대적인 감정이 조성되기도 하고 심각한 이해관계의 충돌이 발생하게 된다. 일단 적의 실체가 드러났을 때 어떻게 대처해야 하는가? 싸움이든 전쟁이든 일단 시작하게 되면 막대한 피해를 감수해야 한다. 따라서 내가 직접 나서서 싸우기보다 직접적인 싸움을 피하면서 적을 무너뜨릴 수 있는 방법을 찾는 것이 우선 순서이다. 차도살인이란 드러난 적과 적대적인 감정이나 이해관계가 얽혀있는 다른 사람이나 세력을 찾아 대신 싸우도록 유도하는 것이다. 그렇게 함으로써 적과 직접 싸우는 것을 피하면서 적을 무너뜨리는 목적을 달성할 수 있는 계략이다.

원문에 '이손추연(以損推演)' 이라는 말이 나온다. 즉 '이 계략은 『주역』의 손괘를 응용하고 펼친 것이다.' 란 뜻이다. 손(損)이란 '줄어든다.' 는 의미이다. 즉 상대의 힘이 계속해서 줄어들게 되니 나에게는 유리하게 된다는 뜻이다. 이 책에서는 이처럼 『주역』의 괘를 통하여 설명하고 있다. 이러한 방식의 설명이 가능한 것은 그만큼 『주역』이 당시 지식인들의 보편적인 상식으로 자리하고 있음을 말한다. 따라서 이 책에 나온 계략의 의미를 분명히 이해하기 위해서는 『주역』에서 말하고 있는 괘의 의미를 알고 있어야 한다. 그런데 문제는 바로 지금 우리들은 『주역』의 내용을 모른다는 사실이다.

우리가 사물을 인식하는 사고체계는 사다리와 같이 층차가 있다. 즉 이미 알고 있는 것을 가지고 모르는 것을 미루어 짐작하고 추리하는 것이다. 그런데 '이손추연'에서 '以'란 '로써'의 의미이고, '推'란 '미루어'의 의미이다. 즉 이손추연이란 '〈손괘〉로써 미루어 보면 그 뜻을 펼칠 수 있다.'는 의미가 된다. '로써'란 이미 알고 있는 지식을 의미한다. 저자는 이미 독자들이 〈손괘〉의 의미를 알고 있는 사람이라는 전제하기에 이러한 설명을 하고 있는 것이다. 그런데 과연 우리는 〈손괘〉의 의미를 알고 있는가? 모르고 있다. 저자가 설명하고 있는 방식은 '차도살인'이란 개념이 사다리의 높은 층에 있고 '손괘'란 개념이 사다리의 낮은 층에 있는 것이다. 그렇게 때문에 낮은 층의 '손괘'란 말로 '차도살인'을 설명하고 있는 것이다. 그런데 우리는 낮은 층의 개념인 '손괘'의 의미를 모르기 때문에 차도살인에 대한 개념을 혼동할 수밖에 없는 것이다. 이는 고전 읽기를 어렵게 하는 하나의 문제이다. 이를 해결하는 방법은 귀찮더라도 먼저 낮은 개념인 손괘의 의미를 이해하려고 노력하는 것이 순서이다.

차도살인의 계략을 사용할 때는 신중을 기해야 한다. 드러나 있는 적을 향해 나를 대신해 싸워 줄 수 있는 세력을 신중하게 골라야 한다. 그리고 스스로 싸울 수 있도록 유도하기 위하여 객관적인 상황분석과 싸움의 동기 등을 치밀하게 준비하여 접근해야 한다. 만약 상대가 차도살인의 의도를 알아차리고 오히려 그들 간에 동맹을 맺어 나를 향해 공격하게 되면 더 큰 적을 만들어 낭패를 보게 되기 때문이다.

계략이란 그것을 누가 무엇을 위하여 쓰는가에 따라 선(善)과 악(惡)

이 결정된다. 계략 자체에는 선과 악이 없다. 차도살인은 정계와 경제계 그리고 전쟁에서 혹은 암흑가에서 정적을 제거할 때 흔히 쓰여 지는 계략이기도 하다. 따라서 상대방의 차도살인의 계략에 말려들지 않는 지혜도 필요하다. 자기가 속한 집단 속에서 불만과 반목을 일삼게 되면 자기도 모르게 누군가의 차도살인의 계략에 말려들 소지가 농후하다. 차도살인의 계략의 희생양이 되지 않기 위해서는 항상 자신이 속한 공동체에 대한 애정과 사랑과 헌신적 자세가 필요하다.

제 4계

유리한 조건에서 적과 싸워라

이일대로(以逸待勞)

편안히 쉬고 있으면서 지친 적을 기다린다

■ 〈이일대로〉의 유래

이일대로는 '편안히 쉬고 있으면서 지친 적을 기다린다.' 는 의미이다. 이 계략의 이름은 『손자병법』 〈군쟁편〉에서 유래한 말이다.

> "병사를 잘 다스리는 장수는 모두 사기가 충천한 적과는 정면승부를 피하고 적의 기세가 쇠약해지고 느슨해졌을 때를 틈타 공격한다. 이것이 사기를 장악하는 것이다. 정비된 군대로 혼란한 적의 군대를 상대하고, 고요한 군대로 조급한 적의 군대를 상대한다. 가까운 곳에서 먼 곳으로부터 오는 적을 기다리고(以近待遠), 편안하게 쉬고 있으면서 지친 적을 기다리며(以逸(=佚)待勞), 배부른 상태에서 배고픈 적을 기다리는 것(以飽待飢)이 병사의 사기를 다스리는 법이다."

싸움에 있어서 중요한 것은 병사들의 사기이고, 병사들의 사기를 충전시키고 향상시키기 위해서는 자기의 병사들은 편안한 상태에 있으면서 지친 적의 병사들을 맞아 싸우게 하는 것이 중요함을 강조한 내용으로 '이근대원(以近待遠) 이일대로(以逸(=佚)待勞) 이포대기(以飽待飢)' 를 손자(孫子 : 순즈)는 말하고 있다.

이일대로의 계략과 함께 유사란 것이 '일능노지(逸能勞之)' 계략이다. 이는 아군이 편안한데 처하면서 적을 기다리는 것에서 한 걸음 더 나아가 적을 피곤하게 만드는 전략이다. 『손자병법』 〈허실편〉에 기록된 내용으로 "적이 편안하면 피로하게 만들고, 배부르게 먹고 있으면 굶주리게 만들고, 안정되어 있으면 동요하게 만들어라." 고 하는 것이 일능노지이다.

■ 본문 및 주해

【본문】 적의 세력을 곤란에 빠뜨리되 싸우지 마라. 『주역』의 〈손괘(損卦)〉에서 "강성함은 점점 약해지고 유약한 것은 점차 강해지기 마련이다."라고 말한 것에 비유할 수 있다.

(原文) 困敵之勢[1], 不以戰 : 損剛益柔。

【주해】 이것은 적에게 다가가는 방법을 말하는 것이다. 『손자병법』에서는 이렇게 말한다.

> "무릇 먼저 싸울 곳에 가서 적을 기다리는 자는 편안하고 나중에 싸울 곳에 도착하는 자는 달려가서 싸우게 되니 지쳐있기 마련이다. 그러므로 유능한 장수는 적을 내 의도대로 끌고 다니지 적의 의도에 끌려 다니지 않는다."

여기서 말하는 적(敵)이란 기세를 말하는 것이다. 즉 좋은 지역을 택해서 적을 기다리라는 뜻이 아니라, 군사가 머물 때에는 번거로움을 간단하게 조절하라는 것이다.

변하지 않는 것으로써 변화하는 것에 대처하고, 조그마한 변화로서 큰 변화에 대처하고, 움직이지 않는 것으로서 움직임에 대처하고, 조그마한 이동으로 큰 이동에 대처해야 한다. 마치 지도리(樞)로서 고리(環)를 움직이게 하는 것과 같은 이치이다.

---

1 세(勢) : 정세, 기세를 말한다. 여기에서는 적의 군사의 기세를 말한다.

(按) 此卽致敵之法[2]也。兵書[3]云；『凡先處戰地而待的者佚[4]，後處戰地而趨戰[5]者勞。故善戰者，致[6]人而不致於人。』兵書論敵，此爲論勢。則其旨非擇地以待敵，而在以簡馭繁；以不變應變；以小變應大變；以不動應動；以小動應大動；以樞應環[7]也。

■ 『주역』의 내용 풀이

손강익유(損剛益柔)：『주역』 41괘인 〈손괘(損卦)〉의 단사(彖辭)에 나오는 말이다. 즉 '강의 세력이 점점 약해지고 유의 세력이 점점 강해지는 형국'을 말하고 있다. 이러한 형국을 깨달아서 점차 기다리다 보면 길해지게 된다는 것이다. 적의 세력은 점점 약해지고 아군의 세력은 점정 강해지는 형국이란 의미이다.

---

2 치적지법(致敵之法)：적을 조절하여 움직이는 방법을 말한다.

3 병서(兵書)：『손자병법 · 허실편』을 말한다.

4 일(佚)：안일하고 편안함을 말한다. 군대가 휴식할 수 있고 미래의 싸움을 준비할 수 있게 하는 것을 말한다. 逸과 같은 의미이다.

5 추전(趨戰)：급하게 달려서 싸움에 응하는 것을 말한다.

6 치(致)：여기서는 인(引)의 의미이다. 즉 끌어당기는 것을 의미한다.

7 이추응환(以樞應環)：추(樞)란 지도리를 말한다. 사물을 끌어당기고 밀고 하는 역할을 한다. 환(環)은 고리를 말한다. 주위의 사물을 변화하게 하는 역할을 한다. 문은 지도리와 고리가 있어야 열고 닫을 수 있는 것이다. 『장자 · 제물론』에서 이 내용이 보인다.

■ 해설

승전계의 네 번째 계략이 이일대로이다. 즉 적은 지치게 하고 아군은 쉬게 하는 전술을 말한다. 이는 '싸움을 전개함에 있어서 어떠한 조건에서 싸워야 하는가?'에 대한 분명한 지침을 주고 있다. 적보다 유리한 고지를 점령하고, 유리한 조건하에서 지친 적을 맞아 싸우는 것이 싸움에 승리하는 비결이다.

싸움의 승패를 좌우하는 중요한 요인으로 손자는 병사들의 사기를 꼽고 있다. 병사들의 사기를 높이기 위해서는 정신적인 단결과 의식도 중요하지만, 육체적으로 편안하고 휴식을 취하고 객관적으로 상대에 비해 유리한 조건을 만들어 싸움에 임하게 하는 것이 무엇보다도 중요한 것이다. 이일대로는 싸움의 장수가 병사들에게 이러한 조건을 만들어서 싸움에 임하게 하는 것의 중요성을 말하고 있는 것이다.

이일대로의 상황은 아군이 객관적으로 유리한 정세에 있는 상황이라기보다는 유리한 정세를 적극적으로 만들어야 함을 강조하고 있다. 자기편에게 가장 유리한 상황이 전개될 때까지 최대한 휴식을 취하게 하면서 적을 지치게 하여 결정적인 시기가 오기를 기다리라는 것이 핵심 요지이다.

왜 그럴까? 그 이유에 대하여 "강성함은 점점 약해지고 유약한 것은 점차 강해지기 마련이다."라고 하고 있다. 『주역』 〈손괘(損卦)〉를 빌어 객관적인 상황의 변화를 이야기 하고 있다. 위에는 산이 있고 아래에는 연못이 있으니, 시간이 지나면 연못의 물이 빠져나가고 산은 그만큼 높아지기 마련이다. 모든 상황은 변화한다. 그러기에 변화의 조짐을 유심히 살펴 유리한 시점을 선택하는 것이 중요한 것이다.

비록 〈손괘〉를 들어 설명하고 있지만 역(易)의 철학적 원리가 그대로 반영되어 있다. 모든 만물의 운행법칙은 변화하고 그 변화의 방향은 순환하는 것이다. 약한 것은 강해지고 강한 것은 다시 약해진다. 봄의 양의 기운이 여름에 기승을 부리다가도, 가을이 되면 양의 기운은 사그라지고 음의 기운이 기세를 부리기 시작하여 겨울이 되면 음의 기운이 왕성해지다가, 다시 봄의 양의 기운이 돌아오는 것이다. 이러한 '반자도지동(反者道之動)'의 역의 원리가 이일대로 속에는 내재되어 있다.

일본군이 만주를 침략했을 때 일본군이 지나가도 중국인들은 그냥 밭에서 일을 하며 대응하지 않았다. 일본군들은 이러한 중국인의 태도를 도저히 이해할 수가 없었다. 그런데 중국인의 사유 속에는 바로 "니들이 지금 아무리 강성해보여도 결국 시간이 지나면 약해질 것이다. 그 때 두고 보자." 하는 심리가 깔려있다. 또한 일본군이 전쟁을 일으켜 더욱 중국을 압박할 때도 "너희들이 그렇게 날 뛰는 것을 보니 새벽이 밝아오고 있구나." 하고 중국인들은 희망을 잃지 않았다. 언뜻 약하게 보이는 이러한 사유 방식이 궁극의 승리를 이끌어 낼 수 있는 저력이 되는 것이다.

적의 의도에 말리지 않고 자기의 의도에 의하여 유리한 상황을 전개시키는 것이야 말로 반드시 오너가 갖추어야 할 중요한 덕목이다. 한국인은 빨리 빨리 모든 일을 해결해야 직성이 풀리는 성격을 가지고 있다고 한다. 이러한 성향으로 중국인을 상대하다가는 대부분 실패하게 된다. 상대와의 싸움에 있어 조급하지 않고 유리한 때를 기다릴 줄 아는 자세를 가지게 되면 이미 반쯤은 승리하고 있는 것이다.

무조건 기다리는 것만이 중요한 것은 아니다. 강한 상대가 점차 약해지는 상황일 때 기다리라는 것이다. 싸움을 기다리는 시간 속에서 자기편은 점차 강성해지고 상대편은 점차 약해지는 형국을 연출해내야 한다. 상대가 점차 강해지는 형국이라면 기다리는 것은 오히려 화를 자초하게 된다. 시간이 지날수록 상대가 분명 약해지는 형국이기 때문에 기다리라는 것이다. 비록 시간이 지나면서 자기편이 강성해진다 하더라고 상대의 편이 오히려 더욱 강성해지는 형국이라면 역시 기다리는 것은 잘못된 선택이다.

상대가 약해지는 형국이 분명할 때 상대를 피곤한 상황 속에 묶어두면서, 자기편은 휴식을 취하여 힘을 비축하는 지혜가 이일대로의 핵심이다. 그 구체적인 방법을 "변하지 않는 것으로써 변화하는 것에 대처하고, 조그마한 변화로서 큰 변화에 대처하고, 움직이지 않는 것으로서 움직임에 대처하고, 조그마한 이동으로 큰 이동에 대처해야 한다."고 말하고 있다. 즉 자기는 변화하지 않으면서도 상대를 변화하게 해야 한다. 자기는 움직이지 않고 상대를 움직이게 해야 한다. 자기는 유리한 위치를 차지하고 상대를 불리한 위치에 있게 해야 한다. 이러한 속에서 기다리다 보면 결국 승기를 확실히 잡을 수 있는 시간이 온다는 것이다.

『삼국지』에서 오나라의 젊은 장군 육손(陸遜 : 리우순)이 5만의 병사로 유비(劉備 : 리우뻬이)의 군대 70만을 상대로 대승을 거둔 전략이 바로 이일대로이다. 이른바 '이릉(夷陵 : 이링) 전투'로 불리는 이 전투에서 유비는 치명적인 손실을 받게 된다. 전술 면에서 보자면 육손의 탁월한 지략이었다고 평가할 수 있다.

관우(關羽 : 꽌 위)가 죽자 유비는 관우를 죽인 원수를 갚고자 오(吳)나라로 진격한다. 비록 제갈공명(諸葛孔明 : 주꺼콩밍)이 반대했지만 적에 비해 월등한 병력을 가지고 있던 유비는 70만의 대군을 이끌고 오나라를 쳐들어간다. 이 때 유비의 군대를 맞는 오나라의 장군은 육손이었고 그에게는 겨우 5만의 병사가 주어져 있었다. 게다가 양자강 상류에서 하류로 밀려오는 유비의 군대는 연전연승의 기세를 띠고 있었다. 누가 보아도 오나라에게 불리한 싸움이었다. 이 때 육손이 택한 전략은 싸우지 않고 자신의 군대는 후퇴하여 휴식을 취하게 하고 유비의 군대를 산 속에 고립시키는 작전이었다. 6개월의 시간을 싸우지 않고 지나자 유비의 군대는 지치고 싸울 의지가 약해져 있었다. 이 때 충분한 휴식을 취한 오나라 군사가 화공(火攻)으로서 유비의 군대를 공격하여 대승을 거두게 된 것이다.

손자의 말을 다시 음미해 보자.

「무릇 먼저 싸울 곳에 가서 적을 기다리는 자는 편안하고 나중에 싸울 곳에 도착하는 자는 달려가서 싸우게 되니 지쳐있기 마련이다. 그러므로 유능한 장수는 적을 내 의도대로 끌고 다니지 적의 의도에 끌려 다니지 않는다.」

싸움을 가장 잘 하는 것은 싸우지 않는 것이다. 서로 싸우게 될 상황을 만들지 않아서 싸움에 말려들지 않는 것이 가장 잘 싸우는 것이다. 다음으로 잘 싸우는 것은 싸우지 않고서 이기는 것이다. 마지막으로 어쩔 수 없이 싸우게 될 때는 승리할 수 있는 여건 속에서 싸움에 임하는 것이다. 그러기 위해서는 적의 의도에 끌려가는 싸움이 아니라, 적을 내 의지대로 끌고 가는 것이 무엇보다도 중요하다.

중국에 선(禪)을 전한 달마(達摩 : 따마)대사의 저서로 알려진 『안심법문(安心法門)』에는 "미시인축법(迷時人逐法) 해시법축인(解時法逐人)" 라는 말이 있다. "깨닫지 못했을 때에는 사람이 법을 좇아 다니지만, 깨달았을 때에는 법이 사람을 좇아 다닌다."라는 내용이다. 법이란 석가모니가 설한 8만4천의 불경을 말한다. 진리의 말씀이다. 그런데 그러한 법도 깨닫기 위해서 보는 것이지, 깨달은 사람의 입장에서 보면 법에 끌려 다닐 필요가 없다는 말이다. 깨달은 자와 깨닫지 못한 자의 차이는 자기의 마음을 스스로 주재하느냐, 아니면 마음이 상대의 세계에 끌려 다니는가에 있다는 말이다. 싸움도 마찬가지이다. 싸움을 주도하느냐 아니면 싸움에 끌려 다니느냐 하는 차이가 그 싸움의 승패를 좌우하는 것이다.

객관적인 전력이 상대방보다 열세라고 포기한다면 결코 유능한 리더나 승리하는 조직이 될 수 없다. 상대방이 혼란하고 피곤해지기를 기다렸다가 그 순간을 놓치지 않고 충분한 휴식을 취한 상태에서 상대방의 허점을 집중적으로 공격한다면 비록 처한 상황이 열세일지라도 얼마든지 승리를 이끌어낼 수 있다.

잘 알려진 유머의 하나로 '오너의 조건' 에 관한 것이 있다. 직장에서 가장 좋은 오너는 똑똑하고 게으른 사람이며, 다음이 똑똑하고 부지런한 사람이라고 한다. 그리고 가장 안 좋은 유형이 멍청한데 부지런하기까지 한 사람이라 한다. 멍청한데다 부지런하기까지 하면 쓸데없는 일을 만들어 부하들을 귀찮게 하여 결국 조직의 능률을 떨어뜨리게 된다는 것이다. 유머의 일종이지만 좋은 오너라면 자기의 부하를 항상 편안한데 처하게 하고 꼭 필요한 일에 힘을 집중시키게 할 수 있는 능력을 발휘해야 한다는 면에서 보면 틀린 말은 아니다.

오너는 아무리 어려운 여건 속에서도 그것을 헤쳐 나갈 수 있는 지혜와 힘이 있어야 한다. 무능한 오너는 강한 상대를 만나 어려움에 처하면 급하게 일을 처리하거나 쉽게 포기하는 경우가 많다. 그러한 조급함은 금물이다. 여유를 가지고 상대를 살피면 상대 또한 큰 허점이 있기 마련이다. 먼저 자기의 손실을 최대한 줄이면서 상대의 손실이 커질 수 있도록 상황을 유도하면서 버티게 되면, 어느 순간 전세가 역전되어 결국 승리할 수 있는 것이다. 기다릴 줄 아는 여유는 오너의 필수 덕목이다.

제 5계

적의 혼란을 틈타 이익을 취하라

진화타겁(趁火打劫)

상대가 불난 틈에 쫓아가 공격하여 빼앗는다

■ 〈진화타겁〉의 유래

'상대가 불난 틈에 쫓아가 공격하여 빼앗는다.' 는 것이 진화타겁의 의미이다. 이 계략에 대한 유래도 분명하지 않다. 『손자병법』〈계편(計篇)〉에서는 '난이취지(亂而取之)' 라 하여 "적이 혼란할 때 기회를 틈타 그것을 취하라"고 말하고 있다. 이는 분명 진화타겁을 말하고 있는 것이다. 그러나 '진화타겁' 이란 용어를 직접 사용하고 있지는 않다.

명나라의 우승은(吳承恩 : 우청언)의 소설인 『서유기(西遊記)』의 내용 중에 진화타겁이란 용어가 처음으로 보이다. 그 내용을 소개하면 이렇다.

당나라 삼장법사 현장(玄奘 : 쉬옌지앙)[1]과 손오공이 인도를 가던 도중, 하루는 큰 사찰에 투숙하게 된다. 이 사찰은 상하로 방이 70여 칸 승려 수가 200명이 넘었다. 사찰의 노방장스님 한 분이 그들에게 차를 대접했다. 서로 이야기를 나누는 사이에 노방장은 삼장법사에게 어떠한 보물을 가지고 있는지를 물었다. 그래서 손오공이 가지고 온 가사를 펼치자 휘황찬란한 광채가 나기 시작했다.

방장스님은 그것을 한 번 보더니 욕심이 생겼다. 방장스님이 말하기를 "내가 나이를 먹어 눈이 어두워 가사를 잘 볼 수가 없으니 내가 머무는 뒷방으로 가지고 가서 자세히 보고 돌려드리리다."하였다. 저

1 현장(玄奘, 서기 602~664년) : 『서유기』에 손오공과 함께 주인공으로 나오는 삼장법사를 말한다. 삼장이란 불교의 경과 율과 논을 말하며, 이 모든 것에 정통하여 삼장법사라 부르는 것이다. 하남성 구씨현 출생으로 속성이 진(陳 : 천)이며, 이름은 위(褘 : 훼이)이다. 중국 법상종 · 구사종의 개조로서 13세에 출가하여 낙양(洛陽 : 뤄양) 정토사에서 경론을 공부하였다. 629년에 인도에 들어가서 여러 불교 성지를 참배하고 중인도 마가다국 나란다사에 5년간 머무르며 공부하였다. 645년 수많은 불교경전을 가지고 장안(長安)에 돌아와 불전을 번역하였던 중국의 대표적인 고승이다. 『서유기』는 바로 삼장법사가 인도에 다녀온 역사적 배경 속에서 탄생한 것이다.

녁 늦게 방장스님은 수하의 스님들을 불러 상의하였다. 노방장은 "삼장법사가 머물고 있는 선당(禪堂)에 불을 지르면 저 두 사람은 단밖에 불에 타서 죽게 될 것이니, 그러면 이 가사를 우리가 차지할 수 있을 것이다."라고 하였다.

그러나 밤늦게까지 손오공은 자지 않고 있다가 그들이 음모를 꾸미는 소리를 모두 들었다. 손오공은 자그마한 벌로 변신하여 선당을 빠져나와 남쪽에 있는 천왕문으로 가서 광목천왕 뒤에 불을 피할 수 있는 통이 하나 있는 것을 발견했다. 그리고는 돌아와서 삼장법사를 모시고 그곳에 숨어 있었다.

밤이 늦자 과연 스님들이 올라와 선당에 불을 질렀다. 불이 번져 관음원까지 빨갛게 타올랐지만 어쩐 일인지 삼장법사가 머무는 선당에서는 조용히 아무 일이 없었다. 이 때 관음원의 정남쪽에 산이 하나 있었는데 그곳에는 하나의 계곡이 있었다. 그 계곡에 살고 있는 요괴가 불빛에 놀라 잠에서 깨었다. 그 요괴는 평소 관음원의 방장과 교류가 있었다. 요기는 곧 일어나서 방장을 도와주어야겠다고 마음먹고서 절로 달려왔다.

절에 도착하여 보니 모든 곳이 불에 타고 있는데 오직 방장이 머무는 방안에 푸른 것이 걸려있는 것 같은데 그곳에서 신기한 광채를 쏟아내고 있었다. 문을 열어보니 은가사 한 벌이 있었다. 그것은 불문의 보배였다. 요괴는 이 보물을 보고서는 방장을 도와 블을 끄려는 생각을 잊어버리고 이 가사를 집어 들고 '불난 틈을 이용하여 그것을 취해(趁火打劫)' 재빠르게 계곡으로 돌아가 버렸다.

■ 본문 및 주해

【본문】 적이 심각한 위기에 처했을 때 그 기회를 틈타 공격하여 이익을 취한다. 『주역』〈쾌궤(夬卦)〉의 '강함으로 유함을 결단하라.'는 이치이다.

(原文) 敵之害大[2]，就勢取利。强決柔也。

【주해】 적의 위기가 내부에 있으면 공격하여 그 영토를 차지해라. 적의 위기가 외부에 있으면 공격하여 그 백성을 차지하라. 안팎으로 위기가 있을 때는 공격하여 그 국가를 차지하라.

(按) 敵害在內，則劫其地；敵害在外，則劫其民；內外交害，則劫其國。

■ 『주역』의 내용 풀이

강결유야(剛決柔也) : 『주역』의 43괘인 〈쾌괘(夬卦)〉의 단사(彖辭)에 나오는 말이다. 쾌괘는 위에 태괘(兌 : ☱)괘가 놓여 있고, 아래에 건괘(乾 : ☰)가 놓여 있는 모습이다. 태는 연못을 뜻하고, 건은 하늘을 뜻하니 하늘 가운데 연못이 있는 모습이다. 여섯 개의 괘의 모습을 살펴보면 아

---

2 적지해대(敵之害大) : 여기에서 해(害)란 심각한 재난을 의미한다. 내부의 위기와 외부의 위기상황을 총칭하는 말이다.

래에 다섯 개의 양의 효가 있고, 위에 하나의 음의 효가 놓여 있다. 따라서 장차 마지막 음의 효까지 밀치어 내게 된다는 것을 예견하고 있다. 그러므로 결단할 시기인 것이다. 일반적으로 양은 군자에 음은 소인에 비유된다. 그러므로 군자가 소인을 결단해야 함을 의미한다. 제일 위의 음의 효가 양으로 바뀌게 되면 건괘가 되는 것이다. 단사에서 "夬란 결단(決)한다는 의미이니, 강함으로 유함을 결단하라. 강건하면 기쁨이 있고 결단하면 평화롭게 된다."고 말하고 있다. 즉 상대의 세력이 내분이 있고 혼란이 있어서 이제 곧 사라지게 되니 강한 결단을 내려서 행동하라는 의미로 해석할 수 있다. 불리하면 행동을 하지 말고 있다가, 유리함이 있으면 곧 나아가라는 말도 하고 있다.

■ 해설

승전계의 다섯 번째 계략이 진화타겁이다. 이는 적이 위급한 상황이나 곤란함에 처한 틈을 타서 상대를 공격하고 이익을 취하라는 계략이다. 언뜻 보아 부도덕해 보인다. 또 약육강식의 세계를 그대로 보여주고 있다. 우리나라 속담에 '불난 집에 부채질한다.' 라는 말이 있고, 중국 속담에 '남의 집 불난 곳에서 새는 냄비 때운다(趁火𥫗漏鍋)' 라는 속담이 있다. '불난 집에 부채질' 이란 우리 속담이 남의 집에 불이 나면 오히려 더 잘 타게 부추기는 심리를 말하고 있다면, 중국의 속담은 남의 집의 불난 상황을 이용하여 자기의 이익을 취하는 경우를 말하고 있는 것이다. 진화타겁을 보고 있으면 중국의 속담에 더 가깝다는 느낌이 든다.

진화타겁은 자칫 남이 위기에 처해 있을 때나 혹은 상대의 약점을 이용하여 자신의 이익을 취하는 계략쯤으로 생각하기 쉽다. 그러나 진화타겁에서 말하는 내용의 핵심은 적을 공략하는 시기에 관한 것이다. 그 시기는 적이 불이 나서 정신이 없이 혼란한 때이다. 이러한 상황은 시간이 지나면 적은 모두 불에 타서 무너지는 시점이다. 이때를 놓치지 말아야 한다는 것을 강조하고 있는 계략이다.

'대인(大仁)은 불인(不仁)하다.' 라는 말이 있다. '크게 어진 것은 어질지 않는 것처럼 보인다' 는 것이다. 우주 자연은 결코 작은 인정(仁情)에 끌리지 않는다. 큰 태풍과 홍수도 인간에게 큰 재앙을 내리지만 우주 전체적인 안목에서 보면 자연이 순환하고 생존해나가는 하나의 결과일 뿐이다. 생물의 생존법칙이 약육강식과 적자생존인 것처럼 싸움에 있어서 강한 자가 약한 자를 정복하고 강한 자만이 살아남는 것은 어찌 보면 당연한 이치이다.

36계의 하나 하나는 그 자체에 계략이 담겨 있지만, 36계가 배열되고 있는 전체가 동양의 자연관인 역(易)의 원리를 따르고 있다. 약한 것은 점차 강해지고 강한 것이 극에 이르면 다시 약해진다. 이러한 순환법칙과 음과 양, 팽창과 수렴, 원심력과 구심력의 평형법칙 그리고 상생과 상극의 원리가 그대로 적응되고 있다. 그것을 읽어내는 안목이 있어야 한다. 진화타겁은 〈쾌괘〉로 설명하고 있다. 〈쾌괘〉는 아래로부터 5개가 모두 양의 효이고 위의 하나만이 음의 효인 모습이다. 양의 세력이 강하여 음의 세력을 밀어내는 형국이다. 즉 절대적으로 나에게 유리한 상황이고 공격을 해서 적을 무너뜨릴 시점이다. 그래서 결단이 필요한 시기라는 것이다. 이러한 역의 순환론적 구조에 눈을 떴을 때 36계의 의미를 제대로 파악할 수 있고 또 그것을 정확히 적응할 수 있다.

삶은 모순 속에서 존재한다. '상대가 불이 난 상황 속에서 어찌 나의 이익을 취할 수 있을까?' 하는 물음을 제기할 수 있다. 물론 공존과 상생이 가능한 상황 속에서 이러한 생각은 선(善)하고 정당성을 가질 수 있다. 그러나 서로가 상대를 죽이고 그렇지 않은 경우 자기의 편이 죽어야 하는 상황 속에서는 선(善)의 기준은 달라질 수 있다. 자칫 잘못하다가는 상대에 의하여 자기의 편이 몰살할 수도 있다. 생존이 불가능한 상황 속에서 도덕이란 허위관념일 수 있는 것이다.

'송양지인(宋襄之仁)' 이라는 말이 있다. 중국 춘추시대 송(宋)나라의 양공(襄公 : 시앙공)에 관한 일화를 말하는 것이다. 초(楚)나라와 전쟁에서 열세에 처해있던 송나라 군대는 초나라를 쳐부술 절호의 기회를 맞게 된다. 초나라의 군대가 강을 건너오는 과정에서 큰 위기에 처한 것이다. 이때를 이용하여 초나라를 쳐야 한다고 양공의 참모들은 건의한다. 그러나 양공은 "군자(君子)가 어찌 상대방이 어려움에 빠진 틈을 타서 뒤통수를 친단 말인가?"라고 말하면서 초나라를 치지 않았다. 기회를 놓친 송나라의 군대는 그 후 모든 군사들이 몰살되고 양공 또한 죽음을 맞이하게 된다. 비록 양공이 어진 마음을 가졌지만 적과의 대치 상황에서 공격해야할 시점에 결단하는 힘이 부족하였기에 도리어 자신과 자기 나라의 군대를 몰살시키는 결과를 초래하게 된 것이다.

진화타겁이란 적이 혼란에 빠져 무너져 가는 상황에서는 결단력 있게 상대를 힘으로 제압해야 함을 말해준다. 『육도』 〈용도(龍韜)〉에서는 이러한 말이 나온다.

> "잘 싸우는 자는 어떠한 경우에도 흔들리지 않고, 이길 수 있으면 일어나고 이길 수 없으면 멈춘다. 용병에 있어서 해로움은 주저하는 것이 가장 크고, 삼군에 있어 재앙은 장수가 의심하는 것보다 더한 것은 없다. 잘 싸우는 자는 이익을 보면 때를 놓치지 않으며, 때를 만나면 의심하지 않는다. 이익을 놓고 때를 놓치면 도리어 아군이 재앙을 당하게 된다. 그러므로 지혜 있는 자는 때를 잃지 않고 잘 싸우는 자는 결단을 내리는데 주저하지 않는다."

상대가 극도의 혼란에 빠졌을 때는 결단을 하여 공격해야 하는 것이다. 예를 들어 한 나라를 공격한다면 그 나라의 혼란과 해로움이 내부에 있으면 영토를 취하고, 외부에 있으면 백성을 취하고, 내부와 외부가 같이 해로울 때는 국가를 취하라고 말하고 있다. 어떻게 제압해야 하는가? '강결유(剛決柔)'가 답이다. '강하게 결단하여 유한 상대를 제압하라'는 것이다. 상대가 불이 난 형국은 소인들이 혼란 속에서 자기의 이익을 취하는데 정신이 없는 모습을 말한다. 여기에서 '유'함이란 음을 상징하고 소인들의 행동을 의미한다. 이러한 상황 속에서는 강하게 결단하여 행동함으로써 혼란을 잠재울 수 있다. '강건하면 기쁨이 있고 결단하면 평화롭게 된다.'는 〈쾌괘〉의 의미가 분명해지는 것이다.

남의 집에 불이 났는데 거기에 자기 집의 새는 냄비를 가지고 가서 불을 쬐어 때우고 있는 중국인의 모습을 상상해보자. 이러한 무정함이 어떠한 사고에서 나올 수 있는 것일까? 한국인은 뒤에서 기뻐할지언정 당당히 앞에 나서서 냄비를 때우는 행동은 하지 못한다. 만약 그러한 사람이 있다면 뻔뻔스럽고 파렴치하다고 비난할 것이다. 그런데 중국인의 행동에도 타당한 이유가 있다. 그것은 불이 난 것은 불을 낸 사람이 부주의하여 일어난 것이니 그 사람의 책임이지 자기와는 무관한 것이다. 자기의 집을 제대로 지키지 못하여 불을 내었다면 그 사람은 이미 자기의 집을 지킬 능력이 없는 사람이다. 주인이 없는 곳이니 들어가서 나의 이익을 취하는 행동이 하나도 문제될 것이 없다는 것이다. 결국 그 스스로 불이 나지 않도록 자기의 집을 지키는 조심스러움과 능력을 갖추어야 하는 것이다. 『육도』 〈무도(武韜)〉에서 태공은 한 나라가 혼란에 빠져 망해가는 징조를 이렇게 표현하고 있다.

> "지금 저 은나라를 보면 사람들이 갖가지 말로 서로를 혼란시키며, 수습할 수 없을 정도로 혼란스럽고 음탕한 풍속이 끝없이 유행되고 있으니 이는 나라가 망할 징조이다. 은나라의 들판을 살펴보면 잡초가 곡식보다 무성하고, 그 나라의 백성들을 살펴보면 사악함과 부정이 판을 치고 있다. 그 벼슬아치들을 보면 포악하고 잔인해서 국법을 무시하고 질서를 문란케 한다. 그런데도 상하가 다 혼란하여 아무것도 깨닫지 못하고 있는 것이다. 이러한 상태야 말로 나라가 망할 때에 이른 것이다."

망할 때가 이른 나라는 망해야 한다. 그래야 기쁨이 오고 평화가 찾아온다. 그 이유는 나라는 국왕의 것이 아니라 백성의 것이기 때문이다. 진화타겁의 계략이 사회적 정당성을 얻는 내적 논리가 여기에 있다.

제 6계

지도부를 교란시켜 적을 혼란에 빠뜨려라

성동격서(聲東擊西)

동쪽에서 소리치고 서쪽을 공격한다.

■ 〈성동격서〉의 유래

성동격서란 '동쪽에서 소리치고 서쪽을 공격하라' 는 말이다. 이러한 성동격서는 적을 공략하는 병법의 기본으로 여러 책에 기록되어 있어서, 하나의 책에서 유래되었다고 단정할 수는 없다.

두우(杜佑 : 두요우)[1]의 저작인 『통전(通典)』 153권 〈병육(兵六)〉 1장에 '성언격동(聲言擊東), 기실격서(其實擊西)' 라는 말이 보인다. 즉 '동쪽을 친다고 말하고서 실제로는 서쪽을 치는 것' 을 말한다.

또 『육도』 〈문도(文韜)〉에도 이에 관한 기록이 나타난다.

> "겉으로는 군내가 질서가 없어 어지러운 것처럼 적에게 보이지만, 실제로는 일사분란한 태세를 갖추어야 한다. 또 식량이 부족하여 굶주리는 것처럼 보이지만, 실제로는 배부르게 먹고 있어야 한다. 실제로는 정예군사이면서 둔하고 약한 군사처럼 보이게 해야 한다. 어떤 때는 군사를 집합시키고 어떤 때는 흩어지게 하여 아군의 계략을 가리고, 보루를 높이고 정예병은 숨기고 소리를 죽이고 적막하게 하면 적은 아군이 대비하는 것을 모를 것이다. 그리고서 적의 서쪽을 공격하려면 그 동쪽을 습격해라(欲其西 襲其東)."

이는 『손자병법』에서 말하는 "적이 준비하지 못한 곳을 공격하고 생각하지 못한 곳으로 나아간다."는 '공기불비(功其不備) 출기불의(出其不意)' 사상과 통하는 말이다. 또한 이러한 내용과도 통한다.

---

1 두우(杜佑, 735~812) : 당나라의 정치가이자 역사가로 자(字) 군경(君卿)이며, 장안(長安) 출생이다. 증조부 이래 관료를 지낸 귀족 집안에서 태어나 일찍부터 여러 관직을 역임한 후, 덕종(德宗) · 순종(順宗) · 헌종(憲宗) 등 3제(帝)에 걸쳐 재상(宰相)을 지냈다.
한(漢)나라의 사마 천 이후 제1의 역사가로 인정받았으며 그의 저서 『통전(通典)』은 오늘날에도 제도사 연구에 있어서 중요한 자료로 평각 받고 있다.

> "내가 능력이 있어도 상대방에게는 없는 것처럼 보이고, 전쟁할 의도가 있어도 없는 것처럼 보이고, 내 의도가 가까운 곳에 있으면 멀리 있는 곳에 있는 것처럼 하고, 반대로 내 의도가 먼 곳에 있으면 가까운데 있는 것처럼 해야 한다."

그리고 『회남자(淮南子)』〈병략훈(兵略訓)〉에 "장수가 서쪽을 치고자 하면 동쪽을 친다고 표하는 것이다."란 기록도 성동격서의 계략을 말한 것이다.

■ 본문 및 주해

【본문】 적의 지휘가 혼란에 빠지면 제대로 헤아리지 못한다. 이는 『주역』에서 곤괘(坤 ☷)가 아래에 처하고 태괘(兌 ☱)가 위쪽에 처한 췌괘(萃卦)의 모습이다. 이로움을 그 스스로 주재하지 못하니 틈을 타서 그것을 취해야 한다.

(原文) 敵志亂萃[2]，不虞[3]，坤下兌上之象。利其不自主[4]而取之。

【주해】 서한(西漢)시대 일곱 국가가 반목하고 있었다. 조아부(周亞夫 :

---

2 난췌(亂萃) : 췌(萃)란 야생의 풀이 무성하게 자라는 모습이다. 난췌란 혼란스럽고 어지럽게 펼쳐진 모습을 말한다.

3 불우(不虞) : 우(虞)란 예상하고 추측하는 것을 말한다. 불우란 예상하고 추측할 수 없게 된 것을 말한다.

4 부자주(不自主) : 자주적으로 자기의 나아가야할 방향과 공격 목표를 상실한 것을 말한다.

조우야푸)[5]는 벽을 굳게 지킬 뿐 싸우지를 않았다. 오(吳)나라의 병사들이 분주하게 벽의 동남쪽의 모퉁이로 달려갔다. 아부는 서북쪽을 방어하도록 했다. 이에 오나라의 왕이 정예병을 시켜 결국 서북쪽을 공격하였으나 들어갈 수가 없었다. 이는 적의 지휘가 혼란에 빠지지 않아서 능히 스스로를 지킬 수 있었던 것이다.

한(漢)나라 말에 주준(朱雋 : 주주안)[6]이 황건적에게 둘러싸여 완(宛 : 완)[7]에 처하게 되었다. 흙으로 된 산에서 벗어나서 성 안으로 들어가고자 하였다. 북을 울려서 그곳의 서남쪽을 공격하자 황건적의 모든 군사들이 그곳으로 달려갔다. 주준은 스스로 장병 오천을 이끌고 동북쪽으로 숨어들어가 드디어 성의 경비가 허술한 곳을 올라 성안으로 진입할 수 있었다. 이는 적의 지휘가 어지럽고 헤아리지 못하는 상황이다.

그런 즉 성동격서의 계책은 모름지기 적의 지휘가 어지러운가 그렇지 않은가를 먼저 살펴야 한다. 어지러우면 승리하고, 어지럽지 않으면 장차 스스로 패망에 이르게 된다. 위력적인 책략이 아닌가!

(按) 西漢，七國反[8]，周亞夫堅壁不戰。吳兵奔壁之東南陬，亞夫使備西北：已而，吳王精兵，果功西

---

5 주아부(周亞夫, ? ~ 기원전 143년) : 서한의 명장으로 주발(周勃 : 조우보)의 아들이다. 반란을 제압한 공으로 승상의 직에 오르게 된다.

6 주준(朱雋, ? ~ 서기 195년) : 자는 공위(公偉), 동한의 회계(會稽 : 지금의 절강성) 상우(上虞) 사람이다. 184년 황건적일 일어나자 이를 토벌하는데 큰 공을 세웠다.

7 완(宛) : 지금의 하남성 남양(南陽) 지역.

8 칠국반(七國反) : 일곱 나라가 서한에 반기를 든 것을 말한다. 서한 초기에 통치 역량이 전국에 미치지 못하여 같은 성(姓)을 가진 왕들에게 영토를 분배하여 다스리게 하는 정책을 썼다. 경제(景帝) 3년(기원전 154년) 오(吳), 초(楚), 교서(膠西), 교동(膠東), 묘천(苗川), 제남(濟南), 조(趙) 등 일곱 나라가 연합하여 서한에 반기를 든 것이다.

北，遂不得入。此敵志不亂，能自主也。漢末，朱儁圍黃巾於宛。起土山以臨城內，鳴鼓功其西南，黃巾悉衆赴之：儁自將精兵五千，掩東北，遂乘城虛而入。此敵志亂萃，不虞也。然則聲東擊西之策，須視敵志亂不爲定。亂則勝：不亂將自取敗亡。險策也！

■ 『주역』의 내용 풀이

곤하태상지상(坤下兌上之象)：『주역』에서 곤괘(坤 ☷)가 아래에 있고 태괘(兌 ☱)가 위에 있는 상을 말하는 것으로 45괘인 〈췌괘(萃卦)〉를 말한다. 췌란 모여 있다는 의미이다. 야생의 풀이 어지럽게 모여 있는 모습을 비유하여 췌란 괘의 이름을 붙인 것이다. 아래의 곤이란 땅을 말하고 위의 태는 연못을 말한다. 땅 위에 연 못이 있는 모습으로 즉 땅 가운데에 연못이 놓여 있는 모습이다. 그렇게 때문에 연못 가운데에 풀이 자생적으로 나는 것이다. 전체의 효는 아래의 셋과 제일 위의 효가 음이며, 가운데에 두 개의 양효가 있다. 이 가운데의 양효가 위 아래의 음의 효를 다스릴 수 있는 것이다.

어지럽게 솟아난 풀은 인재들이 주위에 모여 드는 것을 뜻한다. 그러데 그러한 인재는 가운데 있는 양효에 의하여 주도하는 자를 따르게 되어 있다. "종묘에 가서 제사를 지내면 대인을 만나 큰 이익이 있다."

고 괘사에서는 밝히고 있다. 이는 주나라의 문왕이 상나라의 걸왕을 대신하여 일개 지방 왕의 신분으로 황재가 지내야할 제사를 대신 지낸 것을 비유한다. 문왕이 스스로 종묘에 나아가 제사를 지냈는데도 주위의 신하들이 그를 따랐기 때문에 결국 걸왕을 몰아내고 황제의 자리에 오르게 되었다. 이는 걸왕이 자기의 할 일을 모르고 혼란에 빠져 있기 때문에 문왕이 그 자리를 차지할 수 있었음을 뜻하는 것이다.

■ 해설

승전계의 마지막 계략이 성동격서이다. 즉 동쪽에서 소리치고 정작 서쪽을 공격하라는 것이다. 적을 공격할 때 사용하는 주요한 계략이다. 적을 속이고 적의 약한 고리를 치기 위해서는 적의 지도부를 혼란에 빠뜨려야 한다. 동쪽에서 칠 것이라고 준비하고 있는 적을 서쪽에서 친다면 적은 혼란에 빠지게 된다. 적의 지도부를 혼란에 빠뜨려 우왕좌왕하게 만든다면 승리는 그만큼 쉬워진다.

「적의 지휘가 혼란에 빠지면 제대로 헤아리지 못한다. 이는 『주역』에서 곤괘(坤 ☷)가 아래에 처하고 태괘(兌 ☱)가 위쪽에 처하는 모양이다. 이로움을 그 스스로 주재하지 못하니 틈을 타서 그것을 취해야 한다.」

상대를 공략한다는 것은 상대의 지도부와 지휘체계를 무너뜨리는 것이다. 군사의 움직임은 지휘자의 계략에 의한 명령에 의하여 이루어진다. 지도부의 지휘체계가 혼란에 빠지면 군사들은 우왕좌왕하기 마련이다. 상대가 준비하지 못하고 있는 곳이 바로 약한 고리이며, 상대가 예견하지 못한 곳을 공격함으로써 심리적인 타격을 가하는 것이다.

앞의 진화타겁이 적이 혼란에 빠진 상황에서 그를 공격하여 이익을 취하라고 하고 있는 점에 있어서 성동격서 전략도 같다. 다만 성동격서의 전략은 혼란에 빠진 적을 취함에 있어서 구체적으로 공략하는 방법을 말하고 있다. 적을 한쪽으로 유인하고 반대 방향에서 반격하는 계략이다.

위의 주아부와 주준의 예화는 전쟁에 있어서 성동격서의 계략을 사용하여 승리한 것을 잘 보여주고 있다. 또 유명한 예화는 한(漢)나라의 유방(劉邦 : 리우방)[9]과 초(楚)나라의 항우(項羽 : 시앙위)[10]와의 전쟁 중에서 나타난다.

초나라와 한나라가 서로 다투던 시기에 위왕(魏王) 표(豹 : 빠오)가 초나라로 투항하게 된다. 한나라 유방은 초나라의 항우와 위왕 표의 협공을 당하게 된다. 유방은 곤경을 벗어나기 위해 한신(韓信 : 한신)[11]을 좌승상(左丞相)에 임명하고 그를 보내어 정벌에 나서게 된다.

---

9 유방(劉邦, BC.247~BC.195) : 자는 계(季)이며, 중국 한(漢)나라의 제1대 황제(재위 BC 202~BC 195). 진나라 말기에 군사를 일으켜 진왕으로부터 항복을 받았으며, 4년간에 걸친 항우와의 쟁패전에서, 항우를 대파하고 천하통일의 대업을 실현시켰다.

10 항우(項羽, BC.232~BC.202) : 이름은 적(籍)이며, 자는 우(羽)는 자이다. 임회군(臨淮郡) 하상현(下相縣 : 江蘇省)에서 출생하였다. 중국 진(秦)나라 말기에 유방(劉邦)과 천하를 놓고 다툰 무장이다. 진나라가 혼란에 빠지자 봉기하여 진군을 도처에서 무찌르고 관중으로 들어갔다. 진을 멸망시킨 뒤 서초패왕이라 칭했으나 결국 해하(垓下))에서 유방에게 포위되어 자살했다.

11 한신(韓信, ?~BC.196) : 회음(淮陰 : 강소성) 출생으로 진(秦)나라 말 난세에 처음에는 초(楚)나라의 항량(項梁)과 항우(項羽)를 섬겼으나 중용되지 않자 한나라의 유방(劉邦)의 군에 참가하였다. 이후 큰 공을 세워 제왕(齊王), 이어 초왕(楚王)이 되었다. 그러나 한제국(漢帝國)의 권력이 확립되자 유씨(劉氏) 외의 다른 제왕(諸王)과 함께 차차 권력에서 밀려나, BC 201년 회음후(淮陰侯)로 격하되었다. 한신은 한고조(유방)를 원망하며 토사구팽(兎死狗烹)이라는 말을 남겼다.

한나라의 공격 소식을 알게 된 위왕 표는 백직(柏直 : 빠이즈)[12]을 대장으로 임명하여 한신의 군대를 맞이하여 싸우게 된다. 백직은 병사와 수레를 끌고 나와서 황하의 동쪽 포판(蒲坂 : 푸반)[13]에 진을 치고, 황하의 나루터를 봉쇄한다. 포판에 도착한 백직은 백성들에게 명하여 한 척의 배도 강에 대지 못하도록 한다. 그리고 그의 군사를 언덕에 배치한다. 황하의 물은 급류라서 한나라 군대가 백직이 주둔한 포판을 점령하기는 불가능한 형세가 된 것이다.

한나라의 장군 한신은 지략이 뛰어났다. 그는 포판의 지형이 험한 데다가 백직이 경계를 서고 있어서 강공으로는 이기기 어렵다고 판단하였다. 그럼에도 불구하고 한신은 군사들을 포판의 맞은 편 언덕에 내리고 진영을 설치한다. 사방에 깃발을 꽂고 낮에는 사병들로 하여금 큰 소리로 훈련하게 하고 밤에는 불을 밝혀서 강공으로 포판을 쳐들어갈 뜻을 분명히 한다.

백직은 한신의 이러한 움직임을 주시하고서 한신이 분명 황하를 건너 포판을 칠 것으로 판단한다. 한신의 무리수를 지켜보며 백직은 안심을 하면서 한신의 어리석음을 비웃는다. 그러나 백직을 안심시킨 한신은 비밀리에 군대를 이끌고 하양(下揚 : 샤양)[14]에 도착하여, 강을 건널 뗏목을 만든다. 뗏목으로 황하를 건넌 한나라 군사들은 신속하게 진군하여 위왕 표의 후방 요지인 안읍(安邑 : 안이)[15]을 점령하고, 그를 사로잡아 버린다.

12 백직(柏直) : 중국 삼국시대 위나라의 장수로 한신을 맞이하여 싸웠다. 이 때 한나라의 왕 유방이 역이기에 물어 위나라 장수가 백직이라고 하자, "이 자는 입에서 아직 젖내가 나서, 한신을 당해낼 수 없을 것이다(是口尙乳臭, 不能當韓信)"라고 하였는데. '구상유취'란 말이 여기에서 나왔다.

13 포판(蒲坂) : 중국 산서성(山西省 : 산시성) 남부에 있던 옛 도시로 순(舜)의 수도였다.

14 하양(下揚) : 산서성 평륙현 동북쪽에 위치한 지역.

이와 같이 전쟁에 있어서 지도부를 교란하여 지도부의 판단을 혼란하게 하고, 예상치 못한 곳을 공격하는 것이 승리의 요건이 된다. 동쪽에서 소리치고 서쪽을 공격하라는 것의 핵심은 상대방 지도부의 예상치 못한 곳을 공격하란 말이다. 동쪽에서 소리치는데도 만약 상대방 지도부가 서쪽을 방어하고 있다면 동쪽을 공격하는 것이 성동격서의 응용이라 할 수 있다.

게임은 트릭이 생명이다. 상대의 의도를 간파하고 그 허를 찔러 상대를 당혹하게 만드는 것이 트릭이다. 트릭이 있기에 게임은 재미가 있다. 상대를 속이는 것이 죄악이 되는 것이 아니라 트릭을 잘 부릴수록 훌륭한 승부사로서 자리매김한다. 만약 트릭이 허용되지 않는 게임이라면 금방 흥미를 잃어버린다. 성동격서란 바로 트릭의 대표적인 계략이다.

성동격서는 우리의 생활 속에서 흔히 나타나는 계략이다. 물건을 싸게 사는 사람들은 정작 자기가 사고 싶은 물건은 거들떠보지 않고 다른 물건만을 가지고 흥정한다. 주인은 이 사람이 이 물건에 관심이 있나보다 하여 그것이 다른 물건 보다 좋다고 하면서 가격을 더 부른다. 그리고 상대적으로 다른 것의 가격은 낮게 부르기 마련이다. 물건을 사는 사람은 열심히 다른 물건의 가격을 흥정하다가 슬쩍 자기가 사려고 점찍어 놓은 물건의 가격을 물어본다. 주인은 자기 가게의 물건이 다른 곳에 비하여 싸다는 것을 확인시키기 위하여 낮은 가격을 제시하게 된다. 그럴 때 마지못하여 자기가 원하는 물건을 사게 되면 싼 가격에 물건을 구입할 수 있다. 이는 주인의 관심을 다른 곳으로 돌려서 자기가 원하는 물건을 싸게 구입하는 방법으르 성동격서의 전략을 응용하고 있는 예이다.

상대방이 생각지 않은 허를 찌른다는 면에서 성동격서는 상대의 심리를 꿰뚫어야 한다. 직장에서 남녀가 만나 결혼한 사람들의 경우 대개 연애를 해서 만나게 된다. 연애를 잘하는 사람들은 자기가 마음에 드는 연인에게 곧바로 접근하지 않는다. 그 사람의 주위에서 맴돌 뿐 절대 자기의 속내를 드러내지 않는다. 오히려 그 주변 사람들에게 관심을 표하지만 정작 자기가 좋아하는 사람에게는 냉담하게 대한다. 상대의 관심과 질투심을 유도하여 자기에게 상대가 관심을 갖도록 유도하는 것이다. 일단 상대가 적극적인 관심을 표할 때 상대에게 다가간다. 이것도 일종의 성동격서의 응용이라 할 수 있다.

게임과 운동, 기업과 정치, 연애와 광고. 그 핵심전술은 모두 성동격서를 응용하고 있다. 경쟁과 싸움에서 상대를 이기기 위해서는 상대를 속이고 상대를 혼란에 빠뜨리는 것이 관건이다. 상대가 나의 의도를 분명히 알아버리면 그를 이기기는 그만큼 어려워진다. 계략의 승패 여부는 '적의 지휘가 어지러운가, 어지럽지 않은가에 달려있다.' 고 말하고 있다. 바꾸어 말하면 '적의 지도부를 속일 수 있는가 속일 수 없는 가' 에 달려 있다는 것이다. 그만큼 성동격서의 계략은 너무 일반적으로 알려져 있어서 상대방 또한 성동격서의 계략을 나에게 사용하고 있을 수 있다. 만약 상대방이 자신의 계략을 알게 된다며 오히려 당할 수 있기 때문에 신중을 기해야 한다.

적전계

적과 나의 세력이 균등할 때 승리하기 위한 전략

제 7계. 무중생유 없는 것은 있는 것처럼, 있는 것은 없는 것처럼 위장하라
제 8계. 암도진창 양동작전으로 적을 기습하라
제 9계. 격안관화 적의 내분을 관망하라
제 10계. 소리장도 웃는 얼굴로 적을 상대해라
제 11계. 이대도강 대를 위해 소를 희생하라
제 12계. 순수견양 사소한 허점, 조그만 이익도 놓치지 마라

제 7계

없는 것은 있는 것처럼, 있는 것은 없는 것처럼 의장하라

무중생유(無中生有)

없는 것을 있는 것처럼 믿게 하다

■ 〈무중생유〉의 유래

무중생유는 노자(老子 : 라오즈) 『도덕경(道德經)』 40장의 "천하만물생어유(天下萬物生於有) 유생어무(有生於無)"라는 말에서 유래하였다. 즉 "천하에 존재하는 만물은 모두 유(有)에서 나왔지만 그 유는 무(無)로부터 나왔다"는 것이다.

유와 무가 상대적인 개념이지만 결국 하나의 동일선상에 있다는 말이다. 어두운 밤에서 새벽이 오는 순간은 짧다. 새벽의 밝음은 어두움 속에서 갑자기 드러나지만, 분명 어두움으로부터 나온 것이다. 없음은 절대적으로 없는 것이 아니라 그 속에 있음을 잉태하고 있다. 있음은 절대적으로 있는 것이 아니라 어느 순간 없음으로 변하게 된다. 그러기에 있음을 없음으로 또 없음을 있음으로 만들 수 있고, 상대에게 그것을 믿게 할 수 있는 것이다.

병서에 있어서는 『위료자(尉繚子)』 12장 〈전권(戰權)〉에서 언급하고 있다. "전권재호도지소극(戰權在乎道之所極) 유자무지(有者無之) 무자유지(無者有之) 안소신지(安所信之)?" 즉 "전략 전술을 사용할 때는 기본적인 원칙을 가지고 그것을 극대화 하는 것이다. 때론 있는 것을 없는 것처럼 보이게 하고, 없는 것을 있는 것처럼 보이게 하는 것이니 적이 어찌 나의 실제 상황을 알 수 있겠는가?" 여기에서 '유자무지 무자유지'가 바로 무중생유를 말하는 것이다.

■ 본문 및 주해

【본문】 속이면서도 속이지 않고 있다고 믿게 하는 것이야말로 진정으로 속이는 것이다. 소음(少陰) · 태음(太陰) · 태양(太陽)을 병행하여 활용해야 한다.

(原文) 誑也，非誑也[1]，實其所誑也[2]。少陰，太陰，太陽。

【주해】 없으면서도 있는 것처럼 보이게 하는 것이 속이는 것이다. 속이는 것은 오래 갈 수 없고 쉽게 알아차리기 마련이다. 그러므로 불가피한 경우가 아니면 끝까지 쓰지 않는다. 무(無) 가운데서 유(有)를 만든다는 것은 곧 상대를 속여 진실로 믿게 하는 것이고, 자기의 세력이 허(虛)한 것을 실(實)되게 하는 방법이다. 없는 것으로서 적을 무너뜨릴 수는 없다. 있는 것을 만들어야 적을 무너뜨릴 수 있다.

이러한 일화가 있다. 영호조(令狐潮 : 링후차오)[3]가 옹구(雍丘 : 용치우)성을 포위했다. 장순(張巡 : 장순)[4]은 허수아비 천여 명을 만들어 검은 옷을 입히게 하고 밤이 되자 그것을 성벽 아래로 내려 보내게 하였다.

---

1 광야(誑也) 비광야(非誑也) : 광이란 상대를 속이고 기만하고 미혹시키는 것이다. 즉 속이면서도 상대로 하여금 속이고 있다고 믿지 않도록 하는 것을 말한다.

2 실기소광야(實其所誑也) : 실이란 진실, 실재하는 것을 말한다. 상대를 속이기 위해서는 실재하는 물건을 가지고 치밀하게 상대를 속일 때 가능함을 말하고 있다.

3 영호조(令狐潮) : 당나라 장수로 원래 옹구(雍丘)의 현령이었다. 안록산(安祿山 : 안루산)이 당나라에 반기를 들자 그에게 투항해서 반란군의 선봉에 섰던 인물이다.

4 장순(張巡) : 당나라 남양(南陽 : 지금의 하남 남양 지역) 사람으로 원래 진원(眞源 : 쩐위엔)의 현령이었다. 안록산의 난 때 옹구성을 지키며 지략으로 영호조가 이끌던 안록산의 부대를 격퇴시켰다.

영호조의 병사들이 그곳을 향해 마구 활을 쏘았다. 장순이 화살을 얻은 것만 10만개가 되었다. 그 후 다시 밤이 되자 이번에는 사람들을 내려 보냈다. 영호조의 병사들이 웃기만 할 뿐 아무런 대응을 하지 않았다. 이에 장순은 자기 군사 5백을 죽이고서 영호조의 군사를 벨 수 있었다. 결국 영호조는 막사에 불을 지르고 십 여리를 도망갈 수밖에 없었다.

(按) 無而示有，誑也。誑不可久而易覺，故無不可以終無。無中生有，則由誑而眞，由虛而實矣。無不可以敗敵，生有.則敗敵矣。如令狐潮圍雍丘，張巡縛藁爲人千餘，披黑衣，夜縋[5] 城下，潮兵爭射之，得箭數十萬。其後復夜縋人，潮兵笑，不設備，乃以死士五百斫潮營，焚壘幕，追奔十餘里。

■ 『주역』의 내용 풀이

소음(少陰), 태음(太陰), 태양(太陽) : 이는 『주역』의 괘로서 설명한다면 소음은 태괘(兌卦), 태음은 손괘(巽卦), 태양은 진괘(震卦)를 말한다. 소음이란 조심스럽고 은밀한 군사행동을 말하고, 태음이란 크고 은밀한

5 추(縋) : 줄에 사람이나 물건을 매달아 성의 위 아래로 끌어올리고 내리는 것을 말한다. 옛날에 성문을 걸어 닫고 방어할 때 성을 출입하던 방법이다.

군사행동을 말하고, 태양이란 크고 공개적인 군사행동을 말한다. 전체적인 의미는 조심스럽고 은밀한 군사행동 가운데에서 크고 은밀한 군사행동을 해야 하며, 나아가 대담하고 공개적인 군사행동을 해야 함을 말하고 있는 것이다.

■ **해설**

이 〈무중생유(無中生有)〉의 장부터 적전계에 속한다. 적을 상대해서 싸우기 위한 구체적인 전술이 바로 적전계이다. 그 중 무중생유는 아군을 위장하여 적을 속이는 계략이다. 위장이란 나의 정황을 상대방이 반대로 파악하도록 하여 적의 허를 찔러 공격하는 전술이다. 약한 자는 강한 척하고, 강한 자는 약한 척한다. 허한 것은 실한 것처럼 보이게 하고, 실한 것은 허한 것처럼 보이게 한다. 거짓 모습을 가지고 진짜인 것처럼 보이게 한다. 할 수 있는 것도 할 수 없는 것처럼 믿게 하고, 할 수 없는 것도 할 수 있는 것처럼 믿게 한다. 이처럼 자신을 위장하는 것은 적과 싸우는 데 있어서 기본적인 계략이라 할 수 있다.

「속이면서도 속이지 않고 있다고 믿게 하는 것이야말로 진정으로 속이는 것이다.」

계략의 핵심은 적을 속이는데 있다는 말은 이미 언급하였다. 상대를 속이지 못하면 그것은 이미 계략이 아니다. 더군다나 상대가 속지 않는데 상대가 속고 있다고 믿는다면 이는 오히려 상대의 계략에 걸려든 것이다. 관건은 상대를 속이면서도 상대가 속이지 않고 있다고 믿게 하는 것이다. 무중생유는 위장을 통하여 상대를 믿게 하는 계략임을 말하고 있다.

'소음(少陰), 태음(太陰), 태양(太陽)' 이란 무엇을 말하고 있는 것일까? 일반적으로 소음이란 조심스럽고 은밀한 군사행동을 말하고, 태음이란 크고 은밀한 군사행동을 말하고, 태양이란 크고 공개적인 군사행동을 말한다. 여기에서는 소음에서 태음으로 태음에서 태양으로 변화를 보여 행동하란 의미로 해석할 수 있다. 즉 소음에서 태음으로 즉 '조심스럽고 은밀히 행동하다가 점차 대범하고 은밀히 행동하라' 는 것이다. 이는 없는 것을 있는 것처럼 만들어 처음에는 조심스럽게 행동하다가, 그 다음 적이 믿게 되면 대범하게 있는 것처럼 행동하라는 것으로 해석할 수 있다. 태음에서 태양으로 변화를 보이는 것은 '대범하고 은밀히 행동하다가 공개적이고 과감한 군사행동을 하라' 는 것이다. 이는 없는 것을 있는 것처럼 과감히 행동하다가, 돌연 있는 것으로서 바꾸어서 과감하게 적을 공격하여 제압하는 것을 말한다.

무중생유의 유래는 노자의 철학적 사유에서 비롯된다. "천하만물생어유(天下萬物生於有) 유생어무(有生於無)"라는 말은 엄밀히 말하면 '있음' 이란 '없음' 으로부터 나온 것이란 말이다. 즉 무가 선차적이고 유가 후차적이란 말이다. 즉 천하에 존재하는 모든 만물도 사실은 원래는 없는 데서 출발하였다는 뜻이다. 이는 있는 것만이 있는 것이 아니라 없는 데서 있는 것을 만들어 낼 수 있다는 뜻이다. 무(無)에서 유(有)를 만들어 상대를 믿게 만들면 되는 것이다. 어떻게 없는 것을 있게 만들 수 있단 말인가? 이 역시 없음[無]과 있음[有]에 대한 사고의 전환이 필요하다.

우리가 아파서 병(病)이 들었을 때를 생각해보자. 언뜻 병에 들었다는 것이 객관적인 현상으로 보이지만 전혀 그렇지 않다. 암이 들어 죽는 순간까지 모르고 살다간 사람이 있는가 하면 조그만 어지럼증에도 입원하는 사람이 있다. 객관적인 아픔의 정도가 병을 결정하는 것이 아니라 환자 스스로 자신의 몸의 상태를 병으로 인정했을 때 '병'이 걸렸다고 하는 것이다. 주관적으로 자기가 아팠다고 느끼는 순간이 바로 병에 걸린 것이다. 그 차이는 사람에 따라 너무도 크다. 아픔과 아프지 않음이 정해져 있는 것이 아니라 그것을 느끼는 사람에 따라 병이 되기도 하고 병이 되지 않기도 한다. 유와 무는 이처럼 상대적인 것이다. 따라서 상대방에게 무를 유로 느끼게 할 수도 있고 유를 무로 느끼게 할 수 있는 것이다.

「무(無) 가운데서 유(有)를 만든다는 것은 곧 상대를 속여 진실로 믿게 하는 것이고, 자기의 세력이 허(虛)한 것을 실(實)되게 하는 방법이다. 없는 것으로서 적을 무너뜨릴 수는 없다. 있는 것을 만들어야 적을 무너뜨릴 수 있다.」

상대를 속이기 위해서는 상대가 믿을 수 있도록 구체적인 것을 보여주어야 한다. 가짜로 만든 '있음'을 통하여 적을 믿게 하는 것이다. 그러기 위해서는 치밀한 작전이 있어야 한다. 비록 내가 없더라고 적이 있다고 믿게 하기 위해서는 적이 믿을 수 있는 그럴듯한 것을 만들어 보여야 한다. 그러기에 있는 것을 만들어서 적을 무너뜨린다고 말하는 것이다.

위에서 언급하고 있는 영호조와 장순의 옹구성 전투가 그 실례이다. 안록산의 난이 일어나자 많은 지방 세력들이 당나라를 등지고 안록산의 편에 가담한다. 그 중 대표적인 인물이 영호조이다. 그리고 당나라에 충성한 장순이 옹구성에서 치룬 전투는 유명한 이야기이다.

당시 영호조가 이끈 군대의 수는 약 4만 명 그리고 옹구성을 지키는 장순의 군대는 겨우 2천여 명이었다. 비록 지역적으로는 장순의 군대가 성 안에서 수비할 수 있는 유리한 조건이지만 2천의 군대로 4만의 군대를 상대한다는 역부족이었다. 이 때 장순이 궁리 끝에 생각해낸 것이 허수아비를 이용하여 군사처럼 믿게 한 것이다. 밤에 허수아비를 만들어 내려 보내자 영호조의 군대는 무수한 화살을 쏘아댄다. 장순은 거두어들인 화살의 수가 무려 10만개에 달했다. 다음에는 거꾸로 자신의 군사들에게 풀을 뒤집어 씌워 허수아비처럼 보이게 하여 영호조를 속인 것이다. 두 번에 걸쳐 영호조를 완벽하게 속임으로서 결국 객관적인 열세 속에서도 승리를 이룰 수 있었던 것이다.

또 다른 예화를 『삼국지연의』에서 발견할 수 있다. 제갈공명이 적벽대전을 앞두고 위나라 군대에게 10만개의 화살을 뺏어온 일화가 그것이다. 오나라 장수 주유(周瑜 : 쩌우위)가 공명을 함정에 빠트려 죽이려는 계략으로 10만개의 화살을 만들어 오라는 주문을 받게 된다. 공명은 날씨가 흐린 날을 택하여 배에 볏짚으로 만든 인형을 싣고서 북을 치며 위나라 군사에게 달려간다. 위나라 군사는 흐린 날씨로 인하여 시야가 분명하지 않은 상황 속에서 돌진해오는 공명의 군사를 향하여 마구 화살을 쏘아대었다. 볏짚 인형 속에 박힌 화살이 10만개를 넘었으니, 단 3일 만에 공명은 10만개의 화살을 구할 수 있었던 것이다. 볏짚 인형을 만들어 많은 군사가 있는 것처럼 적을 속인 무중생유 계략의 대표적인 예라 할 수 있다.

'무생중유' 의 계략의 핵심은 무엇일까? 상대를 속이는 것이 전부가 아니다. 객관적인 사실과 드러난 현상 간에는 분명한 차이가 있다는 것이 핵심이다. 장순이 만든 허수아비는 분명 군사가 아니다. 그러나 그 허수아비를 적군인 영호조가 장순의 군사로 믿게 된다면 그것은 허수아비가 아니라 군사가 되는 것이다. 영호조의 입장에서는 비록 장순이 만든 허수아비가 가짜 군사이지만 자신이 그것을 군사로 믿는 순간 그것은 진짜 군사로 돌변하는 것이다. 객관적인 진실과 드러난 현상 간에 분명한 차이가 있지만, 현장에서 진짜로 행사되는 것은 가짜의 현상일 뿐이다. 그러기에 나의 객관적인 열세에 절망할 일이 아니라, 상대가 나를 강하게 느끼도록 하는 방안이 필요하다.

'무생중유' 의 계략은 구체적으로 세 가지 단계로 이루어진다. 첫 번째는 상대방에게 자신의 거짓을 보이는 것이다. 그래서 상대방이 자신의 거짓을 진짜로 믿게 하는 것이다. 두 번째는 자신의 거짓을 상대방이 알아차리게 하는 것이다. 상대방이 자신의 거짓을 파악함으로서 안심하게 만드는 것이다. 세 번째는 상대방이 자신에게 거짓으로 나올 것이라는 예견을 뒤집고 이번에는 진실을 가지고 상대방을 속이는 것이다. 이미 상대방은 자신을 속일 것이라고 예상하였으므로 진실로 다가갔을 때는 다시 속게 되는 것이다.

제 8계

양동작전으로 적을 기습하라

암도진창(暗渡陳倉)

남몰래 진창을 건넌다

■ 〈암도진창〉의 유래

암도진창이란 '명수잔도(明修棧道) 암도진창(暗渡陳倉)' 이란 말에서 유래하였다. 즉 밝은 낮에 잔도(棧道 : 구름다리)를 수리하는 척 하다가, 어두움을 타고 진창(陳倉 : 쩐창)을 습격한 한신(韓信)의 계략에서 나온 말이다. 이는 『사기』〈회음후열전〉과 『자치통감(資治通鑑)』〈한기(漢紀)〉 권9 · 10에 기록되어 있다.

젊은 시절 살아남기 위하여 남의 가지랑이 사이를 기어서 주위로부터 겁쟁이라고 놀림을 받았던 인물이 바로 한신이다. 처음에 항우(項羽 : 시앙위)의 부하였으나 유방(劉邦 : 리우방)에게 귀순하여 대장군의 지위에 오른 인물이다.

진나라 말기 혼란한 와중에 진나라에 반기를 든 세력들이 등장한다. 그 중 유방의 부대가 제일 먼저 관중(關中 : 꽌종)[1]에 들어가 함양(咸陽 : 셴양)[2]을 공격한다. 그러나 항우의 40만 대군에게 몰리어 유방은 어려운 신세에 처하게 된다. 항우는 관중 지역의 삼진(三秦)을 장악함으로서 유방의 세력을 제압하고 황제의 지위에 오른다. 유방을 제거

1 관중(關中) : 섬서성(陝西省 : 산시성) 위하평원(渭河平原, 원웨이허핑원) 일대를 말한다. 군사적 요충지일 뿐만 아니라 서쪽으로는 실크로드와 연결되고 남으로는 사천(四川, 쓰촨)에 이르는 교통의 요지이기도 하다. 진(秦) · 한(漢) · 수(隋) · 당(唐)의 도읍인 장안(長安)이 그 중심에 위치하는 오늘날의 서안(西安 : 시안)이다.

2 함양(咸陽) : 섬서성(陝西省 : 산시성)의 제3대 도시 중의 하나이며, 서안(西安 : 시안)에서 북서쪽으로 25km 떨어진 곳에 위치해 있다. 기원전 350년 전국시대에 진(秦)의 효공(孝公)이 이곳에 도읍하고, 이때부터 진나라의 수도로서 번영을 누렸다. BC 221년 시황제(始皇帝)가 6국(六國)을 통일한 후 천하의 부호(富豪) 12만 호를 이주시켰고 전국의 정치 · 경제 · 교통 · 문화의 중심지가 되었다. 시가를 확대하여 자신이 파괴한 제후들의 궁전을 모방하여 이곳에 270개가 넘는 궁전을 세워 제후들의 처첩들을 이곳에 거주하게 하였다. 또 진시황이 위하강(渭河江, 웨이허강) 남쪽에 아방궁을 짓고 함양의 궁전과 연결하려 하였으나 진나라가 멸망하자 항우가 궁전과 아방궁을 전부 불살라 버렸다. 진나라 때 위성현(渭城縣 : 웨이청시옌)으로 이름이 바뀌기도 하였으나 당나라 때 다시 함양으로 바뀌었다.

할 수도 있었으나 결국 관중과 멀리 떨어진 '한중왕(漢中王)' 으로 유방을 임명하여 격리시킨다.

유방은 항우로부터 한중왕으로 봉해져 한중(漢中 : 한종)[3]으로 가는 도중에 보계산을 건넌 다음 장량(張良 : 장량)[4]의 건의를 받아들여 백여 리에 달하는 잔도(구름다리)를 불살라 버린다. 잔도는 관중으로 통하는 유일한 방법이었다. 유방이 이러한 잔도를 불살라버린 이유는 항우에게 다시 관중을 공격하지 않겠다는 의지를 보이는 동시에 항우로부터의 위협을 동시에 방지하기 위함이었다.

이 때 유방은 한신을 발탁하여 항우를 공격할 준비를 서두른다. 한신은 항우를 정벌하기 위하여 매일 같이 병사들을 열심히 훈련시킨다. 그리고는 출정에 앞서 유방이 불사른 잔도를 복구하도록 명령한다.

한신이 잔도를 복구한다는 소식은 항우의 부하인 장감(章邯 : 장한)에게 곧바로 알려졌다. 백여 리에 달하는 잔도를 다시 복구한다는 말을 들은 장감은 한신을 비웃었다. 장감은 이러한 한신의 잔도복구 소식을 접하고 별로 관심을 기울이지 않았다.

그러나 장감을 안심시킨 한신은 대군을 이끌고 산길을 이용하여 진창을 기습 공격한 것이다. 한신의 계략은 적중하여 항우의 군대를 대파할 수 있었고, 유방이 중원을 차지하는데 결정적인 계기를 가련하

---

3 한중(漢中) : 중국 섬서성(陝西省 : 산시성) 남서부에 있는 현으로 황하(黃河(황허)유역과 양자강(揚子江(양쯔강)유역을 연결하는 교통의 요지이다. 춘추시대에는 초(楚)나라 영트였으나 전국시대 진(秦)에게 점령되었다. 진나라 말 유방(劉邦)이 이곳을 본거지로 한(漢)나라를 건설하였고, 삼국시대 때 위(魏)나라와 촉(蜀)나라가 싸웠던 곳으로 유명하다.

4 장량(張良, ?~BC.168) : 중국(中國) 전한(前漢) 창업(創業)의 공신(功臣)으로 자는 자방(子房)이며, 시호는 문성공(文成公)이다. 유방(劉邦)의 모신(謀臣)으로 공을 세우고 우휴(留侯)에 책봉(冊封)되었으며, 소하(蕭何) · 한신(韓信)과 함께 한나라 창업의 삼걸(三傑)로 부른다. '진승 · 오광' 의 난이 일어났을 때 유방의 부하가 되어, 후일 항우와 유방이 만난 '홍문의 회' 에서는 유방의 위기를 구하였다. 대표적인 책사로 알려져 있으며, 우리가 왕의 책사를 '장좌방' 이라 부르는 것은 바로 그만큼 장량이 유방을 잘 보필하였기 때문에 불리워지는 것이다.

게 된다. 바로 이 전략이 '명수잔도 암도진창' 이다.

■ 본문 및 주해

【본문】 고의적으로 상대방을 공격하는 것처럼 움직여 방어하게 하고서, 그것을 이용하여 적이 방어하지 않는 빈 곳을 기습하라. 『주역』〈익괘(益卦)〉에서 "이로움이 크니 움직이되 겸손함을 유지하라."는 원리와 같다.

원문 시지이동 이기정이유주 익동이손
(原文) 示之以動[5], 利其靜而有主[6], 益動而巽。

【주해】 변칙적인 공격법(奇)은 정공법(正)으로부터 나온다. 만약 정공법이 없다면 변칙적인 공격법은 나올 수가 없다. 잔도를 닦는데 밝지 못하고서 남몰래 진창으로 건너갈 수는 없다.

옛날 등애(鄧艾 : 덩아이)[7]는 백수(白水 : 바이수웨이)의 북쪽에 주둔하였다. 이에 강유(姜維 : 지앙웨이)[8]가 료화(廖化 : 랴오화)[9]를 백수의 남쪽에 주둔시켜서 병영을 짓게 하였다.

---

5 시지이동(示之以動) : 동(動)이란 행동, 동작의 의미로 여기에서는 군사행동을 뜻한다. 즉 고의적으로 공격할 것 같은 행동을 적의 전면에서 보여주는 것을 말한다.

6 이기정이유주(利其靜而有主) : 정(靜)이란 평온함을 말한다. 즉 조용한 가운데 결정적이고 확고한 기회를 이용하여 기습함을 말한다.

7 등애(鄧艾, 197~264년) : 삼국시대 위나라의 명장으로 사마의(司馬懿 : 시마이)의 휘하의 대장이다. 극양(棘陽 : 지금의 하남河南) 신야(新野) 사람이다. 평상시에 높은 산과 큰 연못에 대한 관심이 많아 이와 관련한 군사전략을 짰다. 사마의에게 발탁되어 대장에 봉해졌으며 서기 249년에 강유(姜維)의 군대를 백수에서 맞이하여 크게 승리하였다.

8 강유(姜維, 202~264년) : 본래 위나라의 장수였으나 제갈량에게 잡혀 촉한의 무장이 되었다. 제갈량 사후 군권을 계승하여 여러 차례 중원을 공격하였으나 큰 공은 없었다.

등애가 장수들에게 이렇게 말했다.

> "강유는 지금 군사들을 움직이게 할 것이다. 현재 우리 군인의 수는 적다. 강유가 응당 이곳으로 건너와야 하나 다리를 만들 수는 없을 것이다. 강유가 료화를 보낸 것은 그로 하여금 나를 지키게 하여 내가 돌아가지 못하도록 명령한 것이다. 분명 강유는 동쪽으로 조성(洮城)을 엄습할 것이다."

밤이 되자 등애는 자신의 군사를 조성에 가는 지름길을 통하여 잠입시켰다. 강유 또한 강을 건너왔다. 그러나 등애가 먼저 도착하여서 성에 주둔하면서 강유의 군대를 격파하였다. 이는 강유가 '암도진창'의 계략을 잘못 사용한 예이며, 등애가 '성동격서'의 계략을 잘 발휘한 예라 하겠다.

(按) 奇出於正[10]，無正則不能出奇。不明修棧道[11]，則不能暗渡陳倉。昔鄧艾屯白水之北，姜維遣廖化屯白水之南而結營焉。艾謂諸將曰；『維今卒還，吾軍少，法當來渡而不作橋：此維使化持吾，令不得還，必自東襲洮城矣。』艾卽夜潛軍，徑到洮

---

9 료화(廖化) : 삼국시대 양양(襄陽 : 지금의 호북성 양양) 사람이다. 처음에는 황건족이 일어났을 때 참여하였다가 나중에 촉한에 귀속되어 관우(關羽 : 꽌위) 휘하의 부장이 되었다. 강유가 중원을 북벌할 때에 선봉관에 위촉되었다.

10 기출어정(奇出於正) : 기(奇)와 정(正)은 군사용어이다. 일반적으로 기란 기이한 것을 말하고 정이란 정상적인 것을 말한다. 고대의 병법에서 '정'이란 정공법으로 정면에서 정상적으로 싸우는 방법을 말하고, '기'란 기계(奇計)로서 변칙적인 방법 즉 적이 예기치 못한 전략으로 싸우는 것을 말한다. 싸움에 있어서는 기와 정을 배합해야 승리할 수 있다. 변칙적인 계략도 정공법으로부터 나온다는 의미가 기출어정이다.

11 잔도(棧道) : 험한 벼랑에 나무로 선반처럼 내매어 만든 길. 즉 구름다리를 말한다.

城。維果來渡。而艾先至，據城，得以不跛，此則是姜維不善用「暗渡陳倉」 之計 ： 而艾察知其『聲東擊西』之謀也。

■ 『주역』의 내용 풀이

익동이손(益動而巽) : 『주역』의 42괘인 〈익괘〉 중 단사(彖辭)에 나오는 말이다. 〈익괘〉는 위로 손(巽 : ☴)괘가 아래에 진(震 : ☳)괘의 모습을 하고 있다. 손은 바람(風)을 말하고 진은 우레(雷)를 말하니, 위에는 바람이 있고 아래는 우뢰가 있다 하겠다. 즉 번개가 치면 바람이 부는 것이다. 이 익괘의 바로 위에는 손(損)괘가 놓여있다. 손해를 본 다음에 오는 이익이기 때문에 이익을 취하되 겸손함을 유지할 수 있는 것이다. 단사에는 "익동이손(益動而巽) 일진무강(日進無疆)"이라고 기록되어 있다. "이로움이 있으니 움직이되 겸손해라. 날이 갈수록 이로움이 끝이 없을 것이다." 즉 상대방이 경계하지 않는 곳을 공격하는 것은 이롭다는 뜻으로 해석할 수 있다.

■ 해설

적전계의 두 번째 계략이 암도진창이다. 암도진창 또한 앞의 무생중유와 같이 위장의 계략이다. 무중생유가 일반적인 위장의 계략이라면 암도진창은 적의 주위를 딴 곳으로 분산시킨 후 몰래 예기치 못한 곳을 친다는 면에서 양동작전이라 볼 수 있다. 또 적의 예상과 반대방향을 공격한다는 면에서 성동격서와 유사한 점이 있다. 다만 성동격서와 차이점이란 적극적으로 상대를 공격할 것이라고 위장을 한 후 우회적으로 돌아서 상대를 공격한다는 점에서 차이가 난다.

암도진창의 계략이 성공하기 위해서는 적의 지도부를 속여야 한다. 첫째는 자신이 진짜 공격하려고 하는 목표를 적이 감지하지 못하도록 속이는 것이다. 이는 철저한 훈련과 엄밀한 보안이 필요하다. 둘째는 자신이 거짓으로 공격하려고 하는 것을 적이 믿도록 유도하는 것이다. 만약 적이 아군의 의도를 간파하고 있다면 이 계략은 위험하기 짝이 없는 계략이 된다. 그러기에 적의 지도부가 바라볼 때 자기편에서 정상적으로 공격하는 방법이란 생각을 가지도록 거짓 공격목표를 제시해야 한다. 철저한 두뇌 게임이다.

암도진창은 동(動)과 정(靜), 즉 움직임과 고요함의 하모니가 잘 조화되어야 하는 계략이다. 동(動), 즉 분주하고 적극적인 움직임으로 상대에게 자신이 공격할 의지가 있음을 보여주는 것이다. 그러나 그 움직임은 사실 공격하는 것이 아니라 상대를 속이기 위한 움직임이니 그 내부는 고요할 뿐이다. 정(靜), 겉으로 고요하고 보이지 않으나 그 사실은 상대를 기습적으로 공격해야 하니 민첩하고 분주하다. 겉으로는 정(靜)이나 그 내부는 동(動)인 것이다.

또 기정(奇正)의 관계를 통해서도 설명할 수 있다. 기(奇)란 계략을 통하여 적의 허점을 찔러 변칙적으로 공격하는 방법이며, 정(正)이란 정상적으로 공격하는 정공법이다. 싸움을 하는 데 있어서는 정공법과 변칙적인 공격을 함께 섞어야 승리할 수 있다. 변칙적인 전술이 통하기 위해서는 내 쪽에서 정상적인 전략에 따라 행동하고 있다는 판단을 상대에게 가지도록 해야 한다. 적극적인 움직임은 정(正)의 전술에 따라 행동하고, 고요한 움직임은 기(奇)의 전술에 따라 행동하는 것이다. 암도진창의 계략은 이러한 기와 정의 배합을 잘 보여주고 있는 계략이다.

알고 보면 싸움도 예술이다. 축구를 관전하다 보면 처음에는 선수들의 기량에 감동하지만 결국 감독의 기묘한 작전에 흥분하게 된다. 승패의 갈림이 감독의 판단과 작전에 의하여 이루어지기 때문이다. 싸움은 기실 전략가 즉 참모들의 두뇌게임이다. 훌륭한 장수란 자기의 수하에 능력 있는 참모를 기용 하는 자이다. 『삼국지』는 유비 · 관우 · 장비가 의형제를 맺은 순간에 시작되는 것 같지만 사실은 유비가 삼고초려 끝에 제갈량을 얻음으로서 비로소 시작되는 것이다. 역사 속의 영웅 뒤에는 반드시 훌륭한 참모가 있기 마련이다. 한고조 유방 곁엔 장량(장좌방)이 있었고, 태조 이성계 곁엔 정도전이 있었고, 태종 이방원 곁에는 하륜이 있었고, 세조 수양 곁에는 한명회가 있었다.

위에서 언급하고 있는 등애와 강유의 싸움은 '암도진창' 을 실전에 사용할 때의 주의할 점에 대한 적절한 예이다. 강유의 작전은 '암도진창' 의 계략을 사용하여 등애를 한 곳에 붙잡아두고 기습공격을 단행하였으나, 등애는 강유의 작전을 간파하고 그 보다 빠르게 대처하여 승리를 거두었다는 것이다. 등애는 강유의 '암도진창' 의 계략을 간파하고 '성동격서' 의 계략으로 승리를 거두었다고 평가하고 있다. 실전이란 이와 같은 것이다. 대응과 역대응이 적절하게 이루어져야 승리할 수 있는 것이다.

「『주역』 익괘(益卦)에서 '이로움이 크니 움직이되 겸손함을 유지하라.' 는 원리와 같다.」

익(益)이란 이익이 있는 것이다. 『주역』에서 이 익괘는 손괘(損卦) 다음에 위치해 있다. 손해를 보고 나서야 이익이 찾아오는 것이다. 유방이 항우에게 패하고서 절치부심을 하는 속에서 한신을 군사(軍師)로 임명한다. 한신 또한 남의 가지랑이 사이를 기는 나약한 장수로 놀림을 받던 자이다. 그러기에 '움직이되 겸손함을 유지' 할 수 있었던 것이다. 전투에서 겸손함은 방심하지 않고 철저한 준비를 할 수 있는 자세를 말한다. 실패 뒤에 겸손한 자세로 철저히 준비를 하기 때문에 이로움이 지속적으로 유지된다고 하는 것이다.

현대사회에서 '암도진창' 의 계략은 어떻게 사용되고 있을까?

예를 들어보면 두 기업 간의 상품 경쟁에 있어서도 이기기 위해서는 허위로 정보를 노출시키고 동일 제품에 대한 경쟁을 유도하면서, 은밀히 신제품을 개발하여 상권을 선점하였다면 이는 암도진창의 계략을 사용하였다고 말할 수 있다. 상대 기업에서는 동종의 제품을 더 판매하기 위하여 홍보와 판촉에 막대한 비용을 들이며 노력하고 있는데, 어느 순간 신상품을 내놓는 것은 상대가 전혀 예견하지 못한 것이다. 따라서 신상품을 통하여 경쟁에서 이길 수 있는 것이다.

적의 암도진창의 계략에 말려들지 않기 위해서는 어떻게 해야 할까?

눈앞에 보이는 적의 행동을 액면 그대로 믿어서는 안 된다. 상대를 얕잡아 보고 눈앞에 펼쳐지는 상황을 근거로 적을 단정해서는 안 된다. 상대에 대한 선입견과 고착된 편견을 가지고 있으면 상대가 사용하는 계략의 내용을 간파할 수 없다. 따라서 항상 변화할 수 있고 변칙적인 공격을 해올 수 있다는 유연한 사고를 해야 한다. 상대가 암도진창의 계략을 사용할 때 그것을 간파할 수 있다면 역시 암도진창의 계략으로 역대응하여 적을 무너뜨릴 수 있다. 중요한 것을 상대의 계략을 간파하는 능력이다. 그러기 위해서는 상대의 움직임에 대한 정확한 정보를 알아야 한다. 즉 적의 내부에 첨자를 심어놓는 반간계야 말로 암도진창의 계략을 무너뜨릴 수 있는 효과적인 계략이라 할 수 있다.

제 9계

적의 내분을 관망하라

격안관화(隔岸觀火)

강 건너 불 보듯 한다

■ 〈격안관화〉의 유래

'멀리 떨어진 강 건너 언덕에서 불을 지켜본다.'는 격안관화의 유래는 분명치 않다. 아마도 민간에서 사용되던 말을 전술적인 용어로 차용한 것으로 보인다.

다만 이 계략과 같은 내용은 여러 곳에서 보인다. 그 중 대표적인 것이 '어부지리(漁父之利)'이다. 『전국책(戰國策)』〈연이(燕二)〉에서 도요새와 조개가 서로 싸우는 것을 지켜보다가 어부가 이익을 얻는다는 고사에서 비롯된 것이다.

"전국시대 유명한 책사로 소진(蘇秦 : 수친)[1]과 장의(張儀 : 장이)[2]를 꼽는다. 소진의 아우 소대(蘇代 : 수다이)[3] 또한 재주가 비상하였다. 하루는 소대가 강을 건너는데, 큰 조개가 살을 들어내어 햇볕을 쪼이고 있었다. 때마침 도요새가 날아와 그 살을 꼭 찍었으므로 조개는 얼른 껍질을 오므려 도요새의 부리를 꽉 물었습니다. 도요새는 조개를 위협하느라고, "오늘도 비가 오지 않고 내일도 비가 오지 않는다면 너는 죽은 조개가 될 것이다."라고 하였다. 그러자 조개는 물총새에게 "오늘도 빼지 못하고 내일도 빼지 못한다면 너는 죽은

---

1 소진(蘇秦) : 하남성(河南省 : 허난성) 낙양(洛陽 : 뤄양) 사람으로 장의(張儀)와 함께 귀곡자(鬼谷子)에게 가르침을 받았다. 처음에 진(秦)나라의 혜왕(惠王)을 비롯하여 제후 밑에서 유세를 하였으나 채용되지 않았다. 당시 강국인 진(秦)나라와 한(韓)나라 두 나라가 서로 교전하고 있어 산동 지방의 제국들은 진나라의 침략을 두려워하고 있던 때이므로, 연(燕)나라의 문후(文侯)에게 6국 합종(合縱)의 이익을 설득하여 받아들여졌다. 다시 조(趙)·한(韓)·위(魏)·제(齊)·초(楚)의 여러 나라를 설복하는 데도 성공하여, BC 333년 연나라에서 초나라에 이르는 남북선상(南北線上)의 6국의 합종에 성공하였다. 이러한 합종책은 이후 장의 등이 헌책한 연횡책(連衡策, 連橫策이라고도 함)에 패배하여 실패했다. 그 후 연나라의 관직에 있다가 다시 제나라에 출사했으나, 제나라 대부(大夫)의 미움을 사 암살당하였다.

2 장의(張儀, ?~BC.309) : 종횡가(縱橫家)의 비조로 합종책(合從策)을 제창한 소진(蘇秦)과 더불어 귀곡선생(鬼谷先生)에게 사사하였다. 처음에 초(楚)나라에 가서 벽(璧 : 옥으로 만든 儀器)을 훔친 혐의를 받고 태형(笞刑)의 벌을 받은 뒤 추방되었으나 제후에 대한 유세(遊說)를 계속하였다. 소진의 주선으로 진(秦)나라에서 벼슬살이를 하게 되어 혜문왕(惠文王) 때 재상이 되었다. 연횡책(連衡策)을 주창하면서, 위(魏)·조(趙)·한(韓)나라 등 동서(橫)로 잇닿은 6국을 설득하여, 진(秦)나라를 중심으로 하는 동맹관계를 맺게 하였다. 혜왕이 죽은 뒤 실각, 위나라로 피신하였으며 재상이 된 1년 만에 죽었다.

3 소대(蘇代) : 소진(蘇秦)의 아우로 그의 형제 소여(蘇厲)와 더불어 삼형제가 당시 유명한 유세가로서 알려져 있었다.

도요새가 될 것이다."라고 하며, 어느 쪽도 양보하지 않고 달다툼만 계속 하였다. 그 때 마침 어부가 나타나 힘 들이지 않고 양쪽을 모두 잡아갔다."

■ 본문 및 주해

【본문】 양(陽)이 무너지기 시작하여 차례로 어지러워지면 음(陰)은 그저 극에 달하기를 기다릴 뿐이다. 내부의 다툼이 심각해지면 그 세력은 자연히 쓰러지기 마련이다. 『주역』 〈예괘(豫卦)〉의 단사에서 "순리를 따라 움직임을 예측할 수 있고, 예측한 것에 따라 움직이는 것이다."라고 말하고 있다.

(原文(원문)) 陽乖序亂(양괴서란), 陰以待逆(음이대역)[4]。暴戾恣睢(폭려자휴), 其勢自(기세자)斃(폐)。順以動豫(순이동예), 豫順以動(예순이동)。

【주해】 무너지는 기세는 점차 약해지고 급박해지면 스스로 공격을 받게 되는 법이다. 물러나 멀리서 지켜보고 있으면 어지러움이 스스로 일어나게 되어 있다.

옛날에 원상(袁尙 : 위엔샹)[5]과 원희(袁熙 : 위엔시)[6]가 요동으로 달아날 때 원상에게는 수 천 명의 기병이 있었다. 처음부터 요동 태수 공손강(公孫康 : 공순캉)[7]은 믿음을 멀리하고 복종하지 않았다. 조조(曹操 : 차오

---

4 양괴서란(陽乖序亂) 음이대역(陰以待逆) : 여기서 음과 양이란 적과 나의 쌍방의 세력을 말한다. 괴란 무너져 내리는 것을 말하고 역이란 혼란과 폭동으로 치닫는 것을 말한다.

5 원상(袁尙) : 『삼국지』에 나오는 인물로 원소(袁紹 : 위엔샤오)의 둘째 아들이다.

6 원희(袁熙) : 『삼국지』에 나오는 인물로 원소의 셋째 아들이다.

차오)가 오환(烏丸 : 삼국시대 소수민족의 하나)을 쳐부수자, 혹은 조조가 그곳을 정벌하자, 공손강은 원상과 원희 형제를 구금시켰다. 이에 조조가 이렇게 말했다. "나에게 공손강으로 하여금 원상과 원희의 수급을 가져오게 해라. 군사들을 번거롭게 하지 말고!" 9월이 되어 조조가 병사를 이끌고 스스로 유성(柳域 : 리우위)[8]으로 되돌아가자 공손강은 곧 원상과 원희를 베어서 그 수급을 조조에게 전했다. 모든 장수들이 그 까닭을 물었다. 조조가 이렇게 답한다. "공손강은 원소(袁素 : 위옌샤오)를 두려워하여 기다린 것이다. 내가 급하게 요구하자 양쪽의 힘을 저울질 하면서 미루었던 것이다. 양쪽을 제다가 세력이 내게 기울자 그렇게 한 것이다."

어떤 사람은 이렇게도 말한다. 이는 병서(兵書)의 화공(火攻)의 도리와 같다. 『손자병법』 〈화공편〉을 살펴보니 앞 단락에서는 화공의 방법을 말하고, 뒤 단락에서는 신중하게 움직이는 도리를 말하고 있으니,[9] 격안관화의 뜻에 비추어 보면 서로 긴밀하게 연결되어 있다고 할 수 있다.

(按) 乖氣浮張，逼則受擊，退而遠之，則亂自起。昔袁尙，袁熙奔遼東，尙有數千騎。初，遼東太守公孫康，恃遠不服。及曹操破烏丸，或說操遂征

---

7 공손강(公孫康) : 위나라의 장군. 조조에게 귀순했던 인물, 그의 아들이 공손연이다.

8 유성(柳域) : 지금의 요녕성 은현 서북면.

9 『손자병법 · 화공편』에서는 "밝은 주인은 이익을 생각하며 훌륭한 장수는 이득을 다스린다. 이롭지 못하면 움직이지 않고, 얻을 바가 없으면 사용하지 않고, 위기에 처하지 않으면 싸우지 않는 법이다"라고 하였다. 즉 자신에게 이로운 순간까지 기다릴 줄 아는 것이 승리의 비결임을 말하고 있다.

之，尚兄弟可擒也。操曰；『吾方使康斬送尚、熙首來，不煩兵矣!』九月，曹引兵自柳城還，康卽斬尚、熙，傳其首』諸將問其故，操曰；『彼素畏尚等，吾急之，則幷力：緩之，則相圖。其勢然也。』或曰；此兵書火攻之道也。按；兵書『火攻篇』，前段言火功之法：後段言愼動之理，與隔岸觀火之意，亦相吻合。

■ 『주역』의 내용 풀이

순이동예(順以動豫) 예순이동(豫順以動) : 『주역』 16괘인 〈예괘(豫卦)〉의 단사에 나오는 내용이다. 〈예괘〉의 모습은 위에는 진(震 : ☳)이 아래는 곤(坤 : ☷)이 위치해 있다. 곤이란 땅을 말하고 진이란 우뢰를 말한다. 이 우레는 땅에서 발생하며 먼저 번개를 동반한다. 번개가 치면서 우레가 친다. 그 소리의 크고 작음은 번개가 치는 것을 보면 예측할 수 있다. 자연의 순리에 따라 행동하는 것이 예이다. 그리고 예측한 것을 따라 행동하는 것이다. 즉 적이 내분에 의하여 다투게 되면 자연스럽게 무너지는 것을 예측할 수 있다. 그리고 그러한 예측에 따라서 무너지는 순간에 적을 공격하는 것이 바람직함을 말하고 있다.

■ 해설

적전계의 세 번째 계략이 격안관화이다. 무너져 가는 상대를 바로 공격하지 않고 멀리 떨어져 불구경하듯 하는 일은 쉽지 않다. 분명 내분에 의하여 상대가 무너져 가는 형국이라면 그저 주시할 뿐 함부로 행동하지 마라는 것이 격안관화(隔岸觀火)이다. 저 만치의 언덕에 떨어져서 불을 보라는 것이다. 이는 상대를 공격해야 하는 시기에 대한 지침을 밝히고 있는 계략이다.

『주역』〈예괘(豫卦)〉의 단사(彖辭)에서 "순리를 따라 움직임을 예측할 수 있고, 예측한 것에 따라 움직이는 것이다."라고 말하고 있다. 〈예괘〉란 미래를 예측할 수 있음을 말하는 것이다. 땅 위에서 천둥이 치는 것은 번개를 보면 예측할 수 있다. 예측을 하기 때문에 준비하고 대응할 수 있는 것이다. 적의 내분은 적이 무너져 가는 신호이다. 내분의 강도를 보면 무너지는 시점을 예측할 수 있다. 이렇게 예측을 하였으면 그 예측한 것의 방향에 따라 움직이는 것이다. 적의 내분이 강해져 심한 폭동이 오고 혼란이 올 때를 기다리는 것이다. 완전히 무너지는 시점을 살펴서 힘을 빼지 않고 이득을 얻는 것이 상책이다. 신중하게 참고 기다릴 줄을 알아야 한다.

호랑이를 잡으러간 사냥꾼이 산 속에서 호랑이 두 마리가 멧돼지를 잡아먹기 위해 서로 싸우고 있는 것을 발견했다. 어리석은 사냥꾼은 그 틈을 타서 호랑이를 공격하려 하지만, 노숙한 사냥꾼은 기다리는 법이다. 두 마리 호랑이가 멧돼지를 잡고 나서 서로 멧돼지를 차지하기 위하여 사생결단 싸울 것이다. 틀림없이 센 놈은 많이 다칠 터이고 약한 놈은 죽게 될 것이다. 그 때 다친 호랑이를 공격하게 되면 두 마리의 호랑이를 다 잡을 수 있기 때문이다.

물에 빠진 사람을 구할 때는 아무리 수영을 잘하는 사람이라도 급하게 물에 뛰어드는 법이 아니다. 물에 빠진 사람이 물을 먹어 정신을 차리지 못한 상황이 될 때 뒤에서 머리를 잡아 끌어오는 법이다. 만약 다급하게 물속에 뛰어들면 물에 빠진 사람에게 붙잡혀 같이 죽게 된다. IMF를 전후하여 사업이 망해가는 상황에서 많은 사람들이 가족 친지에게 보증을 서서 은행에서 돈을 빌리거나, 혹은 직접 많은 돈을 빌려서 가족 친지 모두가 어렵게 되는 상황이 속출하였다. 냉정한 것 같아도 망해가는 사람에게 돈을 빌려 주는 것이 아니다. 차라리 물 건너 불구경 하듯 하다가 다 망하고 나서 도와주는 것이 서로를 위하여 도움이 되고 현명한 일이다. 이미 기울어져가는 상황은 그저 지켜보는 것이 현명한 것이다.

여기에서 언급하고 있는 공손강이란 인물은 원래 원소의 편에 가담한 사람이다. 그의 아들 공손연이 역사적으로 고구려와 전투를 하였으니 우리의 입장에서 좋은 관계가 있는 사람은 아니다. 원소의 아들 둘이 자기에게 몸을 의탁하였으니 당연히 원소의 두 아들을 보호해 주어야겠지만, 조조와 원소와의 싸움에서 조조에게 힘이 기운 것을 판단하고서 두 사람을 가두어 버린다. 조조가 원상과 원희의 목을 베어 보내도록 요구하지만 공손강은 곧장 보내지 않고 시간을 지체한다. 원소의 세력이 완전히 기울 때까지 관망하고 있는 것이다. 원소의 세력이 확실히 기운 것을 확인하고서야 조조에게 원상과 원희의 목을 베어 바친다. 원소와 조조의 싸움에서 공손강은 남의 집 불구경하듯 지켜보고 있다가 결국 승기를 잡은 조조 쪽에 붙어서 자기의 세력을 유지하고 키운 것이다.

격안관화는 경제계에서 기업을 합병할 때 주로 사용된다. 망해가는 기업을 인수할 때는 설사 자기가 합병할 의지가 있어도 멀리서 관망을 하는 것이다. 망해가는 기업은 스스로의 내분에 의하여 가만히 나두어도 무너져 가기 때문에 시간을 두고 인수할 시점을 기다리는 것이다. 상대가 무너져 회생이 불가능한 최대한 유리한 시점에서 회사를 인수하는 것이다. 다만 관망은 하되 주시하는 것을 게을리 하면 안 된다.

격안관화를 가장 잘 활용하는 사람들은 정치인들이다. 대권 후보의 경쟁에서 선두에 선 두 사람이 서로 큰 싸움을 하고 있으면 다른 경쟁자들은 그저 관망할 뿐이다. 서로에게 상처를 입히는 싸움이 크게 전개되면 전개될수록 한 쪽은 무너지고 이긴 쪽은 상처를 입기 때문이다. 싸움의 윤곽이 확실해졌을 때, 이긴 쪽의 세력이 힘이 강하면 그 쪽에 줄을 서고, 그렇지 않으면 이긴 쪽을 향해 도전장을 내는 것이 바로 격안관화의 계략이다.

노자(老子 : 라오즈)는 '반자도지동(反者道之動)' 이라 하였다. '되돌리는 것(反)' 은 도(道)의 움직임이라 하였다. 양이 극하면 음이 생겨나고 음이 극하면 양이 생겨나는 것이 도의 움직임이라는 것이다. 그러나 모든 만물의 움직임은 성장의 시기가 있고 쇠퇴의 시기가 있기 마련이다. 상대가 쇠퇴의 시기에 접어들면 점차 쇠해지는 것이 또한 도의 법칙이다. 그럴 때는 불구경하듯이 멀리서 지켜보다가 최고로 쇠약한 시점에서 상대하는 것이 제일 유리하다. 그러나 성미가 급한 지도자는 약해지는 상대가 완전히 무너질 때까지 기다리는 것이 쉽지 않다. 명확한 판단이 서면 기다릴 줄 알아야 한다.

역(易)의 지혜는 시간 속에서 나온다. 시간이란 변화를 말한다. 시간이 지나면서 성장하는 것이 있는가 하면 시간이 지나면서 쇠약해지는 것이 있다. 상대가 쇠약해지는 시점에 있다고 판단되면 내게는 시간이 지날수록 유리하게 된다. 그럴 때는 기다릴 줄을 알아야 한다. 지금 애써 취하려 하면 적은 것밖에 취할 수 없다. 기다리게 되면 더 많은 것을 취할 수 있으니 초조할 필요가 없는 것이다. 강 건너 불구경을 하는 것은 그 불길이 강을 넘어 이쪽으로 오지 않기 때문에 그냥 지켜보고 있어도 되는 것이다.

제 10계

웃는 얼굴로 적을 상대해라

소리장도(笑裏藏刀)

웃음 속에 칼날을 품고 있다

■ 〈소리장도〉의 유래

'웃음 속에 칼날을 품고 있다.'는 소리장도의 유래는 당나라의 대시인이었던 백거이(白居易 : 바이주이)[1]의 〈천가도(天可度)〉란 시에서 비롯되었다. 그 내용은 "소중유도잠살인(笑中有刀潛殺人)" 즉 "웃음 가운데 칼을 숨겨 몰래 사람을 죽이네."이다. 이는 당나라 고종의 총애를 받던 이의부(李義府 : 리이푸)[2]의 인물됨에 대하여 백거이가 평가한 것이다.

『구당서』 〈이의부전〉에는 이의부에 대하여 이렇게 기록되어 있다.

> "이의부는 모양이 온순하고 고상하였다. 다른 사람을 대할 때 말은 항상 미소를 띠면서 하였지만 마음속으로는 음흉하고 적개심을 가지고 있었다. 권력을 손에 잡은 후에는 사람들로 하여금 자기의 말에 복종하기를 강요했고, 조금이라도 자기 뜻에 거슬리면 가차 없이 해를 끼쳤다. 옛 사람들이 말하기를 이의부의 웃음 뒤엔 칼이 감추어져 있다고 하였다."

■ 본문 및 주해

【본문】 상대로 하여금 자기를 믿게 하여 안심시킨 후 은밀히 도모해

1 백거이(白居易, 772~846) : 중국 당나라 중기의 대표적인 시인으로 자는 낙천(樂天)이며, 호는 취음선생(醉吟先生) · 향산거사(香山居士) 등으로 불린다. 이백(李白)이 죽은 지 10년, 두보(杜甫)가 죽은 지 2년 후에 태어났으며, 같은 시대의 한유(韓愈)와 더불어 '이두한백(李杜韓白)'으로 병칭된다. 어려서부터 총명하여 5세 때부터 시 짓는 법을 배웠으며 15세가 지나자 주위 사람을 놀라게 하는 시재를 보였다. 대대로 가난한 관리 집안에 태어났으나, 800년 29세로 진사(進士)에 급제하였고 32세에 황제의 친시(親試)에 합격하였으며, 그 무렵에 지은 〈장한가(長恨歌)〉가 유명하다. 불교에 대한 관심이 컸으며, 많은 작품을 남겼다. 현재 전하는 것은 『백씨장경집』 75권 가운데 71권이 있고, 『백향산시집』 40권도 있다. 현존하는 작품 수는 3,800여 수이고, 그 중에서 〈비파행〉 · 〈장한가〉 · 〈유오진사시(遊悟眞寺詩)〉는 불멸의 걸작이다.

2 이의부(李義府) : 당나라 고종대의 인물이며, 『구당서』에 〈이의부전〉이 전한다.

야 한다. 준비한 뒤에 행동에 옮겨야지 함부로 변화를 보이지 마라. 항상 내면을 강하게 하되 부드럽게 외형을 유지해야 한다.

(원문 신이안지 음이도지 비이후동 물사유 변 강중유외야)

(原文) 信而安之, 陰以圖之 : 備而後動, 勿使有變。剛中柔外也。

【주해】 『손자병법』에 "겉으로 말을 공손히 하면서 철저히 준비하는 자는 공격할 의사가 있기 때문이다. …… 사전에 아무런 약속도 없이 화합을 청하는 자는 속으로 음모를 가지고 있기 마련이다."라고 말하고 있다. 그러므로 무릇 적(敵)이란 번지르한 말과 웃는 얼굴을 비치기 마련이다. 다 살기(殺機)를 감추고 겉으로 웃는 것이다.

송나라의 장군 조위(曹瑋 : 차오웨이)[3]가 위주(渭州)지역에 부임하자 군령을 세우고 규율을 엄숙히 하였다. 서(西)나라[4] 사람들이 그것을 두려워하였다. 어느 날 조위는 모든 장수를 불러서 식사를 하였다. 그런데 그 중에 수 천 명의 병졸들이 배반하고서 국경을 벗어나 서하(西夏) 지역까지 달아났다. 봉화대의 기수가 이 사실을 보고하자 모든 장수들이 서로 둘러보며 낙담하는 기색이 역력했다. 조위는 평온하게 기수에게 말했다. "내가 명령한 것이니, 너는 이 사실을 절대 알리지 말라!" 서나라의 첩자가 그 소식을 듣고서 자기를 기습한 것으로 알고서는 그들을 모두 죽였다.

---

3 조위(曹瑋, 973~1030) : 송나라의 명장으로 조빈(曹彬 : 차오빈)의 셋째 아들이다. 19세 때부터 위주를 다스렸다. 『춘추』를 비롯하여 병서를 탐독하였으며, 지혜와 용기를 겸한 장수로 존경을 받았다.

4 서(西) : 중국 장족(藏族)의 한 파인 항족(項族)의 수령인 이원호(李元昊 : 리위엔하오)가 흥경(興慶)에 세운 나라이다. 역사적으로 서하(西夏)라고 칭한다. 서기 1032년에 건립되어 1227년에 멸망하였다.

이는 임기응변을 잘 사용한 것이다. 급박하고 어려운 상황에서 차질 없이 일을 처리하여서 곧 오랫동안 편안할 수 있었던 것이다.

(按) 兵書云 ;『辭卑而益備者, 進也 : …… 無約而請和者, 謀也。』 故 ;凡敵人之巧言令色[5], 皆殺機之外露也。宋曹武穆瑋知渭州, 號令明肅, 西人憚之。一日, 方召諸將飮, 會有叛卒數千, 亡奔夏境。堠騎[6] 報至, 諸將相顧失色, 公言笑如平時。徐謂騎曰 ;『吾命也, 汝勿顯言!』 西人聞之, 以爲襲己, 盡殺之。此臨機應變之用也。若勾踐之事夫差, 則竟使其久而安之矣。

■ 『주역』의 내용 풀이

강중유외야(剛中柔外也) : 『주역』 58괘인 〈태괘(兌卦)〉의 단사에 나오는 내용이다. 태괘의 모습은 위에는 택(澤 : ☱)이 아래 또한 택(澤 : ☱)이 위치해 있다. 택이란 못을 말한다. 중택은 기쁠 태괘가 된다. 만물이 성숙한 가을로서 곡식을 수확하는 기쁨을 누리게 된다. 단사에는

5 교언영색(巧言令色) : 교묘한 말과 거짓으로 웃는 얼굴을 띠는 것을 말한다. 공자는 교언영색을 하는 사람 중에는 선한 사람이 적다고 말하였다.

6 후기(堠騎) : 후란 봉화를 말한다. 후기란 봉화대의 기수이다.

"태열야 강중이유외 열이이정(兌說也 剛中而柔外 說以利貞)" 즉 "태는 기뻐함이니 강이 가운데 있고 유가 바깥에 있어, 기뻐하는 마음으로서 바르게 함이 이로움이 된다."고 밝히고 있다.

■ **해설**

사람이 살아가면서 겉과 속이 같을 수는 없다. 속으로는 부글부글 끓어도 겉으로는 웃어야 하는 것이 인생사이다. 겉과 속이 같은 사람은 어린아이처럼 천진난만하거나 수도(修道)를 통하여 달관한 자들일 것이다. "표리(表裏)가 부동하다."는 말은 겉과 속이 다르게 아첨하는 사람들을 일컬어 비하하는 말이다. "외유내강(外柔內剛)" 즉 '겉은 부드러우면서 속이 강한 사람'이란 말은 비록 겉과 속이 다르긴 하나 인격이 수련된 사람을 칭찬하는 말이다. 도대체 겉과 속이 같은 것이 좋은 것인가, 아니면 다른 것이 좋은 것인가?

'소리장도(笑裏藏刀)'는 겉으로는 웃으면서 속에 비수를 감추고 있는 것을 말한다. 적전계의 네 번째 계략이 바로 소리장도이다. 상대에게 우호적인 태도를 취하여 안심을 시킨 다음 상대의 경계심이 사라진 순간 상대를 제거할 계략을 실행에 옮기는 것이다. 이에 대하여 세 가지의 단계로 설명하고 있다.

첫째, 신이안지(信而安之) 즉 상대에게 자신을 믿게 하여 안심시킨다.
둘째, 은이도지(陰而圖之) 즉 은밀하게 계획을 도모하는 것이다.

셋째, 비이후동 물사유변(備而後動, 勿使有變) 즉 준비한 뒤에 행동에 옮겨야지 함부로 변화를 보이지 마라.

웃음을 보이는 것도 비수를 감추고 있는 것도 그 본질은 적의(敵意)이다. '호랑이를 잡으려면 호랑이 굴속으로 들어가라'는 말이 있다. 강한 상대를 이기기 위해서는 먼저 상대에게 접근하여 상대방의 신뢰를 얻어야 한다. 상대방으로 하여금 자기에 대한 경계를 무너뜨릴 수 있다면 이미 반은 승리한 것이다. 상대방에게 얻은 신뢰를 결정적인 순간까지 유지하는 것이 중요하다. 상대를 공격할 계획은 은밀히 진행하는 것이다. 완벽한 준비와 적절한 타이밍에 결정적인 공격을 단행하는 것이 승리의 관건이다.

소리장도는 이해관계가 얽힌 우리의 일상 속에서 수없이 경험하는 일이다. 국제간의 외교에 있어서나 비즈니스에 있어서나 그 핵심적인 전략은 소리장도이다. 자국의 이익을 위하여 혹은 자기 기업의 이익을 위하여 상대방과의 보이지 않는 싸움을 전개하는 전장(戰場)이다. 상대방의 칭찬과 환대에 정신이 팔려 상대방의 의도를 간파하지 못하게 되면 결국 크나큰 손실의 대가를 치러야 한다. 웃음 뒤에 감추어진 비수가 무엇인지를 정확히 읽어내야 한다.

『논어』에서 공자는 "번지르한 말과 웃는 얼굴을 비치기 사람치고 어진 자가 드물다.(巧言令色鮮矣仁)"고 말하고 있다. 위의 글에서도 "무릇 적(敵)이란 번지르한 말과 웃는 얼굴을 비치기 마련이다. 다 살기(殺機)를 감추고 겉으로 웃는 것이다."라고 말하고 있다. 누구나 이러한 사실을 알고 있어서 자신은 상대방에게 속지 않을 거라고 생각하지만 현실 속에서는 그렇지 않다. 자기에게 친절하고 자기를 위해주고 자기를 칭찬해주는 사람에게 마음이 끌리는 것은 당연하다. 특히 자신의 약점이나 콤플렉스를 교묘히 파고들거나, 자기가 좋아하는 것에 관심을 갖고 접근하는 사람에게는 당하기 십상이다. 지위가 올라가거나 나이가 먹어가거나 절대적인 권력을 소유한 사람일수록 아집이 강해지고 참모들의 충고에 귀를 기울이지 않게 된다. 이미 자기가 가지고 있는 판단이 가장 옳다고 생각하기 때문이다. 이러한 사람일수록 자기의 의견에 동조해주고 자기를 칭찬해주고 자기를 치켜세우는 사람을 좋아한다. 결국 아부하는 모리배와 적의 첩자들로 자신의 주위를 감싸고 있는 꼴이 되어 패망에 이르게 된다.

소리장도 전략의 성패 여부는 자기의 속내를 드러내지 않는데 있다. 자기의 속내를 들키지 않기 위해서는 가장 먼저 자기를 속여야 한다. 상대방을 믿게 하기 위해서는 우선 자기 스스로 상대편의 입장에서 생각하고 행동해야 한다. 특히 강한 상대일수록 의심이 많고 보이지 않는 경계가 많은 것이다. 따라서 결정적인 순간이 오기 전까지는 자기 스스로 상대방의 사람이라고 믿고 행동해야 한다.

두 번째는 자기와 가장 가까운 측근을 속여야 한다. 가까운 측근을 속이지 못하고서 상대를 속일 수는 없다. 측근마저 속아 넘어갈 수 있도록 철저해야 만이 상대를 속일 수 있는 것이다. 비록 한 순간 측근의 오해를 산다 하더라도 일이 성공하고 나면 측근은 돌아서기 마련이다. 비정(非情)하지만 때론 비정함이 필요한 것이다. 마지막으로 상대의 측근을 속이는 것이다. 의심이 많은 자일수록 경계가 강한 것이다. 겉으로 믿는 척해도 결국 측근을 통하여 주시하고 있기 마련이다. 가까운 측근으로부터 신뢰를 얻어가는 것이야 말로 상대가 나를 믿게 할 수 있는 첩경이다.

위에 소개된 송나라 조위(曹瑋) 장군의 일화는 순간적인 재치로 위기를 넘긴 경우이지만 소리장도의 계략을 잘 사용하고 있음을 알 수 있다.

첫째, 태연함이다. 자기의 군사 수천 명이 적에게 투항을 했다는 보고를 받았음에도 아무런 심리적인 동요도 보이지 않고 태연할 수 있는 것은 쉬운 일이 아니다. 주위의 모두 사람들이 크게 화를 낼 것이라고 믿고 있는 상황 속에서 정 반대로 너무도 태연하게 나오게 되면 심리적인 혼란에 빠지게 된다. 고도의 심리적인 전술이다.

둘째, 은밀함이다. 은밀하다는 것은 미묘(微妙)한 움직임까지 아는 것을 말한다. 유교의 대표적인 경전인 『대학(大學)』에서는 학문(學問 : 道學을 말한다)의 다섯 가지 방법에 대하여 말하고 있다. 즉 정(定)→정(靜)→안(安)→려(慮)→득(得)이 그것이다. 학문에 뜻을 정(定)하게 되면 고요해져야 한다. 고요해진 연후에야 편안하게 된다. 편안해진 연후에야 미묘하고 상세한 것까지를 헤아릴 수 있는 것이다. 작은 것까지 헤아리는 단계에 이르러야 능히 도(道)를 얻을 수 있는 것이다. 은밀함이란 그저 자신의 속내를 숨기는 것을 말하는 것이 아니다. 큰 변화는 말할 것도 없고 미묘한 변화까지 감지할 수 있는 것이 바로 은밀함이다. 자그마한 변화까지 감지할 수 있기 위해서는 고요하고 편안해져야 한다. 비수를 간직하고 있다고 해서 조금이라도 흥분하게 되면 일을 그르치기 마련이다.

셋째, 기다림과 결단력이다. 변화란 그동안 감추어 두었던 비수를 상대에게 드리대는 순간이다. 보이지 않던 음(陰)의 세계가 한 순간 눈에 드러나는 양(陽)의 세계로 전환되는 순간이다. 변화를 보이는 순간 상대가 자신의 속내를 알게 된다. 따라서 함부로 속내를 드러내서는 안 된다. 철저히 준비하고 미묘한 변화까지도 예측하여 결정적인 순간에 변화를 드러내야 한다. 결정적인 순간까지는 기다림이 필요하다. 그러나 상대에게 비수를 꽂은 이상 상대를 완벽하게 제압하야 한다. 결단력이 필요한 것이다. 만약 변화를 드러낸 순간 상대를 제압하지 못하면 오히려 더욱 견고해진 상대의 반격에 당할 수도 있다.

국가와 국가 간에 정당과 정당 간에 혹은 기업과 기업 간에 협상에 임하는 자는 항상 상대가 소리장도의 계략을 사용하고 있다는 것을 염두에 두어야 한다. 속에 감추어진 상대의 비수를 정확히 파악하지 못한 자는 협상에 임할 자격이 없다. 겉으로 웃으면서 서로 상대방을 칭찬하고 상대방의 요구를 들어 주는 것 같지만 협상의 본질은 자신의 이익을 극대화 하는데 있는 것이다. 협상에 임하는 자는 상대의 친절과 웃음을 경계하고 또 경계해야 하며, 자기의 속내를 상대방에게 드러나지 않고 친절과 웃음으로 상대를 대해야 하는 것이다. 서로 웃으면서 친절하게 대하지만 사실은 치열한 전투를 치르고 있는 것이다.

제 11계

대를 위해 소를 희생하라

이대도강(李代桃僵)

오얏나무를 복숭아 대신 말라죽게 한다

■ 〈이대도강〉의 유래

이대도강이란 '오얏나무를 복숭아 대신 말라죽게 한다.'는 의미이다. 이는 『악부(樂府)』 〈계명(鷄鳴)〉편에 나오는 다음의 시(詩)에서 유래한 것이다.

桃生露井上(도생로정상)
李樹生桃旁(이수생도방)
蟲來齧桃根(충래설도근)
李樹代桃僵(이수대도강)
樹木身相代(수목신상대)
兄弟還相忘(형제환상망)

복숭아나무 하나 우물가에 살았다네.
그 곁에서 오얏나무가 사이좋게 살고 있었지.
어느 날 벌레들이 다가와 복숭아나무 뿌리를 갉아먹었네.
오얏나무는 복숭아나무를 대신하여 자신의 몸을 내주었다네.
한낱 나무들도 몸을 바쳐 대신하는데,
형제들이 어찌 서로를 잊을 수 있겠는가!

■ 본문 및 주해

【본문】 세력은 반드시 기울기 마련이니, 작은 것을 희생시켜 전체의 이로움을 구해야 한다.

원문 세필유손 손음이익양

(原文) 勢必有損[1]，損陰以益陽[2]。

【주해】 아군과 적군 사이의 정황에는 각각 장단점이 있기 마련이다. 전쟁의 일이란 완전하게 승리하기란 어려운 법이다. 승부를 결정짓는 것은 서로의 장단점을 정확히 비교하고 분석하는 데에 있다. 서로의 장단점을 비교하는 방법은 단점을 주고 장점을 취하는 것이 승리의 비결이다.

(손빈이 제나라 장군 전기(田忌 : 티엔지)의 참모로 있을 때 이야기다. 귀족들 사이에서는 경주마 내기가 유행했었고 손빈이 모시는 전기 장군은 막대한 돈을 걸고 마차경기를 계획하였다. 승부는 각자 3대의 마차를 출전시켜 경주하는 방식이었다. 손빈은 쌍방의 출전마차를 분석하여 상 · 중 · 하로 나누었다.)

예를 들면 손빈이 먼저 하(下)의 마차를 내보내 적의 상(上)마차를 상대하고(손빈의 패), 다음으로 상(上)마차를 내보내서 적의 중(中)마차를 상대한 다음(손빈의 승), 마지막으로 중(中)마차를 내보내서 적의 하(下)마차를 상대하여(손빈의 승) 승리한 것과 같다. 이는 전쟁터에서 장수들이 상황에 따라 사용할 수 있는 계략이자 꾀라 할 수 있다. 잘 헤아려 보면 추측할 수 있는 것들이다.

안 아적지정 각유장단 전쟁지사 난득전승 이

(按) 我敵之情，各有長短。戰爭之事，難得全勝。而

승부지결 즉재장단지상교 이장단지상교 내유

勝負之決，卽在長短之相較。而長短之相較，乃有

---

1 세필유손(勢必有損) : '勢'란 한정된 세력을 말하며, '損'이란 손실을 말한다.

2 손음이익양(損陰以益陽) : 음은 작은 이익을 말한다. 양은 전체적인 이익을 말한다. 작은 이익을 버리고 전체적인 이익을 얻으라는 말이다.

以短勝長之秘訣。 如以下駟敵上駟，以上駟敵中駟，以中駟敵下駟之類，則誠兵家獨具之詭謀，非常理之可推測者也。

■ 해설

'대(大)를 위하여 소(小)의 희생을 감수한다.' 는 계략이 이대도강의 뜻이다. 적전계의 다섯 번째 전략으로 이대도강을 말하고 있다. 누구나 완전한 승리를 꿈꾸지만 상대와의 싸움에서 완전히 승리하는 일은 드물다. 적에게 타격을 가하기 위해서는 일정 정도의 아군의 피해를 감수할 수밖에 없다. 작은 희생을 통하여 큰 것을 얻는 것이 싸움의 정도(正道)이다.

이대도강에 얽힌 고사는 우리에게 찐한 감동을 준다. '희생' 이란 숭고하고 그래서 항상 뭉클하게 하는 것 같다.

복숭아나무와 오얏나무가 서로를 의지하며 사이좋게 살았단다. 어느 날 벌레들이 몰려와 복숭아나무의 뿌리를 갉아먹자 옆에 있던 오얏나무가 벌레들을 유인하여 자신의 뿌리를 갉아 먹게 하였단다. 하여 오얏나무는 말라 죽고 복숭아나무는 살게 되었단다. 가슴 뭉클하지 않은가! 상대를 살리기 위하여 자기의 몸을 버린 오얏나무의 희생이. 뒤 구절은 형제의 애(愛)를 강조하는 내용이 실려 있다. 오얏나무의 희생처럼 형제 간에 서로를 위해야 한다는 교훈이 들어있다. 시(詩)

의 맛을 확 떨어뜨리는 구절이다. 교훈이란 드러내지 않고 그냥 스스로 느끼게 하면 좋다. 어쨌든 이 시에 나타난 '이대도강'을 인용하여 전략을 말하고 있다. 스스로의 희생을 통하여 큰 것을 구해내는 상황을 이대도강으로 표현한 것이다.

상대에 비하여 항상 유리한 위치를 점유할 수는 없다. 자신이 불리한 상황에서는 승리를 위해 최소의 희생을 마땅히 감수해야 한다. 도마뱀이 스스로 꼬리를 자르면서 도망치는 것은 꼬리가 불필요해서가 아니다. 비록 꼬리를 버리더라도 몸통을 보존하는 것이 더욱 중요하다는 것을 알기 때문이다. 자칫 꼬리에 집착하다가는 목숨을 잃기 십상이다. 싸움을 지휘하는 장군이 위급한 상황 속에서 모두를 살리려 고집을 부리게 되면 결국 모두가 죽게 되는 상황에 직면하게 된다. 최소의 희생을 감수하면서 주력군을 살리는 것이 최선의 선택인 것이다.

'이대도강'의 계략을 사용할 수밖에 없는 상황은 전투 속에서 항상 존재하기 마련이다. 싸움을 승리로 이끌어 역사를 움직이는 영웅 뒤에는 자기의 목숨을 기꺼이 희생한 부하가 있기 마련이다. 왕건과 견훤의 치열한 전투에서 왕건에게 가장 큰 위기는 927년(태조 10)의 공산(公山 : 지금의 경북 대구 팔공산) 전투였다. 견훤의 계략에 완벽하게 말려든 왕건의 군대는 전몰의 위기에 처하게 된다. 이 때 왕건의 투구와 갑옷을 입고 적진에 뛰어들어 견훤의 군대를 유인하여 치열하게 전투를 벌이다 죽은 인물로 신숭겸(申崇謙)이 있다. 신숭겸의 희생으로 왕건은 공산을 무사히 빠져나와 훗날 후백제를 무찌르고 고려를 세우게 된 것이다. 고려의 충신으로 떠받들게 된 신숭겸은 대(大)를 위하여 소(小)를 희생할 줄 아는 인물이었다.

위에서 인용하고 있는 손빈의 사례는 '이대도강의 전략을 어떻게 사용해야 하는가?'를 보여주는 적절한 예이다. 손빈은 자기의 주군인 전기(田忌)가 벌인 마차경기의 게이머로 기용되어 승리를 이끌어낸다. 자기의 전력과 상대의 전력을 비교하여 완승을 목표로 하는 것이 아니라 세 번의 게임에서 두 번의 승리만을 목표로 한다. 먼저 한 판은 상대에게 양보하고서 나머지 두 판을 이긴 것이다. 궁극적인 승리를 위하여 과감히 한 판의 패배를 떠안은 손빈의 전략이 그대로 적중된다는 것을 보여주고 있다.

위기가 닥쳐왔을 때 그 사람을 제대로 알 수가 있다. 자기를 희생하여 전체를 살리려하는 사람은 분명 의로운 사람이다. 의로운 사람이 많은 집단은 결코 멸망하지 않는다. 우리나라가 5000년 동안 단일민족을 유지할 수 있었던 것은 민족의 유전인자 속에 의로움이 전해져 내려오기 때문이다. 임진왜란 당시 일본군을 가장 당혹스럽게 했던 것은 바로 의병과 의승군이었다고 한다. 일본에서의 싸움은 대장만 죽이면 그 부하들은 굴복하는 것이 관례이다. 임진왜란 당시 일본군은 우리 관군을 격파하면 곧바로 전쟁에서 승리할 줄 알았다. 그런데 의병장 조헌과 승병장 영규대사가 이끈 청주성 전투를 시작으로 끊임없이 출현하는 의병과 의승군들 앞에서 결국 무릎을 꿇게 된 것이다. 최초로 의승군을 조직한 영규대사는 공주 갑사에서 승려들의 참여를 독려했지만 아무도 응하지 않았다 한다. 이에 절의 마당에서 큰 소리로 삼일을 울자 승려들이 감읍하여 참여했다고 전해진다. 의롭게 희생한 사람들을 추앙하고 기리는 것은 살아 남아있는 자들이 의무이다. 살아남은 자가 의로운 희생을 기리지 않는다면 누구도 자발적으로 희생하지 않게 되는 것이다.

버림의 미학(美學).

큰 것을 버릴 줄 아는 자만이 더 큰 것을 얻을 수 있다.

소리꾼이 자신의 소리의 경지를 전수하기 위하여 딸의 눈을 멀게 한 일화는 비정(非情)하지만 섬뜩한 감동을 불러일으킨다. 얻음은 버림에서 출발한다. 무의미한 일상의 굴레를 벗어던지지 않고서는 의미 있는 삶은 전개되지 않는다. 예술의 세계도 종교의 세계도 그 본질은 버림에 있다. 소아(小我)를 버려야 만이 대아(大我)를 발견할 수 있다. 인간의 욕망을 버려야 만이 신(神)의 세계에 다가갈 수 있다. 큰 것을 위해 작은 것을 버릴 줄 아는 자만이 자신의 세계를 창조하는 것이다. 새는 알속의 굴레를 벗어던질 때 비로소 넓은 세상을 날 수 있는 것이다.

「아군과 적군 사이의 정황에는 각각 장단점이 있기 마련이다. 전쟁의 일이란 완전하게 승리하기란 어려운 법이다. 승부를 결정짓는 것은 서로의 장단점을 정확히 비교하고 분석하는 데에 있다. 서로의 장단점을 비교하는 방법은 단점을 주고 장점을 취하는 것이 승리의 비결이다.」

싸움에 있어 10번 싸워 10번 모두를 이기려 하면 오히려 패배하기가 쉽다. 그러나 10번 싸워 6번 이기려 한다면 승리하기가 쉽다. 특히 축구나 야구경기 등의 리그전에 있어서 중요한 것은 승률이지 100% 승리는 아니다. 우승한 팀의 전적을 보면 그만큼 많이 졌다는 것도 알 수 있다. 인생도 그런 것이다. 패배를 두려워하면 궁극적인 승리를 얻기는 어려워진다. 이대도강의 계략은 줄 것은 과감히 주고 보다 많은 것을 챙기라는 것이다.

제 12계

사소한 허점, 조그만 이익도 놓치지 마라

순수견양(順手牽羊)

손에 잡히는 데로 양을 끌어 온다

■ 〈순수견양〉의 유래

순수견양은 『초려경략(草廬經略)』 〈유실(游失)〉에 나오는 "하적지극(伺敵之隙), 승간취승(乘間取勝)."에서 유래하였다. 즉 "적의 사소한 틈이라도 발견되면 그것을 타고 승리를 취한다."는 의미이다.

이와 관련하여 한경(漢卿 : 한칭)이 저술한 원나라 경극인 『위지공단편탈삭(尉遲恭單鞭奪槊)』의 대사 중에 순수견양이란 계략의 이름이 등장한다. 또한 『수호전』 제 99회에서도 순수견양이란 말이 보인다. 그러나 이는 전쟁과 관련되어 말하고 있는 것은 아니다.

물론 전쟁사의 경우를 살펴보면 이 순수견양의 계략을 사용한 예를 많이 찾아볼 수 있다. 춘추전국시대 우(虞)나라의 길을 빌려 괵(虢)나라의 하양(下陽 : 샤양)을 점령하였던 인물로 진(晉)나라의 헌공(獻公)이 있었다. 기원전 655년 그는 다시 우나라의 길을 빌려 괵나라를 멸망시켜버린다. 그리고 돌아오는 도중에 우나라에 머물게 되었는데 우나라의 경계가 소홀한 것을 발견하게 된다. 헌공은 그 기회를 놓치지 않고 손쉽게 우나라마저 멸망시켜버린다. 이는 순수견양의 계략을 사용하여 승리한 대표적인 예라 하겠다.

■ 본문 및 주해

【본문】 적에게 미세한 틈이라도 생기게 되면 반드시 장악해야 하며, 조그만 이익이라도 생긴다면 반드시 얻도록 해야 한다. 『주역』의 소음과 소양에 비유할 수 있다.

(原文) 微隙在所必乘 : 微利在所必得。少陰, 少陽。

【주해】 대군(大軍)이 움직일 때에는 그 틈이 크게 생기기 마련이다. 이 틈 사이를 파고들어 이익을 취해야 한다. 꼭 싸우는 것만이 필요한 것은 아니다. 이는 승리가 확고할 때도 사용할 수 있지만, 패배할 때에도 사용할 수 있는 계략이다.

(按) 大軍動處, 其隙甚多 ; 乘間取利, 不必以戰。勝固可用, 敗亦可用。

■ 『주역』의 내용 풀이

소음(少陰) : 음이란 적의 과실을 말한다. 소음은 음의 시작을 갈한다. 즉 적의 사소한 과실이 나타나는 것을 포착하여 취하라는 의미로 해석할 수 있다.

소양(小陽) : 양이란 승리와 성취를 가리킨다. 소양이란 양의 시작을 말한다. 즉 아군이 승리할 수 있는 단서 즉 발판을 마련할 수 있는 기회로 해석할 수 있다.

■ 해설

「적에게 미세한 틈이라도 생기게 되면 반드시 장악해야 하며, 조그

만 이익이라도 생긴다면 반드시 얻도록 해야 한다. 적의 사소한 실수가 아군에게는 승리의 발판이 될 수 있다.」

적전계의 마지막 전략은 순수견양이다. '순수견양' 에서 '양(羊)' 이란 적이 방어하는 사이에 생기는 허점과 특히 취약한 지역을 가리킨다. 전쟁을 하는 도중 주요한 공격목표는 아니었더라도 일시적으로 적의 허점이 발견되면, 소부대를 동원하여 적의 허점을 공격함으로서 손쉽게 이익을 얻는 계략이다. 비록 자그마한 승리라 할지라도 그것이 결국 궁극적인 승리로 나아가는 발판이 될 수 있다는 것이다.

전쟁에 있어서 순수견양은 적을 공격하는 방법 중 하나의 전략이다. 즉 주요 공격목표가 설정되어 있다 하더라도 적에게 예기치 않은 틈이 발견된다면 그것을 놓치지 않고 공격하여 자그마한 이익이라도 취해야 함을 말하는 것이다. 다만 두 가지의 문제를 간과해서는 안 된다.

첫째는 주요 공격목표를 타격하는데 영향을 주어서는 안 된다는 것이다. 만약 주요 공격목표를 잃어버리면 자그마한 이익을 얻으려다 큰 것을 잃어버리는 소탐대실의 우를 범할 수 있기 때문이다. 둘째는 손쉽게 얻을 수 있어야 한다. 적의 허점을 발견하였기 때문에 손쉬운 것이다.

순수견양의 문제를 전쟁이 아닌 경제적인 문제에 비유한다면, "손에 잡히는 데로 양을 끌고 와라."는 해석이 가능하다. 한꺼번에 수많은 양 떼를 끌고 올 수는 없다. 기회가 올 때마다 손에 잡히는 양을 끌고 오게 되면 어느 순간 많은 양 떼를 모을 수 있는 것이다. '작은 것이 모여 큰 것을 이룬다.' 는 이소성대(以小成大)의 정신으로 해석이 가능하다. 한꺼번에 대박을 노리는 자가 성공할 확률은 적다. 자그마한 이익이 있더라도 꾸준히 그것을 취하여 모으다 보면 큰 부자가 될 수 있는 것이다. 현대사회는 한 사람이 여러 개의 직업을 가지고 활동하는 것이 필요하다. 자신의 주요한 직업을 유지하면서도 손쉽게 할 수 있는 일이 생기면 기회를 놓치지 않고 직업을 병행하는 것도 순수견양의 계략을 활용한 예로 볼 수 있다.

어떠한 계략이 힘을 발휘하기 위한 조건은 무엇일까? 모든 경우에 통하는 것이라면 계략이라 할 수 없다. 그것은 진리나 법칙이지 특별히 어떤 계략이라고 말하지 않는다. 병(病)이 있으면 거기에 처방을 내리는 것처럼 일정한 조건하에서 계략을 펼치는 것이다. 객관적인 상황을 정확히 분석하고 거기에 맞는 계략을 세우는 것이다. 만약 객관적인 정세가 변화하게 되면 그에 맞추어 계략 또한 변화할 수 있어야 한다. 순수견양은 예기치 않게 발견된 적의 허점을 놓치지 않고 자기의 이익으로 변화시키라는 교훈을 주고 있다.

「대군(大軍)이 움직일 때에는 그 틈이 크게 생기기 마련이다. 이 틈 사이를 파고들어 이익을 취해야 한다. 꼭 싸우는 것만이 필요한 것은 아니다. 이는 승리가 확고할 때도 사용할 수 있지만, 패배할 때에도 사용할 수 있는 계략이다.」

큰 군대의 움직임에 반드시 허점이 생기기 마련이다. 비록 큰 군대가 아니라 하더라도 어떠한 상대이든 간에 허점은 존재한다. 그 틈을 파고 들어가야 하는 것이다. 설사 수세에 몰려 있는 상황이라 하더라도 상대의 허점은 발견할 수 있다. 그래서 이 순수견양의 계략은 승기를 잡았을 때나 열세에 몰려 있을 때에나 모두 가능한 계략으로 설명하는 것이다.

상대의 미묘한 허점을 꿰뚫어 보고 자그마한 이익이라도 반드시 챙기라는 말을 주의 깊게 살펴보면, 작은 이익이라도 소홀히 하지 말라는 의미와 함께 상대의 허점을 적극적으로 파고들어가 상대를 무너뜨리라는 의미가 담겨있다. 자그마한 틈이 세기 시작하면 자그마한 틈은 더욱 벌어지기 마련이다. 틈이 더욱 벌어져 커지게 되면 무너지게 되는 것이 자명한 이치이다. 거대한 둑을 무너뜨리게 하는 것도 그 발단은 조그만 구멍이다. 조그만 구멍이 커지기 시작하면 어느 순간 거대한 물줄기가 빠져나가게 되고 절대 무너지지 않을 것 같은 댐도 무너지게 되는 것이다. 따라서 상대의 미묘한 틈을 파고 들어가 이익을 취하는 것은 중요한 전술이 되는 것이다.

중국어에 '샤오신' 이란 말이 있다. '조심하다' 는 말이다. 샤오신이란 한자로 '小心(소심)' 의 발음이다. 왜 '소심하다' 는 말을 중국인들은 '조심(照心)하다' 는 의미로 사용하는 것일까? 중국어를 배우면서 누구나 한번쯤 가지는 의문 중의 하나이다. 조그만 것을 조심하라는 이야기일까? 그렇지 않다. '조그마한 것까지 마음속으로 헤아리라' 는 뜻으로 해석해야 한다. 미묘한 것까지 감지하고 헤아릴 수 있는 사람이라면 큰 변화와 움직임을 파악하는 것은 당연한 것이다. 자그마한 것까지 아는 마음이니 당연히 조심하게 되는 것이다.

자그마한 이익을 모아서 큰 이익이 이루어진다고 생각하는 것은 한국인의 사고방식이다. 그러나 중국인의 입장에서 보면 자그마한 이익까지 챙길 수 있는 사람이라면 이미 큰 이익을 챙기는 것은 당연히 전제되어 있는 것이다. '미묘하게 벌어지는 상대의 틈조차 파고들어야 한다.' 라고 순수견양을 해석할 수 있는 것이다.

순수견양의 계략과 앞의 이대도강의 계략은 모두 적을 공격하여 이기는 방법을 말하지만, 그 상황은 상반된 상황이다. 이대도강은 '적은 것을 버려 큰 것을 취하라.' 는 것이고, 순수견양은 '작은 것을 취해 큰 것을 얻으라.' 는 것이다. 이처럼 상호 모순되는 계략을 36계에서는 여러 곳에서 말하고 있다. 계략은 고정된 법칙이 있는 것이 아니다. 그 때 그 때 상황에 맞추어 응용하는 것이다. 끊임없이 상대의 의도를 간파하고 그에 맞추어 대응하는 데에 계략의 묘미가 있다. 즉 계략을 활용하는 자가 객관적인 상황을 잘 파악하여 계략을 적용해야 함을 알 수 있다.

순수견양의 계략에 역으로 당하는 경우를 소탐대실이라 한다. 상대가 작은 것을 탐하는 경우에는 순수견양의 계략을 역이용하는 것도 가능하다.

후한(後漢)시대 헌제가 동탁으로부터 도망간 사건은 그러한 예라 할 수 있다. 동탁에 의하여 장안에 납치되어 연금 상태에 있었던 헌제는 어느 날 기회를 엿보다가 연금 상태에서 벗어나 몰래 낙양으로 도망을 가게 된다. 그러나 얼마가지 않아 뒤쫓아 온 기마대의 추적을 받게 된다. 헌제는 수레를 타고 있었는데 그를 추격하는 기마대의 속도는 훨씬 빨랐다. 곧 붙잡힐 상황 속에서 그를 시종하던 늙은 신하 동승이

"갖고 있는 패물이나 재물을 있는 대로 길바닥에 버려라!"고 소리쳤다.

추상같은 명령에 모두들 패물이나 입고 있던 옷을 벗어 길바닥에 던지고, 황후까지 패물을 있는 대로 길바닥에 버렸다. 맹렬하게 뒤쫓아 오던 기마대들이 추격을 멈추고 급히 말에서 내려 서로 땅위에 흩어져 있는 보화들을 주우려고 앞을 다투게 되었다. 비록 기마대의 대장이 소리소리 지르며 군사들을 제지하려 했으나 아무 소용이 없었다. 헌재는 그 사이에 유유히 도망을 갈 수 있었다.

공전계

적의 계략을 알고 나서 적을 공격하는 전략

제 13계. 타초경사 숨겨진 적은 드러나게 해라
제 14계. 차시환혼 군중의 소망을 대신하여 일어나라
제 15계. 조호리산 강한 적은 유리한 곳으로 유인한 다음 싸워라
제 16계. 욕금고종 큰 것을 얻으려면 일부러 풀어주어라
제 17계. 포전인옥 작은 미끼를 던져 큰 것을 얻어라
제 18계. 금적금왕 적의 수뇌부를 파괴하라

제 13계

숨겨진 적은 드러나게 해라

타초경사(打草驚蛇)

풀을 두드려서 뱀을 놀라게 한다

■ 〈타초경사〉의 유래

타초경사란 민간에서 속어로 사용되어 전해 내려오는 것은 군사의 계략으로 차용하여 사용한 것이다. 뱀이 풀 속에 숨어 있을 때 풀을 쳐서 휘저으면 뱀이 곧 놀라 서 달아난다. 사람들이 이것을 일컬어 '타초경사' 라 하였다.

송나라 정문보(鄭文寶 : 쩡원바오)가 지은 『남당근사(南唐近事)』에 "여수타초(汝雖打草) 오이경사(吾已驚蛇)" 라는 말이 보인다.

당나라의 왕로(王魯 : 왕루)가 당도현(當塗縣 : 지금의 안휘성)의 현령으로 있을 때 그는 제물을 좋아하고 몹시 탐욕스러웠다. 하루는 고을의 백성이 그의 부하가 뇌물을 받은 것을 그에게 고발하는 진정서를 보고 매우 놀라면서 "너희가 풀을 때렸으나 나는 이미 뱀에 놀랐다"는 말로 심경을 토로하였다. "여수타초 오이경사"의 여덟 글자가 이후 '타초경사' 라는 말로 일반에게 널리 전파되었다.

■ 본문 및 주해

【본문】 적에게 의심 가는 것이 있거든 반드시 조사해야 한다. 자세한 살펴 본 이후에 행동해야 한다. 반복하여 정찰해야 만이 적의 숨겨진 음모를 발견할 수 있다.

(原文(원문)) 疑以叩實(의이고실)[1]，察而後動(찰이후동)；復者(부자)，陰之謀也(음지모야)[2]。

【주해】 적의 힘이 드러나지 않고 음모가 깊게 깔려 있을 때는 가벼이 공격하지 말고 응당 창끝의 소재를 찾아내야 한다.

『손자병법』에 "군대가 주둔하는 곳엔 항상 위험이 도사리고 있다. 얕은 연못과 갈대가 우거져 있고 산림이 울창한 곳이 있거든 반드시 거듭하여 수색하다 보면 숨어있는 적군이나 첩자를 발견할 수 있다." 라고 말하고 있다.

(按) 敵力不露，陰謀深沈，未可輕進，應遍探其鋒。兵書[3]云；『軍旁有險阻、蔣潢[4]，幷生蘆葦[5]，産林翳薈，必謹復索之，此伏姦之所藏處也。』

■ **해설**

공전계의 첫 번째 계략은 타초경사이다. '풀을 쳐서 풀 속의 뱀을 놀라게 한다.' 라는 타초경사는 보이지 않는 적의 실체를 드러내기 위한 계략이다. 풀 속에 숨어 있는 뱀은 쉽게 자신의 모습을 드러내지 않는다. 그러나 풀을 막대기로 치면 놀라서 자기의 모습을 드러나고 도망가게 된다. 드러나지 않는 적과 싸울 수는 없다. 우선 숨어 있는 적이 자신의 실체를 드러내도록 유도해야 한다.

---

1 고실(叩實) : '고' 란 묻거나 조사하는 것을 말한다. '고실' 이란 진상을 분명하게 드러내는 것을 말한다.

2 음지모(陰之媒) : 은밀한 계략, 숨겨진 음모를 말한다.

3 병서(兵書) : 『손자병법』 〈행군〉편의 내용이다.

4 장황(蔣潢) : '장' 이란 포아풀과에 딸린 여러 해 살이의 풀이름. '정' 이란 얕은 연못을 달한다.

5 노위(蘆葦) : '노위' 는 갈대를 말한다.

「적에게 의심 가는 것이 있거든 반드시 조사해야 한다. 자세한 살펴 본 이후에 행동해야 한다. 반복하여 정찰해야 만이 적의 숨겨진 음모를 발견할 수 있다.」

쉽게 자신의 실체를 드러내는 적은 없다. 자신의 전력과 공격의 목표와 방향이 무엇인지 상대에게 감추는 것은 전술의 기본이다. 따라서 적을 상대할 때는 반드시 공격에 앞서 상대의 실체와 음모가 드러나도록 해야 한다. 풀을 쳐서 풀 속에 숨어 있던 뱀이 모습을 드러내도록 하는 것과 같은 방법을 사용해야 한다. 공격에 앞서 적의 실체를 파악하는 것이 급선무이다. 전장(戰場)에서는 출정에 앞서 우선 선발대를 뽑아 적의 동태를 파악해야 한다. 적에게 의심 가는 것이 있으면 반복하여서 정찰하고 때론 상대를 갑자기 놀라게 하거나 방심하게 하여 자신의 실체를 드러내도록 만들어야 한다.

「적의 힘이 드러나지 않고 음모가 깊게 깔려 있을 때는 가벼이 공격하지 말고 응당 창끝의 소재를 찾아내야 한다.」

창끝이란 적이 노리는 목표이다. 풀을 치는 것도 분명 공격이지만 이는 뱀을 잡는 것이 아니라 잡기 위해 그 실체를 드러내도록 하는 예비적 공격이다. 따라서 뱀이 어디에서 튀어나올 것인가를 예상하여 그 다음의 공격의 전략 또한 세워놓아야 한다. 현대사회에 있어서 적은 반드시 밖에 존재하는 것이 아니다. 더 무서운 것이 내부의 적이다. 내부의 적은 쉽게 자신의 실체를 드러내지 않지만 언제 자신의 목을 죄여올지 모르는 일이다. 따라서 내부의 적이 드러나도록 하는 계략이 반드시 필요하다.

흔히 이 계략의 한 예로 중국의 모택동(毛澤東 : 마오쩌둥)의 명방운동(鳴放運動)을 이야기 한다. 1957년 '백화제방 백가쟁명(百花齊放 百家爭鳴)' 이란 구호아래 자유화 운동이 시작되어 중국 전역으로 확산된다. "온갖 꽃이 두루 피고 온갖 사상이 나타나 자유롭게 경쟁한다."는 이 구호는 중국의 춘추전국시대 제자백가가 나타나 사상의 자유를 만끽한 것을 염두에 둔 구호였다. 명방운동의 주체는 중국의 지식인과 학생들이었다. 지식인과 학생들에게 중국 공산당은 자신의 의견을 자유롭게 보장한다. 한 걸음 더 나아가 중국공산당은 "말한 자는 죄가 없고, 들은 자는 반성해야 한다."고 선포하여 온 국민이 공산당의 숙당운동을 도와줄 것을 제기하기 까지 하였다.

이러한 명방운동을 대하는 모택동은 두 가지의 목표가 있었다. 중국이 사회주의를 전개하면서 내부에 숨어있는 불만과 모순을 자유스럽게 표출시켜서 사회주의 건설에 협조할 수 있는 세력을 골라내고, 나머지 불만세력은 그 실체를 드러내어 숙청하거나 제거하려는 것이 그것이다. 1950년대 초부터 중국의 공산당은 지식인들을 상대로 계속하여 정풍운동과 사상개조운동을 실시하여 왔지만, 사회주의 건설과정에서 경제가 어려워지고 기존의 세력과의 모순이 첨예화되자 이러한 불만을 완화시켜야 하는 정치적 필요성이 등장하게 된 것이다. 이 때 지식인과 학생들이 자유화 운동을 일으키자 이를 탄압하는 대신 지지하는 명망운동의 정책을 실시한 것이다.

'잘못이 있는 자는 자유롭게 비판하라' 는 막대기를 가지고 풀을 휘젓자 드디어 지식인과 학생들이 자신들의 불만들을 쏟아내기 시작한 것이다. 뱀의 실체가 드러나자 중국의 공산당은 적대적인 지식인에 대한 탄압과 숙청을 통하여 자신의 세력을 공고히 할 수 있었던 것이다.

앞에서 말한 당나라의 왕로의 경우 또한 타초경사의 계략을 이해할 수 있는 좋은 예이다. 백성들이 자신들의 현령인 왕로의 부정을 직접 고칠 수 없으므로, 다른 사람의 부정에 대하여 왕로에게 고발한 것이다. 즉 왕로의 부정이 뱀이라 한다면 다른 사람의 부정은 풀을 치는 것으로 설명할 수 있는 것이다. 이와 같이 직접 상대를 치는 것이 아니라 상대의 주위를 건드려서 상대가 실체를 드러내도록 하는 것이 타초경사의 계략이다.

이러한 전략은 역대의 정권들이 지하에서 숨어있는 저항세력을 탄압하고 제거하기 위하여 자주 사용한 계략이다. 일제시대 3.1 운동이 일어나고 나자 일제는 문화정책을 펴게 된다. 그동안 탄압으로 일관하던 정책에서 유화정책으로 그 국면을 전환한 것이다. 강한 군사적 탄압을 할 경우 지하에 숨어서 독립운동을 하던 세력의 근거지를 찾을 수 없지만 유화정책을 펼 경우 지하에 숨어 있던 세력들이 하나 둘 그들의 목소리를 내면서 활동하게 된다. 한동안 그러한 활동을 눈감아 주다가 그 핵심 세력을 파악하여 그들을 자신의 정책에 동조하게 만들거나 아니면 강력한 탄압을 통하여 제거하게 된다. 결국 유화정책이란 숨어있는 독립운동의 세력을 끌어내려는 유인책이라 해석할 수 있다.

역사 속에서 타초경사를 응용한 예는 송나라 태조인 조광윤(趙匡胤 :

짜오 쿠앙 인)의 '배주석병권(杯酒釋兵權)' 즉 "술잔으로 병권을 거두어 들였다."는 고사를 들 수 있다. 구테타를 통하여 정권을 잡은 경우 항상 권력은 잡은 자는 같이 구테타를 일으킨 공신들을 제거하는 수순을 밟아왔다. 중국의 역사에서 피를 흘리지 않고 부하들의 군사권을 인수한 대표적인 사례가 바로 송나라 태조이다.

건륭 2년(961년)의 어느 날, 조광윤은 궁중에서 연회를 베풀었다. 이때 초청받아 참석한 사람들은 그를 천자로 옹립하는데 절대적인 공로를 세운 석수신(石守信, 스셔우신), 고회덕(高懷德 : 까오회이더), 왕심기(王審琦: 왕션치), 장령택(張令鐸: 쟝링두어) 등이었다. 모두 기분 좋게 술이 취해 있을 때 조광윤은 침통한 표정을 지으며 이같이 말한다.

> "과인은 여러분의 힘이 아니었다면 오늘 이렇게 천자의 자리에 있을 순 없었을 것이오. 여러분들의 공로와 은혜는 절대 잊을 수가 없소. 그런데 천자가 되고나니 차라리 예전처럼 일개 지방을 다스리는 절도사가 낫다는 생각이 부쩍 드오. 내가 왜 이런지 모르겠지만 밤마다 불안하고 매사에 즐거움이 없소."

조광윤은 같이 참석한 장수들에게 그들이 모반할까 불안하여 잠을 잘 수조차 없다는 말을 술자리에서 이렇게 토로한 것이다. 같이 정변을 일으킨 부하들의 병권을 빼앗기 위하여 자신을 옹립한 것과 같이 부하들이 충동하여 모반을 일으킬까봐 두렵다는 말을 꺼낸 것이다. 석수신을 비롯한 장수들은 절대 그런 일은 없을 것이라고 달하면서 태조의 명을 따르겠다고 대답한다. 이에 조광윤은 자신의 속내를 털어 놓는다.

"인생은 눈 깜짝할 사이에 지나가는 법이며, 부귀영화도 잠시일 뿐이오. 진정한 즐거움은 평생을 편안하게 지내고 자손들을 굶지 않고 행복하게 살도록 하는 것이오. 만약 여러분들이 병권(兵權)을 계속 가지고 있으면, 서로 의심하고 끝내는 부귀영화도 물거품처럼 사라질 것이오. 조용히 물러나 미녀의 품에서 노래와 춤을 즐기고, 손자들의 재롱을 보면서 말년을 보내는 것이 어떻소?"

조광윤은 이러한 말에 석수신을 비롯한 장수들이 병권을 내놓지 않을 수 없었다. 이로서 조광윤은 장수들의 병권을 인수하여 중앙군으로 편입할 수 있었다. 이를 '배주석병권'이라 한다. 이 고사는 바로 타초경사를 응용한 대표적인 예라 할 수 있다.

공전계는 적을 공격하기 위한 구체적인 계략이다. 그 시작은 바로 적의 실체를 분명히 드러내는 데에 있다. '지피지기면 백전백승이다'라고 했다. 상대의 실체가 분명히 드러나지 않았을 때는 우선 어떻게 하면 상대가 자신의 실체를 드러낼 것인가를 연구하여야 한다. 의심나는 곳을 주의 깊게 살펴보고 있다가 갑자기 드러날 수밖에 없는 작전을 구사한다면 분명 자신의 실체를 드러내게 된다.

제 14계

군중의 소망을 대신하여 일어나라

차시환혼(借尸還魂)

죽은 사람의 영혼이 다른 사람의 시체를 빌려 부활하다

■ 〈차시환혼〉의 유래

차시환혼이란 '죽은 시체의 몸을 빌려 혼을 불어 넣는다.'는 의미이다. 이 유래는 도교의 여덟 신선 중의 하나인 이현(李玄 : 리수옌)의 일화에서 유래되었다. 이현이 신선이 된 후 몸을 남겨 두고 혼만 떠나 인도를 다녀와 보니 자신의 몸은 불태워져 없어서 어쩔 수 없이 거지의 몸으로 환생하였는데, 이를 두고 사람들은 차시환혼이라 부르게 된 것이다.

도교는 유교 불교와 더불어 중국의 대표적인 종교로 '불노장생(不老長生)'을 추구한다. 수련에 의하여 불노장생의 경지에 오른 사람을 신선이라 부른다. 그 중에서도 대표적으로 종리권(鍾離權 : 종리쿠안) · 여동빈(呂洞賓 : 루동빈) · 장과로(張果老 : 장구아라오) · 한상자(韓湘子 : 한샹즈) · 이철괴(李鐵拐 : 리티에과이) · 조국구(曹國舅 : 차오궈지우) · 남채화(藍采和 : 란차이허) · 하선고(何仙姑 : 허시안구) 등의 여덟 명을 팔선(八仙)이라 한다. 이 중 이철괴(李鐵拐 : 쇠지팡이 이도사)가 바로 이현이며, 늘 쇠목발 하나를 짚고 다녔기 때문에 사람들이 이철괴라고 불렀다.

이현은 젊어서 수많은 책을 읽었으나 늘 마음 한구석이 허전하여 세상을 등지고 도교에 심취하여 깊은 산 속에 동굴에서 수련을 시작한다. 『도장(道藏)』을 보면서 내단 · 벽곡 · 도인법 등을 수련하던 중 스스로의 한계를 절감하고 스승을 찾아 나선다.

문득 태상노군(太上老君) 이이(李耳: 노자)를 떠올리고, 노자가 머무는 화산(華山)으로 찾아간다. 노자는 이미 그가 올 줄 알고 화산의 입구에 동자를 보내 그를 맞이한다. 동자를 따라 화산에 도착하자 노자와 함께 완구(宛九 : 완지우)선생이 자리하고 있었다. 얼굴이 어린아이와 같고 젊은 처녀 피부처럼 깨끗하고 하얀 백발을 한 노자와 푸른 눈에 눈썹이 길고 가지런한 모습을 하고 있는 완구를 스승으로 모시고 이현은 수련을 하게 된다.

두 스승을 모시고 도교의 비결에 대한 강의를 듣고 부지런히 수련한 결과 육체를 떠나 마음대로 혼이 이동하였다가 되돌아오는 경지를 터득하게 된다. 그러던 중 소문을 듣고 찾아온 양자(楊子 : 양즈)라는 젊은이를 제자로 받아들인다. 이때부터 이현은 양자와 함께 기거하면서 수행하였다.

어느 날 스승인 노자와 완구가 학을 타고서 이현을 찾아온다. 노자는 이현에게 서역을 유람하고자 하니 함께 가자고 제의한다. 노자는 "10일 후에 육신은 여기 두고 혼만 빠져나와 내가 있는 화산으로 오너라. 절대 잊지 말고 꼭 와야 한다."는 말을 마치고 학을 타고 구름 속으로 사라져 버렸다.

드디어 노자와 약속한 10일이 지나자 이현은 제자 양자를 불러 이렇게 말한다.

> "내가 태상노군을 함께 인도로 떠나려 한다. 지금 나의 혼이 육체를 떠나 태상노군을 만나러 화산으로 간다. 내 몸을 이곳에 남겨두고 가니, 너는 이 몸에서 절대 떨어지지 말아라. 만약 나의 혼이 7일이 지난 후에도 돌아오지 않는다면 그 때 너는 나의 몸을 화장해 버리도록 하라."

제자 양자는 스승의 명령대로 이현의 몸을 가까이서 지키고 있었다. 스승의 혼이 돌아오기 하루 전인 6일째 되던 날에 느닷없이 양자의 친척이 말을 몰고 찾아왔다. 양자의 어머니가 위독하니 임종을 보기 위해서는 지금 바로 떠나야 한다는 것이었다. 양자는 이 급보를 듣고 상심하여 눈물을 흘렸다. 친척은 "죽은 사람이 다시 살아난다고? 너의 스승은 죽은 지 이미 6일이나 되어 내장은 벌써 썩어 있을 것이다. 어떻게 떠나간 혼이 되돌아 올 수 있겠느냐?"하며, 어머니의 임종을 보러가야 한다고 설득하였다. 친척이 서둘러 나무를 모아 화장을 하는 바람에 양자는 눈물을 머금고 스승의 몸이 타들어가는 것을 지켜보았다.

그동안 이현은 노자와 함께 인도의 여러 나라를 돌아보고, 봉래의 방장산을 지나 화산으로 돌아왔다. 노자와 작별하는 순간 노자는 빙그레 웃으면서 다음과 같은 작별의 시를 선사한다.

벽곡불벽맥 辟穀不辟麥 곡식을 먹지 않았으나 보리까진 못 피했고
거경로역숙 車輕路亦熟 수레는 가볍고 길은 또한 익숙하구나
욕득구형해 欲得舊形骸 옛날 모습을 찾고 싶지만
정봉신면목 正逢新面目 새로운 얼굴을 만나게 되리라

이현이 노자에게 이 시를 받아들고 자기의 몸이 있는 곳으로 돌아왔다. 그런데 제자도 보이지 않고 자기의 몸도 보이지 않는 것이었다. 자세히 살펴보고서 자기의 몸이 이미 화장된 것을 알게 되었다. 공교롭게도 근처 산등성이에 거지의 시체 하나가 놓여 있었다. 이현은 그 거지의 몸을 빌어서 자기의 혼을 불어 넣음으로서 새로 태어나게 되었다. 차시환혼으로 새롭게 태어난 것이다.

"옛날 모습을 찾고 싶지만 새로운 얼굴을 만나게 되리라."는 노자

의 시는 이러한 것을 미리 예견한 것이었다. 노자의 예언을 받아들여 이후 이현은 거지의 몸속에 혼을 불어 넣고서 그 모습으로 살게 되었다. 헝클어진 머리카락, 때에 찌든 얼굴, 드러낸 배에 절뚝거리는 다리를 하고서 더욱 수련에 전념하여 모든 술법을 자유롭게 구사하는 경지에 올랐다.

■ 본문 및 주해

【본문】 능력이 있는 자는 도움을 빌리지 않는다. 능력이 없는 자가 도움을 필요로 한다. 도움은 능력이 없는 자가 이용하는 것이다. 그래서 『주역』〈몽괘(蒙卦)〉에서는 "내가 약한 자에게 도움을 구하는 것이 아니라, 약한 자가 나에게 도움을 구한다."고 말하고 있다.

(原文) 有用者, 不可借 ; 不能用者, 求借。借不能用者而用之, 匪我求童蒙, 童蒙求我。

【주해】 왕조가 바뀔 때마다 망한 나라의 후계자임을 자칭하여 여기저기에서 봉기가 일어난다. 그들은 스스로 망한 나라를 대신하여 공격한다고 주장한다. 이는 모두 '차시환원'의 계략을 이용하는 것이다.

(按) 換代之際, 紛立亡國之後者, 而代其攻守者, 皆此用也。

■ 『주역』의 내용 풀이

비아구동몽(匪我求童蒙), 동몽구아(童蒙求我) : 이는 『주역』 〈몽괘(蒙卦)〉의 괘사이다. 몽괘는 64괘 중 제 4괘로서 음양이 서로 교차한 후 두 번째의 괘이다. 위에는 간(艮 ☶)이 아래에는 감(坎 ☵)이 놓여 진 모습이다. 간은 산(山)을 감은 수(水)를 말하니 위에는 산이 있고 아래는 물이 놓여 진 모습이다. 산 아래 물이 있으면 물이 깊고 위험하다. 어린 시기에는 그 물이 위험하다는 것을 알지 못한다.

몽(蒙)이란 괘의 이름은 '다른 사람으로부터 도움을 받아서 회복한다.'는 뜻을 지니고 있다. 동몽이란 어린 시기이다. 즉 지금은 몽매하나 다른 사람으로부터 도움을 받아 점차 현명해질 수 있다는 의미이다. 匪는 非의 뜻이다. 즉 내가 약한 자에게 도움을 주는 것이 아니라, 약한 자가 스스로 도움을 구하도록 해야 한다.

■ 해설

도교 여덟 신선 가운데 한 사람이었던 이현의 '차시환혼'이란 고사를 빌어 공전계의 두 번째를 장식하고 있다. '죽은 사람의 몸을 빌어서 혼을 불어 넣었다.'는 이 고사가 구체적으로 어떠한 계략을 의미하고 있는지 잘 이해되지 않을 수 있다. 거지의 시체는 아무런 쓸모가 없는 것이고, 이미 죽어서 가치가 없는 것이다. 그럼에도 불구하고 이현은 자기의 혼을 불어넣어 이철괴로 다시 태어난 것이다. 이철괴는 도교의 대표적인 신선으로 민간에 알려지게 된 것처럼, 이미 사라져서 쓸모없는 것이라도 거기에 의미를 부여하여 혼을 불어넣는 계략이 차시환혼이라 할 수 있다.

「능력이 있는 자는 도움을 빌리지 않는다. 능력이 없는 자가 도움을 필요로 한다. 도움은 능력이 없는 자가 이용하는 것이다.」

자기 스스로의 힘으로 충분히 적을 상대할 수 있을 때는 남의 도움을 받을 필요가 없다. 그러나 그럴 수 없는 상황에서는 주위의 도움을 필요로 하는 것이다. 주위의 것을 이용하고 도움을 받아서 자기보다 강한 상대를 맞이하는 것이다. 자기의 몸이 이미 불타고 없는 상황 속에서는 비록 거지의 죽은 시체라도 빌려서 부활해야 하는 것이다. 그런데 위의 설명만으로는 차시환원의 계략을 어떻게 사용하는 것인지 애매하다. 다음의 구절을 보면 구체적인 것이 드러난다.

「왕조가 바뀔 때마다 망한 나라의 후계자임을 자칭하여 여기저기에서 봉기가 일어난다. 그들은 스스로 망한 나라를 대신하여 공격한다고 주장한다. 이는 모두 '차시환원' 의 계략을 이용하는 것이다.」

새로운 나라가 등장할 때 혹은 새로운 정권이 등장할 때마다 민중들로부터 지지를 받기 위하여 사용하는 계략이 바로 이미 사라진 나라의 후계자임을 지칭하고 나온다. 민심을 자기의 편으로 끌어들이기 위하여 현 권력에 의하여 망해버린 혹은 이상으로 여기는 이념을 들고서 그 대변자임을 강조하는 것이다. 위의 말은 중국적인 상황에서 설명된 것이다. 주나라가 붕괴되고 춘추전국시대에 출현한 많은 나라들이 주나라의 후계자임을 자칭하고 나온 것을 들어 설명하고 있는 것이다.

약한 자들은 모두 자기를 대신해서 누군가 자기의 소망을 이루어주길 바란다. 폭력과 탄압에 시달리는 백성들은 누군가 그 정권을 부수어주었으면 하는 염원을 마음속에 가지고 있다. 그 염원을 대신하여 봉기를 하게 되면 쉽게 민중들의 지지를 받을 수 있다.

이러한 차시환혼의 계략은 때로 종교의 구세주의 이념을 빌려서 대중들을 끌어들이기도 한다. 후백제의 견훤이나 태봉의 궁예, 고려의 왕건 등은 모두 불교의 구세주인 미륵불의 후계자임을 자처하여 민중들로부터 지지를 받았다. 당시 민중들이 미륵불의 출현을 염원하고 있을 때, 이들은 스스로 미륵불의 현신임을 내세우며 지지를 받아나갔던 것이다. 이러한 계략은 민중들의 약한 마음을 이용하여 그것을 자기의 힘으로 바꾸어 이용하는 것이다.

기업이 새로운 상품을 만들어 이미 사라진 유명상표를 도용하는 것도 차시환원의 계략이다. 사람들의 마음속에 강하게 자리 잡고 있는 유명제품을 마치 자신의 상품이 대신하고 있다는 이미지를 심어줌으로서 고객에게 쉽게 다가서는 계략이다. 이러한 계략은 자신의 새로운 상품으로 고객에게 다가설 때 소비되는 시간과 비용을 절대적으로 절감할 수 있는 효과를 가져다준다.

차시환혼의 계략은 자신의 세력이 약한 자가 자신의 힘을 극대화하기 위해 사용하는 계략이다. 그것은 민중들의 마음속을 파고들어 마치 자신이 그들을 위하여 일어났다는 생각을 갖게 만드는 것이다. 이는 민중들의 마음이 몽매하고 약하기 때문에 그 약한 마음을 감싸 안으면서 자신의 이익을 취하는 것이다. 동학의 농민군이 활과 죽창으로 일본군을 크게 무찌른 적이 있었다. 전봉준 장군은 그들의 몸에 부적을 붙여 주고 "이 부적은 일본군의 총알도 비켜가는 효험이 있다"고 농민군들에게 설명하였다. 몇 차례의 전투에서 관군을 크게 이긴 농민군들은 전봉준 장군의 부적의 힘을 믿었다. 전봉준 장군은 산의 지형을 이용하고 시야가 확보되지 않은 야간에 일본군을 맞아 싸움으로서 크게 대승을 할 수 있었다. 실제 부적이 힘이 있는 것은 아니지만, 전봉준 장군은 총 앞에 겁먹은 농민군의 사기를 진작시키기 위해 그렇게 한 것이다. 차시환혼의 계략을 성공적으로 사용한 예라 하겠다.

제 15계

강한 적은 유리한 곳으로 유인한 다음 싸워라

조호리산(調虎離山)

호랑이를 유인해 산을 떠나게 한다

■ 〈조호리산〉의 유래

조호리산이란 말은 『관자(管子)』 〈형세해(形勢解)〉에 다음과 같이 나타난다.

> "호랑이와 표범은 짐승 중에서 가장 사나운 자이다. 깊은 숲이나 큰 연못 속에 있을 때는 사람들이 그 위세를 두려워하여 어쩌지 못한다. 비록 사람이 세상의 주인이라 하지만 깊은 산 속에서는 그 세력을 두려워하는 것이다. 그러므로 호랑이나 표범을 꾀여 내어 사람들이 살고 있는 가까이로 오게 하면 사람들이 그것을 쉽게 잡아서 그 위험으로부터 벗어날 수 있다. 사람들이 주로 호랑이나 표범이 사는 곳으로 가기 때문에 그것을 두려워하는 것이다. 그러므로 호랑이와 표범을 산에서 끌어 내리면 위험한 것을 저지할 수 있는 것이다."

'조리호산' 이라는 말은 이외에도 명나라 오승은(吳承恩 : 우청언)이 지은 『서유기』와 청나라 전채(錢彩 : 치엔차이)가 지은 『설악전전(說岳全傳)』에도 조리호산의 계략을 사용한 내용이 보인다.

■ 본문 및 주해

【본문】 객관적이 조건이 적에게 불리해지기를 기다려 꾀로써 적을 유인한다. 이는 『주역』 〈건괘(蹇卦)〉에서 "앞으로 나아가는 것은 위험하니 곧 원래의 위치로 되돌아오라."는 이치로 설명할 수 있다.

(原文) 待天以困之[1], 用人以誘之。往蹇來返。

【주해】『손자병법』에 말하기를 "가장 안 좋은 공격이 성에 있는 적을 공격하는 것이다."라고 하였다. 만약 견고한 곳을 공격하다면 싸움에 져서 망하게 된다. 적은 이미 유리한 지형을 차지하고 있고 그 지형을 이용해 싸울 수 있다. 또 적은 주인의 입장에 있고 세력도 강하다. 성에 주인이 버티고 있으면 승리하기 어렵고 쳐들어 갈 수도 없다. 세력이 강해서 자연조건과 사람을 함께 이용할 수 없게 되니 승리할 수 없는 것이다.

동한(東漢) 말년에 강(羌)족의 장수가 수천의 군사를 이끌고 있어서, 우후(虞詡 : 위쉬)[2]의 군대는 진창(陳倉)의 효곡(崤谷)에서 막혀 있었다. 우후의 군대는 나아가지 않고, 임금에게 구원병을 청하여 그들이 도착하면 강족을 공격하겠다고 선전하였다.

강족이 그 소식을 듣고서는 (구원병이 곧 올 것으로 알고서) 시간을 다투어 마을에 들어가 약탈하였다. 우후는 그것을 보고 자기의 병사들을 분산시켜서 하룻밤 사이에 백 여리를 전진해 들어갔다. 쉴 때에는 군사들에게 명령하여 밥 짓는 부엌을 두 배로 늘려서 날마다 군사가 불어나는 것처럼 보이게 했다. 이것을 본 강족은 구원병이 온 걸로 알고 감히 공격할 수 없었고, 우후는 봉쇄를 뚫고 결국 강족을 대파하였다.

우후가 구원병이 온 후에 군사를 출발하겠다고 한 것은 (강족에게 마을을 약탈할 수 있는 시간을 주어) 이익으로 유혹한 것이다. 밤새 쉬지 않고 달려간 것은 시간과 지형의 유리한 지점을 확보하여 적을

---

1 대천이곤지(代天以困之) : 천이란 천시(天時)와 지리 등의 객관적인 조건을 말한다. 객관적인 조건이 적에게 불리하도록 유도하라는 의미이다.

2 우후(虞詡 : 위쉬) : 동한 안제(安帝) 때 무도군(武都郡) 태수를 역임했던 인물이다.

곤란에 빠뜨리기 위함이다. 부엌을 두 배로 늘린 것은 사람들이 많은 것처럼 보이게 적을 유혹시킨 것이다.

(按) 兵書曰：『下政攻城[3]。』若攻堅，則自取敗亡衣。敵既得地利，則不可以爭其地。且敵有主而勢大：有主，則非利不來趨：勢大，則非天人合用不能勝。漢末，羌[4]率衆數千，遮虞詡於陳倉崤谷。詡軍不進，宣言上書請兵，須到當發。羌聞之，乃分抄旁縣。詡因其兵散，日夜進道，兼行百餘里。令軍士各作兩竈，日倍增之：羌不敢逼，遂大破之。兵到乃發者，利誘之也：日夜兼進者，用天時以困之也：倍增其竈者，惑之以人事也。

---

3 하정공성(下政攻城) : 『손자병법』 〈모공(謀攻)〉편에 나온 내용이다. "병법의 상책은 적의 계략을 치는 것이요, 다음은 적의 외교를 치는 것이요, 다음은 적의 군사를 치는 것이요, 가장 하책이 적의 성을 치는 것이다."

4 강(羌) : 중국 소수민족의 하나인 강족을 말한다. 중국의 서부지역에 있던 고대 국가이다. 은(殷)나라의 복사(卜辭) · 금석문(金石文) 등에는 북서부에 거주한 이민족(異民族)으로 기록되어 있고, 한(漢)나라 때에는 서강(西羌)이라고도 하였다. BC 3세기경, 진(秦)이 중국을 통일할 무렵 여러 소부족으로 나뉘어 칭하이 지방에서 유목생활을 하였고, 한때 흉노족의 지배를 받았다. 본래 칭하이 지방은 동서무역상 교통의 요충으로, 감숙(甘肅 :간쑤)의 동서교통로를 둘러싸고 한나라와 강의 투쟁이 되풀이되어, 무제(武帝) 때에는 이 지역에 서해군(西海郡)을 설치하였다. 오호십육국(五胡十六國) 시대에는 내륙으로 이주한 부족 중 요씨(姚氏)가 후진(後秦)을 세웠으며, 북동 지역인 영하(寧夏 : 닝샤)로 이동한 강의 일족인 당항(黨項 : 탕구트)족은 송대(宋代)에 서하(西夏)를 세워 세력을 떨쳤다. 원주지의 강족은 7~8세기경부터 토번(吐蕃 : 티베트)의 지배를 받아 티베트족 일부를 이루었다. 오늘날은 탕꾸터 · 장인(藏人) 또는 번인(蕃人)으로 불린다

■ 『주역』의 내용 풀이

왕건래반(往蹇來返) : 『주역』제 39괘인 〈건괘(蹇卦)〉의 九三효의 효사이다. 건이란 위험하다. 그치다의 뜻이다. 앞으로 나아가는 것은 위험하니 원래의 위치로 돌아오라는 뜻이다. 건(蹇)괘는 위에는 감(坎 : ☵)이 놓여있고 아래는 간(艮 : ☶)이 위치해 있는 모습이다. 감은 산을 뜻하고 간은 물을 뜻하니 산 위에 물이 있는 형국이다. 위에 있는 괘는 앞을 뜻하고 아래 있는 괘는 뒤를 뜻한다. 산위의 물은 위험하니 앞으로 나가는 것을 그쳐야 하는 것이다. 그쳐서 돌아오게 되면 길함이 되는 것이다. 객관적으로 앞으로 나아가는 것이 위험하나 그 위험함을 알아서 나아가는 것을 그치면 나에게 유리하고 길한 것으로 바뀐다는 의미이다.

■ 해설

공전계의 세 번째 계략은 조리호산이다. 이는 '호랑이를 유인해 산을 떠나게 한다.' 는 의미이다. 호랑이는 강적이다. 호랑이가 산에 있는 것은 유리한 조건을 말한다. 강적이 유리한 지형을 차지하고 있는데 무턱대고 싸움을 거는 것은 멍청한 일이다. 호랑이를 산에서 끌어내리면 호랑이에게 불리한 조건이 된다. 적을 불리한 상황으로 유도하여 싸움을 시작하는 것이 현명한 것이다.

「'가장 안 좋은 공격이 성에 있는 적을 공격하는 것이다.' 라고 하였

다. 만약 견고한 곳을 공격하다면 싸움에 져서 망하게 된다. 적은 이미 유리한 지형을 차지하고 있고 그 지형을 이용해 싸울 수 있다. 또 적은 주인의 입장에 있고 세력도 강하다. 성에 주인이 버티고 있으면 승리하기 어렵고 쳐들어 갈 수도 없다. 세력이 강해서 자연조건과 사람을 함께 이용할 수 없게 되니 승리할 수 없는 것이다.」

손자는 성을 공격하는 것이 가장 하책이라 말하고 있다. 성안에 버티고 있는 적을 공격하는 것은 승산이 없이 싸움이다. 그러기에 중요한 것은 나에게 유리한 상황으로 적을 꾀어내는 것이다. 핵심은 '조(調)'의 문제이다. 성안에 버티고 있는 적이 쉽게 밖으로 나와서 싸우려고 하지 않는다. 산 속의 호랑이가 쉽게 산을 내려오려 하지 않는다. 어떻게 적의 수장의 마음을 유혹하여서 산을 내려오도록 만들 것인가 하는 계략을 짜야 하는 것이다.

진창의 효곡이란 계곡에 수천 명의 강족의 군사가 버티고 있다. 만약 우후의 군대가 유리한 조건에 있는 강족과 직접 싸움을 했다면 승산이 없을 것이다. 우후는 구원병이 곧 도착할 것이라고 속여 강족의 군대를 안심시킨 후 자기에게 유리한 지형으로 군대를 분산시켜서 이동한다. 불리한 조건에서 싸움을 하지 않고 유리한 조건을 만들기 위하여 적을 혼란시킨 것이다. 결과적으로 우후의 군대가 자신보다 훨씬 강한 강족의 군대를 이길 수 있었던 것이다.

실전에서 조호리산의 계략은 두 가지로 이용된다. 적을 유리한 지형에서 꾀어내어 아군이 유리한 지형이나 내 힘이 미치는 범위에 들어오게 하는 것이다. 두 번째는 적이 절대적으로 유리한 지형에서 싸우는 것을 벗어나 적이 불리한 지형으로 쳐들어오도록 유인하는 것이다. 유리한 지형이나 유리한 조건을 확보한 상황 속에서 시작해야 하는 것이다. 불리한 조건 속에서 적을 만나게 되면 그것을 피해서 보다 유리한 조건 속에서 싸울 수 있는 방법을 모색해야 한다. 싸움에 대한 기본적인 정석이라 할 수 있다.

아무리 힘이 강한 왕이라 하더라도 왕궁을 떠나 깊은 산속에 머물러 있다면 무서울 것이 없다. 설사 주위에 호위병을 데리고 있더라도 그 산에 익숙한 산적들의 적수조차 되지 못하는 것이다. 힘이란 자기의 세력이 미치는 범위가 있기 마련이다. 그 중심을 벗어날수록 힘은 약해지게 되어 있다. 따라서 싸움을 할 때는 먼저 자기의 세력권으로 상대를 유인하여 싸워야 승산이 높은 것이다. 운동경기에서 홈경기의 잇점이 있는 것과 마찬가지이다.

문제는 강한 상대가 자기의 세력권을 벗어나지 않고 굳게 지키고 있을 때이다. 그러한 경우 생각해봐야 하는 것이 조호리산의 계략이다. 어떻게든 강한 상대를 그들의 세력권에서 벗어날 수 있도록 유인해야 한다. 그들을 압박하거나 귀찮게 하여 그곳을 떠나게 할 수도 있고, 미끼를 던져 유인할 수도 있다. 핵심적인 것은 나의 세력이 미치는 곳으로 그를 끌어낸 후 싸움에 임하는 것이 중요하다.

현대 사회에 있어서 조호리산의 계략은 이권이 걸려 있는 일에서 상대와의 계약을 이끌어나갈 때 사용된다. 강한 상대를 만나 자기에게 유리한 계약조건을 만들기 위해서는 상대를 나의 영향권이 미치는 곳으로 끌어내야 한다. 상대는 자기에게 유리한 조건과 자기의 법적

변호인 혹은 중개자를 동반하고서 계약에 임하려고 한다. 그럴 때는 핑계를 대거나 타당한 이유를 만들어 그 자리를 피해야 한다. 그리고 나의 입장을 정리하여 상대를 나의 쪽으로 끌어드리려는 작전을 세워야 한다. 나에게 유리한 조건과 나의 대리인을 중개인으로 내세울 수 없는 상황이라면 적어도 상대의 입장을 대변하는 대리인을 떼어내는 방법을 모색해야 한다. 어떠한 상황 속에서 계약에 임하는 가에 따라 그 결과가 정해지기 때문이다.

객관적인 조건을 분석하여 싸움에 임하는 것이 장수이다. 무조건 적을 상대하여 용감하게 싸운다고 되는 일이 아니다. 객관적인 조건이 적에게 유리하고 나에게 불리한 상황에서는 일단 나아가 싸우는 것을 피해야 한다. 국면을 전환시켜 나에게 유리한 조건에서 싸움을 시작해야 하는 것이다. "앞으로 나아가는 것은 위험하니 곧 원래의 위치로 되돌아오라."는 『주역』 〈건괘〉의 내용을 들고 있는 이유도 여기에 있다. 싸움에 임하는 자는 나에게 유리한 조건인가, 상대에게 유리한 조건인가 하는 것을 우선적으로 판단해야 한다는 것이다.

다음으로 상대에게 유리하고 자신에게 불리한 싸움이란 판단이 섰을 때는 어떻게 하면 나에게 유리한 상황으로 상대를 끌어들일 수 있는가를 생각해내야 한다. 유리한 상대가 쉽게 자기의 유리한 상황을 벗어나려 하지 않을 것이다. 그러기에 치밀한 계획으로 상대를 유인해야 하는 것이다.

제 16계

큰 것을 얻으려면 일부러 풀어주어라

욕금고종(欲擒故縱)

잡고자 하면 풀어 준다

■ 〈욕금고종〉의 유래

욕종고금의 유래는 노자의 『도덕경』 36장 〈미명(微明)〉의 다음의 내용에서 비롯되었다.

> "무엇을 접고 싶다면, 반드시 먼저 그것을 펴주어라. 무엇을 약하게 해주고 싶다면, 반드시 먼저 그것을 강하게 해주어라. 무엇을 폐지해 버리고 싶다면, 반드시 먼저 그것을 흥하게 해주어라. 무엇을 빼앗고 싶다면, 반드시 먼저 그것을 주어라. 이렇게 하는 것이 도(道)의 섭리이다. 부드럽고 연약한 것이 굳고 강한 것을 이긴다. 물고기는 연못을 튀어나와서 살 수 없고, 나라의 제도는 백성에게 과시할 수 없다."

또한 『귀곡자』 〈모편(謨篇)〉에서도 "도망가고자 하는 자는 풀어주어라. 풀어주는 자가 이기는 것이다."라고 말하고 있는데, 이 또한 같은 의미이다.

욕종고금과 관련하여 가장 잘 알려진 이야기는 제갈공명(諸葛孔明 : 주꺼콩밍)과 맹획(孟獲 : 멍후어)[1] 사이에 벌어진 칠종칠금의 고사이다. 제갈공명은 유비가 죽은 이후에 남쪽의 소수민족들의 수장이었던 맹획이 촉에게 저항하여 군대를 일으켰을 때 그를 일곱 번 풀어주고 일곱 번을 잡음으로서 맹획을 귀순하게 하였는데, 이로 인해 그는 맹획의 귀순은 물론 남쪽 소수민족의 백성들의 민심을 살 수 있었다.

1 맹획(孟獲) : 삼국시대 촉한의 건녕(建寧)사람이다. 소수민족의 하나인 이족(彝族)의 수장이었다. 유비가 죽은 후에 촉에게 저항하여 군대를 일으켰으나, 제갈공명에게 7차례 붙들린 후 촉에 귀항하여 어사중승에 임명되었다.

■ **본문 및 주해**

【본문】 적을 지나치게 몰아세우면 적이 도리어 맹렬하게 반격한다. 적을 달아나게 놓아두어도 그 기세가 꺾이는 법이다. 바짝 적을 쫓되 압박하지는 마라. 적의 기력을 지치게 만들고, 전투의지를 쇠약하게 만들고, 적을 흩어지게 하여 사로잡아야 한다. 그러면 칼에 피를 묻히지 않고도 적을 진압할 수 있다.

『주역』의 수괘(需卦)에서 "믿음을 가지고 기다리면 빛을 발한다."고 말한다.

(原文) 逼則反兵，走則減勢。緊隨勿迫，累其氣力，消其鬭志，散而後擒，兵不血刃。需，有孚，光。

【주해】 여기서 말하는 '종(縱)' 자는 적을 놓아 주라는 뜻이 아니다. 적을 따라가 점차 그 세력이 약해지도록 하라는 것이다. 『손자병법』에서 "궁지에 몰린 적을 압박하지 말라"는 것 또한 같은 의미이다. 대개 압박하지 않는다는 것은 적을 쫓지 않는 것은 아니다. 압박하지 않을 뿐이다.

제갈공명이 맹획을 7번 풀어주고 7번 잡았다는 '칠종칠금' 의 고사는 풀어주고서 다시 쫓아가 잡는 것을 수차례 반복하여 결국 더 이상 도망갈 수 없는 데까지 이르도록 한 것이다. 제갈공명이 7번 풀어준 목표는 영토를 확장시키려는데 있었다. 맹획의 마음을 사로잡아서 남쪽의 모든 소수민족들을 복종시켰으니 엄격히 말하면 병법의 범위를 넘어서는 것이다. 만약 전쟁의 각도에서 본다면 생포한 자를 다시 풀어주는 것은 있을 수 없는 일이다.

(按) 所謂『縱』者，非放之也，隨之，而稍鬆之耳。『窮寇勿迫』[2]，亦卽此意。蓋不迫者，非不隨也，不迫之而已。武侯之七縱七擒，卽縱而躡之，故展轉推進，至於不毛之地。武侯之七縱，其意在拓地，在借孟獲以服諸蠻，非兵法也。若指戰，則擒者不可復縱。

■ 『주역』의 내용 풀이

수유부광(需有孚光) : 『주역』의 5괘인 〈수괘(需卦)〉의 내용이다. 수괘는 위에 감(坎 : ☵)이 놓여있고 아래에 건(乾 : ☰)이 놓여 있는 모습이다. 감은 구름이고 건은 하늘을 뜻하니 하늘 위에 구름이 떠 있는 모습이다. 부(孚)란 미쁘다는 뜻이지만 여기에서는 기다린다는 의미이다. 광(光)이란 형통하다는 뜻이다. 구름이 하늘 위에 있으면 불안하지만 담담한 마음으로 믿음을 가지고 기다리다 보면 비를 내리게 되어 있다. 비가 내리면 만물은 형통하게 되는 것이다.

---

2 궁구물박(窮寇勿迫) : 『손자병법』 〈군쟁편〉에서 나온 내용이다. "유인하는 미끼를 탐식하지 말 것이며, 고향으로 귀환하는 군사를 막지마라. 포위된 군사는 필히 도망갈 길을 터주고, 궁지에 몰린 적을 압박하지 말라. 이것이 용병의 방법이다."라고 하였다.

■ 해설

공전계의 네 번째 계략은 욕금고종이다. 궁극적으로 상대를 이긴다는 것은 어떤 의미인가? 힘으로 상대를 제압하기는 쉽지만 상대의 마음을 얻기란 쉬운 일이 아니다. 진정 마음으로부터 승복을 받아내기 위해서는 힘을 통해서만 해결될 수 있는 것은 아니다. "잡고자 하면 먼저 풀어주어라"하는 욕금고종의 계략은 적의 마음을 얻는 지혜를 담고 있다.

「무엇을 접고 싶다면, 반드시 먼저 그것을 펴주어라. 무엇을 약하게 해주고 싶다면, 반드시 먼저 그것을 강하게 해주어라. 무엇을 폐지해 버리고 싶다면, 반드시 먼저 그것을 흥하게 해주어라. 무엇을 빼앗고 싶다면, 반드시 먼저 그것을 주어라. 이렇게 하는 것이 도(道)의 섭리이다.」

노자의 말이다. 상대를 약하게 하려면 먼저 강하게 해주고, 뺏고 싶으면 먼저 주라고 말하고 있다. 왜 그럴까? 노자는 그것이 도(道)의 섭리라고 말하고 있다. 강한 것은 약해지고 약한 것은 강해진다. 그러기 때문에 진정으로 강한 자는 도의 섭리를 따르는 자이다. 이미 약해지기 시작한 세력은 점점 약해지기 마련이다. 따라서 그것을 강하게 하도록 도와준다고 해도 결국 약해지는 것이다. 강하게 제압을 하면 오히려 상대는 나를 공격할 수 있다. 중요한 것은 약해지는 세력을 도움으로서 그들의 세력을 나의 세력으로 흡수할 수 있다. 결국 큰 것을 얻고자 하면 먼저 작은 것은 풀어주는 것이다.

자기보다 힘이 약한 적을 상대하여 공격할 때는 강하게 몰아붙이기보다는 적의 힘이 저절로 빠지기를 기다려 스스로 항복하도록 유도하는 것이 유리하다. 적은 이미 무너지는 형국이다. 시간이 흐르면 저절로 무너지는 적을 상대로 강하게 제압을 가한다면 분명 그들의 원망을 살 수 밖에 없다. 비록 제압이 되었더라도 마음으로 승복하지 않는다면 여전히 불씨를 안고 있는 상황이 되는 것이다. 그러기에 그들의 기력이 지치기를 기다리고, 그들의 세력을 분산시켜서 힘이 완전히 제거되었을 때 사로잡으면 원망이 없는 것이다.

이를 『주역』의 수괘(需卦)의 원리를 빌어 설명하고 있다. 수괘는 하늘 위에 구름이 떠있는 모습을 말한다. 하늘 위에 구름이 드리워져 있으면 기다리기만 하면 비가 내리기 마련이다. 믿고서 담담한 마음으로 기다리는 것이 중요하다. 불안해할 필요가 없는 것이다. 조급한 나머지 이미 무너져 가는 적을 상대로 강하게 공격을 한다면 그들은 맹렬히 저항을 하기 마련이고, 설사 적을 제압한다고 하더라도 아군의 손실은 물론 적으로부터 심한 저항에 부딪힐 수밖에 없다. 그러기에 쫓기는 하되 압박은 하지 말라는 것이다.

위에서 인용하고 있는 제갈공명과 맹획의 칠종칠금의 이야기는 욕종고금의 계략을 대표하는 예이다.

서기 225년 촉 건흥 3년에 남쪽의 만족(蠻族)의 왕이었던 맹획이 반란을 일으킨다. 이에 제갈공명은 50만의 군대를 소집하여 맹획의 반군을 평정하러 나선다. 제갈공명의 대군이 로수(瀘水 : 루수이)[3]에 이르러 먼저 도착한 마속(馬謖 : 마수)의 부대를 만난다. 공명은 마속으로부터 만족의 반란군을 토벌하는 방법을 듣는다.

「남쪽의 만족들은 자기들의 땅이 넓고 산세가 험하여 오래도록 복종하지 않을 것이다. 설사 그들을 격파할 수 있다 하더라도 내일 다시 반격을 할 것이다. 그러하니 그들의 마음을 승복시키는 계략을 사용해야 한다.」

공명은 이러한 마속의 제안을 전적으로 받아들인다. 공명은 첫 번째 싸움에서 패한 척 맹획의 부대를 산 속으로 유인하여 그들을 생포한다. 그리고 잡아온 포로에게 술과 음식을 먹여 모두 풀어준다. 그리고 맹획을 불러 "너는 마음으로 승복하는가?"를 물었다. 맹획은 "너희가 산속으로 나를 유인하여 잡아 놓고서 승복하라면 어찌 승복할 수 있겠는가? 만약 나를 풀어 주어서 군대를 정비하여 다시 싸워 나를 잡는 다면 그 때는 승복하겠다." 그러나 맹획은 다시 공명에게 잡히고, 다시 승복하지 않아서 공명은 또 풀어준다. 그러기를 일곱 차례나 반복하였다.

드디어 맹획은 눈물을 흘리며 공명에게 승복을 한다. "공명은 나를 일곱 번을 잡고서 일곱 번을 풀어주었다. 그런 공명에게 감사하지 않는다면 어찌 부끄럽지 않겠는가!" 제갈공명은 칠종칠금의 계략을 통하여 맹획의 마음을 얻음으로서 결국 남쪽지역의 소수민족 모두를 차지할 수 있었다.

---

3 로수(瀘水) : 사천성(四川省 : 쓰촨성)의 상류로 운남성(雲南省 : 윈난성)과의 경계지역.

동종 업종의 경쟁에서 패한 기업은 강한 기업에 흡수될 수밖에 없다. 강한 기업이 이미 흡수될 수밖에 없는 상황에 처한 상대기업을 너무 심하게 압박하는 것은 좋지 않다. 그럴 때는 욕종고금의 계략을 이용하여 상대의 기업을 도와주는 편이 나을 수 있다. 기다리고 참다보면 결국 스스로 합병을 요구해 오기 때문이다. 그 때 인수를 하는 것이 손실을 줄이고 기업의 이미지도 살릴 수 있기 때문이다.

욕종고금의 계략은 세력이 미약한 적을 공격하는 특수한 계략이다. 상대의 마음을 돌려 완전히 승복시킬 수 있다는 자신감과 만반의 준비를 하고 있어야 사용할 수 있는 계략이다. 만약 상대의 또 다른 공격에 대비할 수 있는 능력이 없이 무조건 욕종고금의 계략을 사용한다면 오히려 상대의 반격에 당할 수도 있다. 적의 움직임을 항상 주시하여야 하는 것이다. 달아나는 적을 맞이하여 압박은 하지 말고 항상 쫓아가는 것을 늦추어서는 안 되는 것이다. 담담한 마음을 가지고 기다리라는 것은 방심하라는 뜻이 아니다. 오히려 만반의 준비를 하고 있기 때문에 적을 너그럽게 대할 수 있는 것이다. 부드러운 것이 강한 것이고 진정 강한 자이기 때문에 부드러울 수 있는 것이다.

제 17계

작은 미끼를 던져 큰 것을 얻어라

포전인옥(抛磚引玉)

벽돌을 던져서 구슬을 얻는다

■ 〈포전인옥〉의 유래

포전인옥에 관한 유래는 한두 가지가 아니다. 여기에 두 가지의 고사를 소개하고자 한다.

당나라 때 시인 상건(常建 : 창지엔)과 조하(趙嘏 : 짜오지아)에 얽힌 일화이다.

상건은 평소 당대의 이름난 시인 조가의 시를 좋아하였다. 그러나 그의 문하에 들어갈 수가 없었다. 그러다가 조하가 오나라를 유람할 때 영암사(靈岩寺)에 머문다는 사실을 알게 되었다. 상건은 조하보다 먼저 영암사에 가서 암벽에 두 구절의 시구를 적어 놓았다. 조하가 영암사에 도착하여 보니 미완의 시가 적혀 있어서 거기에 두 구절의 시구를 덧붙여서 시를 완성시켰다. 속성한 두 구절은 원래의 두 구절보다 훨씬 나았는데, 당시 사람들은 상건의 이런 작법을 "벽돌을 던져주고 옥을 바꾸어 오는 것"이라고 하였다.

그런데 이는 역사적인 사실로 보기 힘이 든다. 상건은 당 현종 15년인 서기 727년에 진사를 한 사람이다. 조하는 당 무종 2년인 서기 842년에 진사를 한 사람이다. 무려 두 사람 사이에는 115년의 차이가 난다.

다음으로 송나라의 고승 도원(道原 : 따오위엔)이 지은 『경덕전등록』 중의 조주종심(趙州從諗)선사와 관련된 일화이다. 조주스님은 무려 120세를 살았던 유명한 선승(禪僧)이다. 조주스님에 관한 글 중에 두 차례에 걸쳐 포전인옥의 구절이 나온다.

어느 날 밤 제자들과 선(禪)에 대하여 문답하는 참문(參問)시간이 되었다. 조주선사는 제자들에게 화두(話頭)를 주고서는 "너희 들 중 누가 이 도리를 깨달은 자가 있으면 앞으로 나와 말해보아라!"라고 하였다. 그 때 한 젊은 수도승이 대담하게 앞으로 나와서 조주화상을 향하여 절을 하였다. 이에 종심선사가 그것을 보고는 천천히 말했다. "방금 내가 벽돌을 던져주고 구슬로 바꾸려고 한 것이다. 그런데 흙덩이로 만든 벽돌을 하나 되돌려 받았구나."

■ 본문 및 주해

【본문】 지극히 유사한 것으로 적을 미혹시키는 것이다. 『주역』〈몽괘(蒙卦)〉에서 "몽매한 것을 친다."는 의미가 그것이다.

(原文) 類以誘之[1], 擊蒙也。

【주해】 적을 유혹하는 방법은 매우 많다. 최고로 오묘한 방법은 유사한 것이지만 진짜가 아닌 것을 보이고 다음에는 같은 종류의 것을 보임으로서 그들의 의심을 견고하게 하는 것이다. 정기와 징과 북으로 적을 유혹하는 것이 유사한 것의 일종이다. 연로하고 신체가 허약한 군사를 내보내거나 양식으로 풀을 먹게 보이게 하여 적을 유혹하는 것은 곧 같은 종류의 일종이다.

1 유이유지(類以誘之) : 유란 유사한 것, 같은 종류의 것을 말한다. 즉 유사한 미끼를 던져서 상대를 유혹하는 것이다.

(按) 誘敵之法甚多，最妙之法，不在疑似之間，而在類同，以固其惑。以旌金鼓[2] 誘敵者，疑似也 :以老弱糧草誘敵者，則類同也。

■ 『주역』의 내용 풀이

격몽야(擊蒙也) : 격이란 '타격한다' 는 뜻이며, 몽이란 '몽매함' 을 말한다. 『주역』 제 4괘인 〈몽괘(蒙卦)〉의 상구(上九)의 효사이다. 상구의 의미는 상이란 제일 위의 효사를 말하며 9란 양효임을 말한 것이다. "이롭지 않은 점은 원수가 될 수 있고, 이로운 것은 원수를 다스리는 것이다."라고 해석하고 있다. 격몽이란 몽매한 자를 가르치는 방식이다. 강하게 쳐서 가르치기 때문에 교육을 받는 자가 반항을 할 수 있어서 원수로 변하게 되니 이롭지 못한 점이다. 그러나 스스로 몽매함을 터득하고 깨닫게 되면 이로움이 되는 것이다.

■ 해설

'벽돌을 던져서 구슬을 얻는다.' 는 포전인옥의 계략은 적에게 작은 미끼를 던져주고 큰 이득을 도모하는 것을 말한다. 구슬은 계략의 목

---

2 정금고(旌金鼓) : 정이란 고대 깃발의 일종이다. 장대에 소의 꼬리를 매달아 다섯 가지 색의 털로 되어 있었다. 금이란 징을 말한다. 고란 북을 말한다.

표로 크게 승리하는 것을 말한다. 벽돌은 작은 이익으로 유인하는 미끼라 할 수 있다. 이는 공전계의 다섯 번째 계략이다.

포전인옥의 유래를 밝히고 있는 위의 두 예화는 이 계략의 특징이 잘 드러난다.

첫 번째 상건과 조하의 이야기는 상건의 계략이 성공한 예이다. 조하의 문하에 들어 조하의 시를 배울 수 없는 상건의 입장에서 시를 좋아하는 조하의 시심(詩心)을 동하게 한 계략이 성공한 것이다. 미완성의 시를 조하가 머물려는 절 입구의 암벽에 적어 놓자 드디어 조하가 나머지의 시 구절을 넣어 멋진 시를 탄생시킨 것이다. 상건이 건저 멋진 시구절을 적어 놓자 이를 보고 조하가 이 계략에 넘어가 나머지 시 구절로 멋진 시를 만들어 내었으니 이것은 구슬을 얻는 행위이다.

두 번째의 조주종심선사의 예화는 포전인옥의 계략이 실패한 예이다. 조주선사는 "도는 뜰 앞의 잣나무니라"라는 화두와 더불어 "차나 마시고 가게"라는 화두를 제시한 대표적인 선사(禪師)이다. 선(禪)이란 불립문자로 세계이다. 즉 언어를 통하여 성립되는 세계가 아니다. 깨달음의 전수는 스승과 제자 간의 마음과 마음을 통하여 전해지는 것이다. 선사들이 제자를 가르치는 방법은 '화두(話頭)'를 던지는 것이다. 논리를 초월하고 이성적인 사유작용이 끊어진 세계를 제자에게 말로서 설명하는 것은 불가능하다. 그래서 말이 되지 않는 이야기를 꺼내 갑자기 제자들에게 던져주는 것이다. 화두란 수단이다. 즉 벽돌을 던져주는 것이다. 깨달음의 세계에 들어오게 하는 미끼를 던져주고서 그 속에서 구슬을 얻으려고 한다. 구슬이란 깨달음의 세계를 말한다. 젊은 수도승은 앞으로 나와 말을 하지 않지 않고서 절을 하는 행위를 스승에게 보였지만, 그것도 진정한 깨달음이 아니라 굽기 전의 흙벽돌이라고 말하고 있는 것이다. 젊은 수도승은 화두를 아직 깨닫지 못함을 조주선사가 지적하고 있는 것이다. 이처럼 선사들이 제시하는 화두(話頭) 공부 방법도 벽돌을 던져주고 구슬을 얻는 일종의 포전인옥의 계략을 사용하는 것이다.

포전인옥의 계략은 미끼를 이용하여 적을 유인하여 섬멸하는 방법이다. 그런데 그 미끼가 적이 생각하고 좋아하는 것으로서 유인하는 방법이 바로 포전인옥이다. 상대를 속이고 있지만 상대 또한 자신을 똑같은 방법으로 속이고 있다고 믿게 만드는 것이니 교묘한 계략이라 할 수 있다.

만약 A, B의 두 강대국에 끼인 소국이 있다고 하자. 두 강대국이 연합하여 소국을 공격하려 한다면 어떻게 대응해야 할까? 이럴 때는 그 중에 약한 A나라를 찾아가 자기의 나라의 이권을 넘겨주겠다고 하는 것이다. 다른 B의 나라에 넘겨주느니 차라리 너의 나라에 넘겨주겠다고 하여 제의하는 것이다. 그렇게 되면 A나라는 굳이 B나라와 연합하여 A를 공격할 필요가 없게 되는 것이다. 자신이 얻을 이익을 쉽게 얻을 수 있고, 더군다나 B국과 나누지 않아도 되기 때문에 그 제안을 받아들이기가 쉬운 것이다. 그렇게 하면 배신을 당한 B국의 입장에서는 A국과 원수가 될 수밖에 없는 것이다. 결국 A국과 B국이 서로 다투게 되어 A국의 힘이 약화될 수밖에 없는 것이다. 그리고 나서 A국에게 나라의 이권을 넘기지 않고 A국을 상대하여 싸우는 것이다. 결국 A국은 두 나라의 공격을 받게 되어 무너지게 되는 결과를 맞게 되는 것이다.

구한말 대한제국이 일본과 중국을 끌어들여 포전인옥의 계략을 사용하였지만, 결국 자신의 힘이 약하여 성공하지 못하였다. 따라서 계략이 성공하기 위해서는 자신의 객관적인 힘과 계략의 추이를 주도할 수 있는 최소한의 힘이 전제되어 있어야 한다. 비록 계략이 성공하였다 하더라도 상대보다 힘이 약하게 되면 오히려 더 큰 화를 자초할 수 있다는 교훈을 주는 것이다. 나만이 계략을 사용하는 것이 아니라 상대도 항상 계략을 사용하기 때문이다.

제 18계

적의 수뇌부를 파괴하라

금적금왕(擒賊擒王)

적을 잡을 때는 우두머리부터 잡는다

■ 〈금적금왕〉의 유래

금적금왕의 유래는 당나라의 시성(詩聖)으로 불리는 두보(杜甫 : 두푸)의 『출새곡(出塞曲)』 중 〈전출새(前出塞)〉란 5언 고시이다.

만궁당만강(挽弓當挽强)
용전당용장(用箭當用長)
사인선사마(射人先射馬)
금적선금왕(擒賊先擒王)
살인역유한(殺人亦有限)
입국자유강(立國自有疆)
구능제침릉(苟能制侵陵)
기재다살상(豈在多殺傷)

활을 당기려면 응당 세게 당기고
화살을 쏘려면 응당 멀리 쏘아라.
사람을 쏘기 전에 먼저 말을 쏘고
도둑을 잡을 때는 먼저 그 두목을 잡아라.
사람을 죽이는 데는 한계가 있고
여러 나라에는 저마다 영토가 있다.
진실로 적의 침범을 통제할 수 있다면
어찌 거기에 많은 살상이 있겠는가?

이 두보의 시는 당나라 때 한 장수를 풍자한 내용이다. 당나라 현종 시기 토번 지역에서 반란이 일어나 여러 차례 당나라를 침입하자 3만 3천의 군대와 절도사를 파견하여 토번을 정벌하러 나섰다. 이 때 반란군을 토벌하러 갔던 당나라 절도사가 싸우고 돌아와서 토번군의 죽은 장수의 수가 1만을 헤아린다고 자신의 전공을 자랑하였다. 이에 두보는 적장을 잡지 못하여 다시 토번군의 침입이 있을 것으로 판단하고, 절도사를 풍자하여 위의 시를 지은 것이다. '금적금왕'이란 마땅히 토번의 우두머리를 잡아서 다시 침범하지 못하도록 조처해야 했음을 지적한 말이다.

■ 본문 및 주해

【본문】 적의 주력을 궤멸시키고, 그 우두머리를 사로잡아 적의 전체를 와해시킨다. 『주역』의 〈곤괘(坤卦)〉에서 "용(龍)이 들에 나와 싸우니 어쩔 도리가 없게 된다."는 의미이다.

(原文) 摧其堅, 奪其魁[1], 以解其體[2]。龍戰於野, 其道窮也。

【주해】 적을 공격하여 승리하게 되면 전리품 등의 이익을 급하게 취하지 마라. 적은 것을 취하다가 큰 것을 잃을 수 있다. 병사들이 이렇게 작은 이익을 탐하면 장차 군기가 어지러워져 자기의 장수를 해치게까지 되니 이렇게 되면 전공이 없게 되는 것이다. 완전히 승리하고도 적의 주력을 궤멸시키지 못하고 왕을 사로잡지 못한다면 호랑이를 풀어주어 산으로 돌려보내는 꼴이 된다. 왕을 사로잡는 방법은 선발부대의 깃발을 따라가서는 안 된다. 마땅히 그 진영의 머리의 움직임

1 탈기괴(奪其魁) : 탈은 강탈하다, 붙잡다의 의미이다. 괴란 제일 큰 것으로 우두머리를 뜻한다 즉 적의 우두머리를 붙잡는 것을 말한다.

2 해기체(解其體) : 해는 와해시킨다는 뜻이다. 체란 전체를 의미한다. 즉 전체를 와해시킨다는 뜻이다.

을 관찰해야 한다.

옛날 장순(張巡 : 장순)[3]은 윤자기(尹子奇 : 인즈지)[4]와의 전투에서 직접 적군의 병영으로 뛰어 들어가 윤자기의 휘하에 이르렀다. 적의 병영이 혼란한 가운데 적의 장수 오십여 명을 베고 병졸 오천여 명을 죽였다. 장순은 적장인 윤자기를 쏘고자 하였으나 그를 찾을 수가 없었다. 그래서 부하들에게 시켜 볏짚으로 화살을 만들어 쏘게 하였다. 화살을 맞은 병사들이 장순의 부대가 화살이 떨어진 줄 알고 기뻐하며 윤자기에게 달려가서 그 사실을 알렸다. 이에 윤자기가 있는 곳을 알게 된 장순은 남제운(南霽雲 : 난지윈)[5]으로 하여금 화살을 쏘게 하였다. 결국 윤자기의 좌측 눈을 적중시켜서 거의 생포할 뻔하였다. 결국 윤자기는 군사들과 함께 도망가기에 바빴다.

(按) 攻勝則利不勝取。取小遺大；卒之利，將之累，帥之害，功之擕也。 全勝而不摧堅擒王，是縱虎歸山也。擒王之法，不可圖辯旌旗，而當察其陣中之首動。昔張巡與尹子奇戰，直衝賊營，至子奇麾下[6]。營中大亂，斬敵將五十餘人，殺士卒五千餘

---

3 장순(張巡 : 장순 : 709~757) : 당나라 남양(南陽 : 지금의 하남 남양 지역) 사람으로 원래 진원(眞源)의 현령이었다. 안록산의 난 때 옹구성을 지키며 지략으로 영호조가 이끌던 안록산의 부대를 격퇴시켰다.

4 윤자기(尹子奇 : 인즈지) : 안록산 휘하의 부장.

5 남제운(南霽雲 : 난지윈) : 당나라 천보 말년에 안록산의 난에 저항하였던 명장이다.

6 휘하(麾下) : 고대 군대에서 지휘관이 사용하던 깃발. 휘하는 주력부대의 깃발 아래를 뜻한다. 일상적으로 누구의 휘하에 부하가 얼마 있다는 말로 사용된다.

人。巡欲射子奇而不識，剡稿爲矢。中者喜，謂巡矢盡，走白子奇。乃得其狀，使霽雲射之。中其左目，機獲之。子奇乃收軍退還。

■ 『주역』의 내용 풀이

용전어야(龍戰於野) 기도궁야(其道窮也) : 『주역』제 2괘인〈곤괘(坤卦)〉 상육(上六)의 효사이다. 곤괘는 위에도 곤(坤 : ☷)이고 아래에도 곤(坤 : ☷)의 모습을 하고 있다. 위와 아래가 모두 땅으로 덮여 있는 순음의 괘이다. 상육의 효는 이 괘의 마지막 효이다. 즉 음이 발전하여서 지극한 형국이다. “용(龍)도 물을 떠나게 되면 어쩔 도리가 없게 된다.”는 상육의 효사에 나오는 용은 본래 건괘의 순양의 상징이다. 즉 왕을 상징한다. 그런데 왜 음이 지극한 곳에 순양의 상징인 용이 나오는 것일까? 그것은 바로 음이 지극하면 양과 충돌하기 때문이다. 그러나 용이 물을 떠나 들에 나가서 싸우게 되면 반드시 불리하게 되어 있다. 이는 음의 기운이 왕성하여 이후 반드시 쇠퇴하게 되고 양의 기운이 더욱 성장하기 때문이다.

■ 해설

공전계의 마지막 계략은 금적금왕이다. 이 계략에 대하여 “적의 주력을 궤멸시키고, 그 우두머리를 사로잡아 적의 전체를 와해시킨다." 고 말하고 있다. 적의 주력군과 수뇌부를 무너뜨리면 궁극적인 승리를 이루는 것이다. 이는 군사 전략의 기본에 속하는 내용이다. 승리한다는 것은 결국 적장을 잡아 굴복시키는 것이며, 적의 수뇌부를 파괴하여 없애는 것이다.

이는 공전계의 대미를 장식하는 계략이자, 전체적으로 보면 양(陽)에 해당하는 승전계 · 적전계 · 공전계의 결론에 해당한다고 볼 수 있다. 승전계의 시작이 만천과해로부터 시작되고 있는 것은 계략의 본질적인 속성이 적을 속이는 데에 있음을 천명한 것이고, 공전계의 끝이 금적금왕이 되는 것은 적의 우두머리를 잡아 적을 완전히 굴복시키는 것이 전쟁의 목표임을 밝히고 있는 것이다.

마치 우리가 장기를 둘 때 상대의 왕을 먹어야 게임이 종결되는 이치와 같다. 왕을 먹지 못하면 아무리 많은 상대의 장기 알을 차지했더라도 승리할 수 없고 게임은 종결되지 않는다. 장기의 목표는 상대의 왕을 먹는 것이다. 곧바로 왕을 먹을 수만 있으면 상대의 다른 장기 알을 공격할 필요도 없다. 그러나 왕을 지키는 방비가 튼튼하기 때문에 다른 싸움을 하는 것이다. 설사 상대와 싸움을 하더라도 항상 어떻게 하면 상대의 왕을 먹을 수 있는가 하고 고민하는 것이 장기의 게임이다. 전시에도 마찬가지이다. 상대의 왕이 어디에 있으며, 그것을 어떻게 잡을 수 있는가 하는 생각을 놓지 말아야 한다.

현대 '이라크 전' 에서 미국이 이라크의 수뇌부로 지목한 것은 사담 후세인과 오사마 빈 라덴이었다. 미국이 택한 전술은 금적금왕이라 할 수 있다. 사담 후세인과 오사마 빈 라덴을 잡는 다는 전술로 전쟁에 임한 것이다. 결국 미국과 연합국의 막대한 군사력을 동원하여 후세인을 생포하고 이라크의 정권을 교체하기에 이르렀다. 이처럼 힘이 강한 자는 적의 수뇌부를 공격하여 전체를 파괴할 수 있는 금적금왕의 계략을 구사할 수 있는 것이다.

〈곤괘(坤卦)〉에서 "용(龍)이 들에 나와 싸우니 어쩔 도리가 없게 된다."는 의미는 물을 떠난 용이니 이는 힘이 없는 것이다. 곤괘는 음의 상징이다. 여기에서 용은 잡힌 적의 왕이라 할 수 있다. 아무리 용이 강하다 해도 물을 떠나 발이 묶여 있으니 힘을 쓸 수가 없게 된다. 적의 왕이 잡히면 적의 수하들을 굴복하게 되고 전쟁은 종결되기 마련이다.

위에 인용된 장순과 윤자기의 싸움에서 장순은 적장인 윤자기를 잡으려는 분명한 목표가 있었다. 만약 많은 적군을 사살하고도 적장을 잡지 못한다면 이는 다잡은 호랑이를 풀어주어 산으로 돌려보내는 꼴이 되어 위험이 항상 도사리고 있는 것이다. 어쩌면 또 다른 싸움을 대비해야 하는 결과가 된다. 적의 기습에 패색이 짙은 윤자기도 장순의 의도를 알고 재빠르게 몸을 숨긴 것이다. 금적금왕의 구체적인 계략은 바로 숨어서 보이지 않는 적장의 모습을 드러내게 하는데 있다. 장순은 짚으로 된 화살을 만들어 적을 쏨으로써 자기의 군인들의 화살이 떨어진 것으로 위장한 것이다. 적장인 윤자기가 숨어 있는 위치를 알아내기 위한 장순의 계략이다. 미국이 숨어 있는 후세인의 모습을 드러내기 위해 사용한 구체적인 계략 또한 금적금왕의 계략이라 할 수 있다.

일반적인 전술에 있어서 공격하는 방법은 오직 한 군데에다 전력을 집중하는 것이다. 그 지향점은 적의 요점이나 약점이라야 한다. 요점이란 그곳을 뺏으면 적에게 치명적인 타격을 줄 수 있는 곳이며, 약점이란 공격하기 쉬운 곳을 말한다. 앞서 설명한 많은 계략이 적의 약점을 공격하는 방법이라면 금적금왕은 적의 요점을 공격하는 계략을 말하는 것이다.

욕금고종의 계략과 이 금적금왕의 계략은 서로 모순적으로 보인다. 제갈공명이 맹획을 7번씩이나 풀어주었던 것은 조조와 대치하고 있는 입장에서 남쪽의 만족의 지지를 얻어야 했기 때문에 마음에서 우러나오는 진정한 승복이 필요로 했던 것이다. 그러한 상황 속에서 욕금고종의 계략이 주효했다. 그러나 금적금왕의 유래가 되고 있는 두보의 〈전출새(前出塞)〉의 시에서는 토번의 적장을 잡지 못하고 싸움을 마무리한 토벌대장을 비판하고 있다. 불씨를 남기는 상황 속에서는 금적금왕의 계략이 필요한 것이다. 서로 모순적이지만 어느 계략을 사용할 것인지는 상황에 따라 잘 판단해야 한다. 때로는 두 가지를 상호 보완적으로 사용할 수도 있을 것이다.

국가와 국가 간에 혹은 기업과 기업 간의 전쟁에 있어서 항상 싸움의 주체는 상대의 수뇌부이다. 수뇌부는 조직과 단체를 움직이는 개인이나 그룹이다. '누가 혹은 어떠한 집단이 그 조직과 단체를 움직이고 있는가?' 하는 것을 염두에 두어야 한다. 만약 보이지 않는다면 일단 그 수뇌부의 실체를 드러내는 것이 중요하다. 전투의 핵심은 그 수뇌부를 파과하거나 그 세력을 빼내 나의 힘으로 사용하는 것이다.

금적금왕의 계략은 현대 기업에서 많이 사용된다. 곧 상대 기업의 핵심 인물을 빼돌리는 것이다. “헤드 헌터” 즉 머리를 사냥하는 것이다. 기업을 실재로 움직이는 것은 몇몇 인물이다. 그러한 사람을 빼오면 거대한 기업도 힘을 쓰지 못하게 되는 것이다. 결국 핵심적인 인물이 조직을 움직이는 것이다.

금적금왕의 계략은 전투와 경쟁과 경기에 있어서 상대를 이기고 싸움을 종결시키기 위해서는 그 머리를 공격하여 섬멸시켜야 함을 말하는 것이다. 뱀을 잡을 때도 머리를 잡으면 위험하지 않은 것처럼 목표를 분명히 해야 함을 말하고 있다.

혼전계

적이 혼란한 틈을 이용해 승기를 잡는 전략

제 19계. 부저추신 강한 적의 힘을 빼라

제 20계. 혼수모어 적을 혼란에 빠뜨려라

제 21계. 금선탈각 원형은 유지하고 몸만 빠져 나가라

제 22계. 관문착적 골치 아픈 적은 완전히 섬멸하라

제 23계. 원교근공 가까이 있는 적부터 공격하라

제 24계. 가도벌괵 빌미를 잡아 세력을 확장시켜라

제 19계

강한 적의 힘을 빼라

부저추신(釜底抽薪)

가마솥 밑에서 장작을 빼내다

■ 〈부저추신〉의 유래

부저추신의 유래는 『위료자』 〈전위편(戰威篇)〉의 "사병이 사기가 충분할 때에는 곧 적진에 나가서 싸우지만, 사기가 떨어지면 곧 도망간다."라는 내용에서 볼 수 있다.

또한 『회남자(淮南子)』 〈본경훈(本經訓)〉에 "끓는 물은 찬 물로 식히는 것 보다 가마솥 밑의 장작을 빼는 것이 낫다."라는 말이 나온다. 또 동한(東漢) 동탁(董卓 : 동주어)[1]의 『상하진서(上何進書)』에 "신은 펄펄 끓는 물은 장작을 빼는 것이 최고하고 들었습니다."라는 구절이 나온다. 그리고 북제(北齊)의 역사학자였던 위수(魏收 : 웨이수어)[2]의 『위후경반이량조문(爲侯景叛移梁朝文)』중에 "장작을 빼서 끓는 물을 식히고 풀을 벨 때는 뿌리를 제거해야 한다."라는 구절이 나온다.

이러한 말들이 민간에 널리 사용되다가 명나라 이후에는 간략히 '부저추신' 이란 말로 일반화되었다.

■ 본문 및 주해

【본문】 힘으로 대적할 수 없으면 그 세력을 약화시켜라. 이는 아래에

1 동탁(董卓 ?~192) : 중국 후한(後漢) 말기의 무장(武將)으로 자는 중영(仲穎)이며, 감숙성(甘肅省 임조(臨洮 : 린타오) 출생이다. 처음에는 강족(羌族)의 추장을 회유하여 세력을 길렀다. 189년 외척 하진(何進)이 환관을 토멸하고자 할 때 이에 호응하여 군사를 거느리고 낙양(洛陽 : 뤄양)으로 향하였으나 하진은 도리어 환관에게 죽고, 환관들은 원소(袁紹)의 군대에 몰살되었다.
그러나 동탁은 그대로 낙양에 입성하여 헌제(獻帝)를 옹립하고 정권을 잡았다. 이에 대해 원소를 맹주로 하는 동탁 토벌군이 조직되자, 190년 낙양성을 소각하고 장안(長安)으로 천도하였다. 천도 후에도 횡포가 심하였고, 그 때문에 사도(司徒) 왕윤(王允)의 모략에 걸려 부장 여포(呂布)에게 살해되었다.

2 위수(魏收) : 중국 북제(北齊) 때의 역사학자로 황명에 의하여 『위서(魏書)』를 편찬하였다.

태괘(兌卦 : ☱)가 있고 위에 건괘(乾卦 : ☰)가 놓여 있는 『주역』의 티괘(履卦)의 상에 비유할 수 있다.

(原文) 不敵其力，而消其勢，兌下乾上之象。

【주해】 물이 끓게 되면 놀라운 힘이 생기는데 그것은 불의 힘 때문이다. 맹렬히 타올라 뜨거운 기운이 되니 양 가운데의 양이 되는 것이다. 어떤 힘으로도 당해낼 수 없다. 장작이란 불의 넋으로 곧 힘의 세력이 된다. 그러나 장작은 본래 온화하고 유약한 물건이니 양 가운데 음이라 할 수 있으며, 가까이 가도 해롭지 않다. 그러므로 힘으로는 불가능한 것도 장작을 빼내어 그 세력을 점차 줄일 수는 있다.

『위료자』[3]에서 말하기를 "사병이 사기가 충분할 때에는 곧 적진에 나가서 싸우지만, 사기가 떨어지면 곧 도망간다."고 하였다. 적의 사기를 꺾는 방법은 상대방의 마음을 공격하는 것이다.

옛날에 동한 초에 오한(吳漢 : 우한)[4]이 대사마로 있었을 때에, 한밤중에 적들이 진지를 습격해 왔다. 그 때 온 부대가 당황하여 우왕좌왕하는데, 오직 오한만은 태연히 누운 채 꼼짝도 하지 않았다. 군인들은 오한이 동요하지 않음을 보고서 곧 안정을 되찾았다. 이에 오한이 정예부대를 뽑아 밤중에 적을 습격하여 크게 격파하였다. 이것이 직접 적과 부닥치지 않고 계략으로 적의 기세를 꺾는 방법이다.

3 위료자(尉繚子) : 고대 10대 병서의 하나로 꼽히는 책이다. 『한서예문지』에는 『위료』 31편이 있었다고 기록되어 있다. 지금 남아있는 것은 5권 24편이다. 여기의 인용문은 그 중에서 〈전위(戰威)〉편이다.

4 오한(吳漢, ?~44) : 동한의 완현(宛縣) 사람이다. 자는 자안(子顔 : 즈옌) 이다. 처음에는 말을 파는 것이 직업이었으나, 류슈(柳秀 : 리우시우)에게 귀속하여 장군이 되었다. 어양(漁陽) 등지에서 기병을 징발하여 류수를 도와 왕랑(王朗 : 왕랑) 등의 지방 세력을 멸하고 아울러 동마(銅馬 : 통마) 등의 농민군을 진압하였다. 뒤에 대사마의 벼슬에 올랐다.

북송 때 설장유(薛長儒 : 쉬에장루)[5]가 한주(漢州)의 통판(通判)[6]이 되었다. 병영을 지키는 군졸들이 불을 놓고 병영에 들어와서 지주(知州)[7]와 병마감독[8]을 죽이고자 하였다. 병사들이 와서 소리를 지르자 지주와 감독 모두 감히 밖으로 나가지를 못했다. 이 때 장유가 단신으로 군영 밖으로 나와서, 병사들을 크게 꾸짖었다. "너희들이 모두 부모와 처자가 있거늘 어찌 이와 같은 짓을 하느냐? 그러한즉 모의에 참여한 자는 나와서 모두 한쪽으로 줄을 서라." 이에 감히 움직이는 자가 없었다. 오직 처음부터 모의를 계획했던 여덟 명만이 갑자기 문밖으로 달아났다. 주모한 자들이 여러 마을로 흩어져 도망갔으나 수소문을 하여 모두 잡아들였다. 만약 이 때에 장유가 나서지 않았더라면 한 성이 도탄에 빠지게 되었을 것이다. 이는 곧 그들의 마음을 공격하여 사기를 빼앗은 예이다. 어떤 사람은 이렇게 말한다. "적대하는 두 세력이 대치하고 있을 때 갑자기 강하게 적의 허점을 공격하여 그것을 파괴하게 되면 장차 승리하게 되는 것이다."

(按) 水沸者，力也，火之力也。陽中之陽也，銳不可當：薪者，火之魄[9]也，卽力之勢也，陽中之陰也，近而無害。故力不可當而勢猶可消。尉繚

---

5 설장유(薛長儒, 1000~1061) : 송나라 때 강주(絳州 : 지금의 산서 신강) 사람이다. 자는 원경(元卿)이며, 주의 통판과 지주를 역임했다.

6 통판(通判) : 송나라 초기의 벼슬 이름으로 각 주마다 부설로 통판을 두었다. 그 지위는 부장관으로 다만 그 주에 딸린 공사와 관리를 감독하는 실권을 주었다. 감주(監州)라고도 불렀다.

7 지주 : 송나라 때 한 주의 사무를 총괄하는 문관의 벼슬 이름.

8 병마감독 : 송나라 대 한 주의 군사들의 무관의 벼슬 이름.

9 백(魄) : 사람이 죽으면 정신은 혼(魂)과 백(魄)으로 나뉜다고 설명한다. 혼은 몸에서 떨어져 나가고 백은 몸에 남아있는 것을 말한다.

子曰；『氣實則鬪，氣奪則走。』而奪氣之法，則在攻心。昔吳漢爲大司馬，嘗有寇，夜攻漢營。軍中驚擾，漢堅臥不動。軍中聞漢不動，有頃乃定。乃選精兵夜擊，大破之。此卽不直當其力而撲消其勢力。宋薛長儒爲漢州通判。戍卒開營門，放火殺入，謀殺知州，兵馬監押。有來告者，知州，監押皆不敢出。長儒挺身出營，諭之曰：『汝輩皆有父母妻子。何故作此？然不與謀者，各在一邊。』於是不敢動。惟本謀者八人突門而出，散於諸村野，尋捕獲。時謂非長儒，則一城塗炭矣。此卽攻心奪氣之用也。或曰；敵與敵對，搗强敵之虛，以敗其將成之攻也。

■ 『주역』의 내용 풀이

태하건상지상(兌下乾上之象) : 아래에 태괘(兌卦 : ☱) 아래에 있고 위에 건괘(乾卦 : ☰)가 놓여 있는 『주역』제 10괘인 리괘(履卦)를 말한다. 태괘는 연못을 뜻하고 건괘는 하늘을 뜻하니 연못 위에 하늘이 있는 형상이다. 태의 연못은 음의 유순한 모습이다. 건의 하늘은 양의 강한 모습이다. 이 괘의 뜻은 음이 점차 성장하여 결국 양을 이기게 됨을 뜻한다. 그래서 괘사에서는 "리괘는 호랑이 꼬리를 밟고 있어서 사람을 물지 못한다. 형통하다."고 밝히고 있다. 履란 신발로 밟고 있는 것이다. 신발이란 발에 의지하여 앞으로 나아가는 것이다. 옛날에 신발은 배의 형상을 본떠서 만들었다고 한다. 뱃길을 이용해서 항해하던 시대에는 배야 말로 앞으로 나아가는 도구이다. 배의 형상을 본떠서 앞으로 나아감을 나타낸 것이다. 호랑이는 강한 양을 상징한다. 그런데 신발로 호랑이 꼬리를 밟고 있으면 호랑이는 사람을 물지 못하니 점차 형통하게 되는 것이다. 즉 호랑이의 꼬리를 밟는 것같이 적의 주된 힘을 빼게 되면 결국 승리하게 된다는 것을 말한다.

■ 해설

혼전계의 첫 번째 계략이 부저추신이다. 이는 "가마솥 밑에서 장작을 빼내라!"라는 뜻이다. 가마솥의 물이 펄펄 끓고 있을 때 그 끓는 물을 식히는 가장 좋은 방법은 솥 밑의 장작을 빼는 것이다. 솥뚜껑을 열고 찬물을 부으면 자칫 손을 데일 수도 있고 또 다시 끓어오르는 물을 잠재울 수 없다. 부뚜막에서 불을 때본 경험이 있는 사람이라면 그 원리를 다 알고 있다.

「힘으로 대적할 수 없으면 그 세력을 약화시켜라. 이는 아래에 태괘(兌卦 : ☱)가 있고 위에 건괘(乾卦 : ☰)가 놓여 있는 『주역』의 리괘(履卦)의 상에 비유할 수 있다.」

'상대가 가마솥의 펄펄 끓는 물과 같이 강한 세력을 가지고 있을 때, 어떠한 계략으로 대처해야 하는가?' 하는 질문을 던지고 있다. 강한 세력은 힘으로 맞붙어 이길 수 없다. 그러기 때문에 일단 그 세력을 약화시키는 방법을 찾는 것이 해답이다. 리괘는 앞에서 설명한 바와 같이 음이 양을 이기는 괘이다. 신발로 용의 꼬리를 밟아서 용이 힘을 쓰지 못하게 하고 그러한 상황에서 점차 시간이 지나면 승리하게 된다는 원리이다. 강한 적군의 힘은 크게 심리적인 사기와 객관적인 전력으로 나눌 수 있다. 그 두 가지 방향 중 허점이 보이는 부분을 공격하여 힘을 빼내야 한다. 시간을 두고 지속적으로 힘을 빼게 되던 어느 순간 아군보다 힘이 약해지게 된다.

혼전계의 시작은 '부저추신'의 계략으로 시작된다. 만약 『삼십육계』의 책을 상권과 하권으로 나눈다면 '제 1계' 부터 '제 18계' 까지가 상권이고 '제 19계' 부터 '제 36계' 까지는 하권이다. 상권에 해당하는 부분은 양의 계략으로 능동적으로 공격하는 입장에서 쓰여 진 계략이다. 하권의 부분은 음의 계략으로 적보다 세력이 약한 속에서 기묘하게 전세를 뒤집는 계략이라 할 수 있다. 이 부저추신의 계략은 음의 시작에 해당한다. 따라서 이 계략은 약한 자가 강한 적을 맞이하여 싸우는 가장 기본적인 원칙을 제시하고 있는 것이다. '적이 강하면 우선 그 힘을 빼는데 주력하라.'

수도자에게 적이란 마음속으로부터 강하게 일어나는 번뇌이다. 치열하게 번뇌가 일어날 때 그것을 끊으려고 일어나는 번뇌와 상대하게 되면 오히려 번뇌는 강하게 기승을 부린다. 일어나는 번뇌를 그대로 지켜보고 있거나 집착된 마음을 놓아버리는 것이 해답이다. 번뇌의 힘을 빼는 방법은 무언가에 가진 강한 애착을 누그러뜨려야 한다. 가마솥 밑의 장작을 빼는 원리와 같다.

「『위료자』에서 말하기를 '사병이 사기가 충분할 때에는 곧 적진에 나가서 싸우지만, 사기가 떨어지면 곧 도망간다.' 고 하였다. 적의 사기를 꺾는 방법은 상대방의 마음을 공격하는 것이다.」

강한 적의 세력을 약화시키는 방법은 무엇일까? 위에서는 상대방의 마음을 공격하는 것이 가장 좋은 방책이라고 설명하고 있다. 강한 적은 사기가 충천해 있기 마련이고 그렇게 충천한 적의 사기를 일시에 꺾어버린다면 분명 적의 힘이 약해질 것이다. 오한과 설장유의 예화가 그것을 잘 보여준다.

그러나 현실 속에서 적의 마음을 공략하는 것 못지않게 객관적인 전력을 약화시키는 것이 중요하다. 장작을 빼내더라도 어떠한 장작을 빼내는 가가 관건이다. 활활 타오르는 장작 중에서도 크고 오래 타는 장작을 빼내버려야 불의 세력을 잠재울 수 있다. 즉 강한 적의 힘을 이루고 있는 객관적인 구성요소를 살펴보아야 한다. 기업을 예로 든다면 인재와 기술과 자본 등이 크나큰 장작이라 할 수 있다. 따라서 상대기업의 핵심인사를 빼내어 오거나 무력화시키는 방법, 적의 기술을 약화시키거나 빼내오는 방법, 자본의 흐름을 끊거나 약화시키는 방법 등이 장작을 빼내는 것이라 할 수 있다. 좀 더 능동적으로 생각한다면 상대 기업보다 유능한 인재를 발굴하거나 육성하는 방법, 상대 기업보다 월등한 신기술을 개발하는 방법, 상대 기업보다 더 많은 자금을 확보하는 방법을 모색하는 것이 부저추신의 계략이라 할 수 있다.

금적금왕의 계략은 '적과의 싸움에서 완전히 승리하는 것이 무엇인가?' 하는 물음에 대한 간명한 해답이다. 그것은 나의 강한 힘으로 상대를 완벽하게 제압할 때 가능하다. 그렇다면 '나의 힘이 상대보다 약할 때 써야 되는 가장 기본적인 원칙이 무엇인가?' 하는 물음을 던질 수 있다. 그 해답이 바로 부저추신이다. 우선 상대의 힘을 빼는 방법이 무엇인가를 찾아보아라.

제 20계

적을 혼란에 빠뜨려라

혼수모어(混水摸魚)

물을 흐리게 하여 물고기를 잡는다

■ 〈혼수모어〉의 유래

혼수모어란 말은 원래 어부들이 고기를 잡을 때 쓰는 방법에서 시작한 말이다. 즉 물고기를 잡을 때 한 쪽에서 물을 휘저어 탁하게 하면 고기들이 놀라 달아나게 되는데 그 때 몰리는 쪽에 그물을 갖다 대고 물고기를 잡는 것이다. 이렇게 상대를 혼란에 빠뜨려 상대가 정신이 없는 틈을 타서 이익을 취하는 것을 혼수모어라 하여 일상적인 용어로 사용되다가 병법이나 군사적인 용어로 사용된 것으로 보인다.

■ 본문 및 주해

【본문】 적의 내부에 발생한 혼란한 틈을 타고서 그들의 약점과 주관이 없는 것을 이용하라. 이는 『주역』의 〈수괘(隨卦)〉에서 "밤이 되면 집에 들어와 휴식을 취하라"는 것에 비유할 수 있다.

(原文) 乘其陰亂[1], 利其弱而無主。隨, 以向晦入宴息。

【주해】 사물을 움직여서 어지럽게 하면 그 속에 존재하는 몇 개의 힘의 균형이 깨지게 된다. 약한 것은 의지하는 것을 떠나게 되고 혹은 모두 주체적인 힘을 발휘하지 못한다. 적이 혼란에 빠져 정신 차리지

1 승기음란(乘其陰亂) : 음란이란 내부적인 혼란을 의미한다.

못할 때 나는 나아가서 그것을 취한다.

『육도(六韜)』에서 이렇게 말하고 있다.

> "전군(三軍)을 자주 놀라게 하면 병사들의 질서가 어지러워진다. 그리고 적이 강하다고 생각하여 두려워하며 질지 모른다는 말을 서로 주고받는다. 서로 눈짓하며 수군거리고 헛소문이 그치지 않으며 거짓말을 믿고 군령도 따르지 않으며 장수도 대수롭게 여기지 않으니, 이것은 오합지졸이나 다름없다."

그렇다. 여기에서 '고기'가 서로 섞여 싸울 때에 그것을 택하여 취하는 것이다. 유비(劉備 : 리우뻬이)가 형주(荊州)를 얻고, 서주(西州)를 취한 것이 바로 이 계략이다.

(按) 動蕩之際，數力衝撞，弱者依違無主：敵蔽而不察，我隨而取之。『六韜』曰；『三軍[2]數驚，士卒不齊，相恐以敵強，相語以不利。耳目相屬，妖言不止，衆口相惑。不畏法令，不重其將；此弱征也。』是『魚』，混戰之際，擇此而取之。如劉備之得荊州，取西州，皆此計也。

2 삼군(三軍) : 전군을 말한다. 『제갈량집』에서는 "병권(兵權)이란 삼군을 자유자재로 사용하여 장수의 권위를 확립하는 것이 관건이다. 장수는 병권을 장악하고 군대를 통제할 수 있고 나서 부대를 지도하는 것이다. 이는 마치 맹호가 날개를 날고 온 천하를 날아다니며 만나는 곳에 따라 원활히 대처하는 것과 같다."고 밝히고 있다. 여기에서는 삼군의 지휘관을 의미하는 것으로 볼 수 있다. 여기에서는 문맥의 의미에 따라 '三軍數驚'에 대하여 '전군이 자주 놀라면'이라 하지 않고 '전군을 자주 놀라게 하면'으로 해석하였다.

■ 『주역』의 내용 풀이

수 이향회입연식(隨 以向晦入宴息) : 이 말은 『주역』의 17번째 괘인 〈수(隨)괘〉의 상전에 나오는 말이다. "상전에 이르기를 못 가운데 우레가 있는 것이 수가 되니, 군자는 이로써 밤이 되면 집에 들어가 휴식을 취하라.(象日 澤中有雷隨 君子 以向晦入宴息)"라고 되어 있다. 수괘는 위에는 연못을 상징하는 택괘(☱)가 자리하고 있고 아래에는 우레를 상징하는 뢰괘(☳)가 자리하고 있다.

이는 연못 가운데 우레가 움직이는 모습이다. 우레에 따라서 못의 물이 출렁거리며 기쁘게 따르는 것이다. 이 수괘의 괘사에는 "크게 형통하여 이롭고 바르며 허물이 없다.(隨 元亨利貞 無咎)"고 말하고 있다. 이처럼 '따른다'는 것은 이롭고, 바른 것을 따르는 것이다. 위의 택괘는 서방태로 해가 지는 곳을 의미하니, 밤이 되면 집에 들어가는 것이 따르는 것이며, 아래의 뢰괘는 집에 들어와 음악을 틀어놓고 여유 있게 쉬는 것을 의미한다.

상대방이 혼란에 빠져 정신을 차리지 못하게 되면 나는 오히려 집에 돌아와 편이 쉴 수 있는 것이니 이러한 수괘에 비유한 것이다.

■ 해설

혼전계의 두 번째 계략이 혼수모어이다. 이는 "물을 흐리게 하여 물고기를 잡는다."는 계략으로 '적을 혼란에 빠뜨려 그 틈을 이용해 이익을 취하라.'는 뜻이다. 적을 혼란에 빠뜨리면 적의 내부에 균열이 생기고 우왕좌왕하여 반드시 약점이 생기기 마련이며, 또한 수뇌부가 일사분란하게 움직이지 못한다. 그런 틈을 이용하여 상대를 공략하라는 것이다.

「사물을 움직여서 어지럽게 하면 그 속에 존재하는 몇 개의 힘의 균형이 깨지게 된다. 약한 것은 의지하는 것을 떠나게 되고 혹은 모두 주체적인 힘을 발휘하지 못한다. 적이 혼란에 빠져 정신 차리지 못할 때 나는 나아가서 그것을 취한다.」

위의 내용에서 볼 수 있듯이 상대를 혼란에 빠뜨리게 하여 적의 수뇌부를 이루는 세력 간의 균형을 깨는 것이 중요하다. 군대나 정계나 경제계나 그 수뇌부는 단일한 세력으로 이루어져 있지 않다. 어떤 조직이 일사분란하게 움직일 때는 공격을 해도 실패하기 십상이다. 그러나 일단 혼란에 빠지면 적의 수뇌부 속에서도 약자는 '누구를 따를 것인가' 하고 우왕좌왕하기 마련이고, 조직 전체가 정신을 차리지 못하게 된다.

무엇이 '혼란' 인가? 이에 대하여 『제갈량집』의 〈격세편(擊勢篇)〉에서는 유능한 장수가 적정을 탐색한 후에 '공격에 적합한 적군의 정세' 에 대하여 다음의 아홉 가지를 들고 있는 것을 참조할 필요가 있다.

첫째, 백성들이 근심이 많고 원망이 자자하다.
둘째, 군령이 잘 지켜지지 않는다.
셋째, 파손된 무기가 수리되거나 정비되어 있지 않다.

넷째, 계략이 세워져 있지 않다.

다섯째, 외부로 부터 지원이 차단되었다.

여섯째, 장수와 간부가 부하들에게 가혹하다.

일곱째, 상과 벌이 경중이 없이 함부로 행해진다.

여덟째, 진영의 관리에 질서가 없다.

아홉째, 전승에 들떠 교만해져 있다.

위의 아홉 가지 내용은 적군의 정세가 혼란에 빠져 있는지를 가늠할 수 있는 기준을 잘 제시해 주고 있다. 본문에서 『육도』의 다음의 내용을 인용하여 적군을 혼란에 빠뜨리게 되면 어떻게 되는지에 대하여 말하고 있다.

「전군을 자주 놀라게 하면 병사들의 질서가 어지러워진다. 그리고 적이 강하다고 생각하여 두려워하며 질지 모른다는 말을 서로 주고받는다. 서로 눈짓하며 수군거리고 헛소문이 그치지 않으며 거짓말을 믿고 군령도 따르지 않으며 장수도 대수롭게 여기지 않으니, 이것은 오합지졸이나 다름없다.」

여기서의 핵심은 갑작스런 작전으로 수뇌부를 혼란하게 만드는 것이다. 수뇌부가 자주 놀라면 병사들은 일사분란하던 질서가 어지러워지게 된다. 상대를 두려워하고 공포에 떨고 수뇌부를 믿지 못하고 군령도 따르지 않게 된다. 오합지졸이나 다름없으니 공격하여 취할 수 있는 것이다.

이 혼수모어의 계략을 취하여 유비가 형주를 얻고 또 서주를 얻었다는 것은 『삼국지연의』에 나오는 다음과 같은 내용을 말한 것이다.

적벽대전에서 조조(曹操 : 차오차오)[3]가 패하자 오(吳)나라는 이 기회를 통하여 북진하여 세력을 넓혔다. 이 때 오나라 장수 주유(周瑜 : 쩌우위)[4]는 병력을 파견하여 남군과 형주 등을 점령하고자 하였다. 유비 또한 이 기회를 틈타 남군을 차지하고자 하였다. 유비가 제갈량을 대동하고 오나라에 도착하자 주유는 잔뜩 긴장을 하였다.

조조는 퇴각할 때 조인(曹仁 : 차오런)[5]을 남군에 남겨놓고 갔다. 주유는 서둘러 남군을 공격하였으나 조인은 성문을 굳게 잠그고 일체 응전하지 않았다. 주유는 계략을 사용하여 조인의 군사를 끌어내긴 하였으나 승부를 가를 수는 없었다. 수일간의 전투에도 승부가 나지 않고 주유는 조인의 계략에 빠져 부상을 오히려 입게 된다. 그런데 주유

---

3 조조(曹操, 155~220) : 유비 손권과 더불어 『삼국지연의』의 주인공이다. 자는 맹덕(孟德)이며, 묘호(廟號)는 태조(太祖), 시호는 무황제(武皇帝)이며, 패국(沛國) 초현(譙縣) 사람이다. 환관 조등(曹騰)의 양자가 된 조숭(曹嵩)의 아들이다. 황건(黃巾)의 난을 평정하는 데 공을 세움으로써 두각을 나타내었고, 동탁(董卓)이 죽자 후한의 마지막 황제 헌제(獻帝)를 옹립하고 종횡으로 무략(武略)을 휘두르게 되었다. 200년 군벌의 최대 세력이었던 관동군의 맹주 원소를 관도(官渡)의 대전에서 격파하였다. 화북(華北)을 거의 평정하고 나서 남하를 꾀하였으나 208년 손권 · 유비의 연합군과 적벽(赤壁)에서 싸워 대패하였고, 이후에도 그 세력이 강남에는 미치지 못하였다.
216년 위왕(魏王)의 자리에 올랐으며, 220년 정월 낙양(洛陽)에서 사망하였다. 아들 조비(曹丕)가 뒤를 잇고 헌제에게 양위를 받아 위나라 황제가 된 뒤 태조 무황제(太祖 武皇帝)르 추존되었다.

4 주유(周瑜, 175~210) : 후한시대 노강군 서현에서 출생하였으며, 자는 공근(公瑾)이다. 손권(孫權)의 신하로 208년 9월, 위(魏)의 조조(曹操)가 화북(華北)을 평정하고 형주(荊州)로 진격해 오자, 노숙(魯肅) 등과 함께 항전(抗戰)을 주장하며 강화론자(講和論者)들에 맞섰다. 손권을 설득하여 오나라 대도독(大都督)으로 군사를 이끌고 참전하여 적벽대전(赤壁大戰)에서 화공(火攻)으로 80만 위군(魏軍)을 대파하였다. 그 뒤 익주(益州)를 점령하여 촉(蜀)을 병합하고 조조(曹操)의 위를 점령하여 천하를 통일하겠다는 원대한 계획을 세웠다. 주유는 이를 실행하기 위해 강릉(江陵 : 장링)으로 귀환하다가 36세의 젊은 나이로 병사(病死)하고 말았다.

5 조인(曹仁, 167~223) : 자는 자효(子孝)이며 시호는 충후(忠候)이다. 위나라 황제 조조의 사촌 동생이다. 190년 조조가 처음 의병을 일으켰다는 소식을 듣고 조조로 찾아갔으며, 조조와 함께 수많은 전투에 참여하였다. 원술, 도겸, 여포 등과 벌인 전투에서 활약하였으며 형주를 공략하는데 참전하였다. 촉나라 관우의 공격을 막아내고 형주의 거점인 번성을 지켜냈다. 조조가 사망한 이후에도 조비(문제)의 두터운 신임으로 대장군으로 승진되었으며 말년에는 합비에서 오나라 군대와 대치하였다. 223년 사망하였고 충후(忠侯)라는 시호가 내려졌다.

는 자신의 부상이 심각한 것으로 가장하여 조인의 부대를 유인하는데 성공하여 조인의 군대를 겹겹이 포위하고 공격하였다. 마침내 서로 혼전을 거듭하다가 조인은 주유를 감당하지 못하고 패주하게 된다.

이렇게 주유와 조인의 군대가 혼전을 거듭하여 지친 사이에 유비는 남군을 점령하였고, 제갈량은 조인의 명의로 형주성에 있는 조조의 군대에게 증원을 요청하여 형주성이 비어있는 틈을 타서 형주마저 점령하였던 것이다. 이처럼 유비는 주유와 조인을 혼란에 빠뜨려 서로 싸우게 하고 그 사이에 남군과 형주를 차지하였으니 이것이 바로 혼수모어의 계략이라 할 수 있다.

혼수모어의 계략은 다음과 같은 두 가지 상황에서 효과를 얻을 수 있다. 첫째, 적의 내부가 혼란한 상태에서 이를 이용해 쉽게 목적을 이루는 것이다. 둘째, 적극적으로 상대방을 혼란에 빠뜨려 자신의 이익을 취하는 것이다. 물론 둘째의 적극적으로 상대방을 혼란에 빠뜨리는 것이 주요한 계략이라 할 수 있다. 『손자병법』의 제1 〈시계편(始計篇)〉에서도 "혼란에 빠뜨려 그것을 취한다(亂而取之)"라고 말하고 있는데, 상대방을 혼란하게 하는 것이 승리의 비결임을 말하고 있는 것이다.

원문에서 이 계략을 『주역』의 〈수(隨)괘〉에 비유한 것에 주목할 필요가 있다. 〈수괘〉는 괘사에서 "크게 형통하니 바름이 이로우며, 허물이 없다.(隨 元亨利貞 无咎)"고 밝히고 있다. 크게 형통하긴 한데 바르게 따라야지 바르게 따르지 못하면 오히려 화를 초래할 수 있음을 경계하는 의미가 있다. 그리고 단전에서는 "수는 강(剛)이 와서 유(柔)의 아래에 처하니 동하면서 기뻐함이 따르게 되니 크게 형통하고 바르게 되어 허물이 없으며, 천하가 때를 따르게 되나니 수(隨)의 시의(時義)가 크도다.(隨剛來而下柔動而說 隨大亨貞无咎而天下隨時 隨之時義大矣哉)"라고 밝히고 있다. 수괘의 모양이 강한 양괘가 맨 아래에 와서 처하고 약한 음괘가 맨 위에 올라가 처하게 되어 길하다는 것을 말하고 있는 것이다. 강한 자가 위에 처하면 누가 따르겠는가? 강한 자가 아래에 처해야 모두가 따르게 되는 것이다. 또 '시의(時義)'란 '때를 따름'을 예찬하는 것이다. 군자는 언제나 때에 따라 행동하는 것이다. 그 주어진 상황에 마땅한 바를 취하고 변화에 적극적으로 대처하는 것이다. 원문에서 언급한 바와 같이 "군자는 이로써 밤이 되면 집에 들어가 휴식을 취하라."고 하는 것도 때를 따르고 주어진 상황에 따라 변화에 적극적으로 대처하면 크게 길하고 형통한 바를 말하고 있는 것이다. 상대가 혼란에 빠져있을 때 적절하게 대처하여 자신의 이익을 취할 수 있는 것은 바로 군자가 '때를 따름'의 도(道)를 행하는 것이라고 말하고 있는 것이다.

제 21계

원형은 유지하고 몸만 빠져 나가라

금선탈각(金蟬脫殼)

매미가 허물을 벗듯 감쪽같이 몸을 빼 도망하다

■ 〈금선탈각〉의 유래

금선탈각이란 '매미가 껍질을 벗고 나오면 허물은 그대로 나뭇가지에 남겨둔다' 는 뜻이다. 허물은 언뜻 보면 실재 매미가 거기에 있는 듯이 보이지만 사실 이미 매미는 다른 곳으로 이동하고 없다. 이와 같이 허물로서 실체가 있는 것처럼 위장하면서 매미의 몸체가 이동하는 것을 빗댄 계략이 금선탈각이다.

매미는 긴 시간을 애벌레로 지내다가 껍질을 벗고 성충이 되어 짧은 삶을 살다가 간다. 알과 애벌레 그리고 성충의 세 번의 변태과정을 거쳐 살아가는 매미의 일생 중에서 작게는 1~2년 길게는 6~7년의 기간을 애벌레로서 살아간다. 애벌레로 나무뿌리의 진액을 빨아 먹고 살면서 4번이나 껍질 벗기를 한 후에 여름날 땅위로 뚫고 올라온다. 그리고 해가 지는 저녁 무렵 나무 등걸이나 벽을 타고 오르다가 안전한 곳에 붙어서 마지막 허물을 벗으면 비로소 매미가 된다. 이처럼 매미가 허물을 벗고 성충이 되는 데는 인고와 신비가 감추어져 있다.

이 금선탈각이란 말은 중국의 문학작품에 자주 등장하여 왔다. 예를 들어 『원곡선(元曲選) : 중국 명대(明代)의 원곡 작품집』이나 『서유기(西遊記)』 등에서 나타난다. 『서유기』의 20회에는 '금선탈각계(金蟬脫殼計)' 와 '금선탈각지계(金蟬脫殼之計)' 라는 말이 등장하는데 이 작품은 명나라의 오승은(吳承恩 : 우청언)이 저술한 것이니 명나라 시대 이미 계략으로 일반인들에게 알려져 있었음을 알 수 있다.

『서유기』의 내용은 삼장법사와 손오공과 저팔계가 황풍령(黃風嶺)을 건너다가 요괴 호선봉(虎先鋒)을 만나게 되는데, 이 호선봉은 황풍대왕(黃風大王)의 명으로 사람을 잡아서 술안주로 사용하기 위하여 나온 것이다. 이 때 호선봉은 손오공과 저팔계에 쫓겨서 금선탈각의 계로서 호랑이로 변하게 된다. 다시 호랑이의 몸을 찢어 바위에 걸쳐 놓고 한 가닥의 광풍으로 변하여 삼장법사를 잡아 쥐고 황풍대왕에게 데려 간다. 손오공과 저팔계가 호랑이를 잡으러 가보았지만 그것은 호랑이 가죽이고 호선봉은 이미 도망을 가버렸다. 이것이 바로 금선탈각의 계략이라 말하고 있다.

■ **본문 및 주해**

【본문】 진지의 원형을 그대로 보존하고 끝가지 전투태세를 유지하라. 그러면 우군도 의심하지 않고 적도 감히 공격하지 못할 것이다. 『주역』에서 〈고괘(蠱卦)〉에서 '겸손해서 그치는 것이 고(蠱)이다.' 라는 말에 비유될 수 있다.

(原文) 存其形，完其勢：友不疑，敵不動。巽而止，蠱。

【주해】 우군과 함께 적을 공격할 때는 조용히 그 세력을 관망하라. 갑자기 생각지 않은 적이 나타날 수 있으니 진영을 움직일 대에는 그 세력이 있는 것처럼 해야 한다. 즉 금선탈각이라는 것은 도주하지 않고 분신(分身)을 위한 병법이다.

그러므로 나의 대군이 이동할 때는 깃발을 높이 세우고 징과 북을 울리고, 군율을 엄히 세워 원래의 진영을 보전해야 한다. 그렇게 하면 감히 적이 움직이지 못하고 우군 또한 의심하지 않는 법이다. 자기 진영을 갖추고 그 적을 꺾어서 반격하면 우군과 적군이 비로소 알게 된다. 혹은 알지 못할 수도 있다.

그러한 즉 금선탈각이란 적과 대치하고 있는 상황에서 정예를 뽑아서 별진을 세우는 것이다.

(按) 共友擊敵，坐觀其勢。倘另有一敵，則須去而存勢。則金蟬脫殼者，非徒走也，蓋爲分身之法也。故我大軍轉動，而旌旗金鼓，儼然原陣。使敵不敢動，友不生疑。待己摧他敵而返，而友敵始知，或猶且不知。然則金蟬脫殼者，在對敵之際，而抽精銳以襲別陣也。

■ 『주역』의 내용 풀이

손이지고(巽而止蠱) : 이 내용은 『주역』의 18괘인 〈고괘(蠱卦)〉의 단전에 나오는 말이다. 〈고괘〉는 위에는 간괘(☶)이고 아래는 손괘(☴)로서 산풍고(山風蠱)라고 한다. '蠱'는 좀먹고 썩었다는 뜻이다. 산 속에 바람이 들어서 단풍이 들고 낙엽이 져서 산에 있는 모든 수목이 병들었다는 의미이다. 단전에서는 "고는 강(剛)이 올라가고 유(柔)가 내려오나

겸손해서 그침이 고라(蠱剛上而柔下 巽而止蠱)"고 하고 있다. 이어서 "고는 크게 형통하여 천하가 다스려진다(蠱元亨而天下治也)"라고 하고 있다.

이 〈고괘〉는 강이 올라가고 유가 내려옴으로 인하여 부패하다는 의미를 띠고 있지만 그 덕을 보면 안으로는 공손하면서 밖으로 그칠 때 그치게 되니 크게 형통하여 천하가 다스려 진다고 한 것이다. 부패한 의미의 〈고괘〉를 크게 형통한 것으로 해석하는 주역의 의미를 이해하기는 쉽지 않다. '창조란 파괴를 통하여 생성된다.' 는 것을 생각하면 조금 이해할 수 있을 것이다. 이미 부패한 사회 속에서 새로운 세상을 꿈꾸는 것이 가능해지는 것이다. 매미의 허물이 부패한 것이라면 허물을 벗고 새롭게 태어난 매미야 말로 크게 형통하다고 볼 수 있는 것이다.

■ 해설

혼전계의 세 번째 계략이 금선탈각이다 이는 "매미가 허물을 벗듯 감쪽같이 몸을 빼 도망하라."는 계략이다.

「진지의 원형을 그대로 보존하고 끝가지 전투태세를 유지하라. 그러면 우군도 의심하지 않고 적도 감히 공격하지 못할 것이다.」

이는 객관적인 정황이 적군보다 우군이 불리할 때 주력군을 빼내 새로운 진지를 구축할 때 사용하는 전략이다. 이 때 자신의 부대가 이동하는 기미를 상대가 알아차리게 해서는 안 된다. 겉으로는 진지의 원형을 그대로 유지하면서 주력군을 몰래 빼내어 새로운 진지를 구축하는 것이다. 이러한 계략을 사용할 때는 지휘부만이 알고 우군의 병사조차 모르게 실행해야 한다. 그래야 적도 감히 공격을 할 수 없는 것이다.

「그러므로 나의 대군이 이동할 때는 깃발을 높이 세우고 징과 북을 울리고, 군율을 엄히 세워 원래의 진영을 보전해야 한다. 그렇게 하면 감히 적이 움직이지 못하고 우군 또한 의심하지 않는 법이다.」

도망갈 때는 오히려 위엄을 보이는 것이다. 나의 대군이 이동할 때 깃발을 높이 세우고 징과 북을 울리고 또한 군율을 엄격히 하여 흩어짐이 없게 하여야 적군이 감히 침범하지 못하는 것이다. 적군도 모르게 할 뿐만 아니라 우군 또한 자신의 불리함을 알아차리지 못하게 하여야 본진을 옮길 수가 있다.

이러한 금선탈각의 계략이 성공하기 위해서는 '벗어 놓은 허물' 을 상대가 실체로 느끼게 하는 것이 관건이다. 이것은 궤도(詭道) 즉 '속이는 도' 이다. 『손자병법』의 〈시계편(始計篇)〉에서는 "할 수 있는 일도 안 되는 것처럼 보이게 하고, 필요한 데도 필요치 않는 것처럼 가장하라(能而示之不能 用而示之不用)" 고 말하고 있다.

금선탈각의 계략의 예는 견훤과 왕건의 공산전투를 들 수 있다. 공산전투에서 왕건은 견훤에게 패배하여 겨우 목숨을 부지하게 된다. 이 때 왕건을 살린 것은 신숭겸이었다. 신숭겸이 왕건의 옷을 입고 후백제 군과 싸우고 있는 사이에 왕건은 몇 몇 신하만을 대동하고 공산을 빠져 나가게 되는데, 이것이 금선탈각의 한 예라 할 수 있다. 이러한 금선탈각의 예는 전투에서 얼마든지 찾아볼 수 있다. 유방이 팽성에게 항우에게 몰려서 부녀자를 군사로 위장하여 동문으로 내보내게 한 뒤 서문을 향해 도망가서 구사일생으로 목숨을 건진 것도 한 예라 할 수 있다.

부도나기 직전의 기업이 자기의 자산을 보존하기 위하여 금선탈각의 계략을 자주 사용하곤 한다. 이미 주요한 자산을 밖으로 빼돌리면서도 겉으로는 오히려 기업이 성장하는 것처럼 꾸며 부도나는 순간까지 외부의 사람은 물론 내부의 직원조차 모르게 하는 경우가 그것이다.

그런데 『주역』의 '손이지고(巽而止蠱)'를 통하여 금선탈각을 말하고 있는 것은 시사하는 바가 크다. 좀먹고 부패한 현실을 개선하기 위하여 매미가 허물을 벗는 것처럼 새로운 현실을 구축하여 나가라는 것은 큰 의미를 지닌다. 이는 부도가 날 수 있는 기업이 노동자를 죽이고 경영주만 실리를 취하는 방식이 아니라 새로운 기술 개발이나 판로를 은밀히 개척하여 놓고 경쟁 기업을 따돌리고 성장해 나가는 계략이라 할 수 있다. '안으로는 공손하면서 밖으로 그칠 때 그치게 된다(巽而止)'는 의미를 깊이 생각해 볼 필요가 있다 하겠다.

금선탈각은 선가(仙家)나 불가(佛家)에서도 사용되곤 한다. 즉 범인의 몸을 벗어던지고 신선이나 부처가 되는 것을 금선탈각에 비유하곤 한다. 허물을 벗어던지고 새롭게 태어난다는 의미에서 사용되는 것이다. 선가에서는 우화등선(羽化登仙)이라는 말이 있는데, 여기서 '우화'란 번데기가 날개 있는 벌레로 바뀐다는 뜻이다. 다라서 우화등선이란 땅에 발을 붙이고 살게 되어 있는 사람이 날개가 돋친 듯 날아 올라가 신선이 된다는 뜻으로 금선탈각과 같은 의미라 할 수 있다. 이 말은 소동파의 「전적벽부(前赤壁賦)」에 나온다. 임술년(1082) 가을 7월 16일에, 동파가 손님과 더불어 배를 띄우고 적벽의 아래에서 놀 때에 지은 부(賦)에서 "속세를 버리고 홀로 서서 날개가 돋아 신선이 되어 올라가는 것 같구나.(如遺世獨立 羽化而登仙)"라고 노래하고 있다.

상대와 혼전 상황에서 자신이 불리한 위치에 있어 자기의 군대가 다른 곳으로 이전하려 할 때 감쪽같이 빠져나가 새로운 진영을 만들려고 할 때 이 금선탈각의 계략이 필요한 것이다.

제 22계

골치 아픈 적은 완전히 섬멸하라

관문착적(關門捉賊)

문을 닫아걸고 도적을 잡는다

■ 〈관문착적〉의 유래

관문착적이란 '문을 닫아걸고 도적을 잡는다.'는 뜻으로 오랫동안 민간에서 사용되어온 속담이다. 우리가 방안에 들어온 쥐를 잡을 때 일단 모든 문을 잠가 쥐가 나가지 못하도록 한 후에 쥐를 잡듯이, 집 안에 도적이 들어오면 일단 문을 잠가 출구를 봉쇄하고 잡는 것이다. 이와 유사한 중국의 속담으로 '관문타구(關門打狗)'가 있다. 즉 미친개는 문을 잠그고 때려잡는 것이다. 이러한 일반의 속담을 전쟁에 이용하여 사용한 것이 관문착적의 계략이다.

■ 본문 및 주해

【본문】 세력이 약한 소규모의 적에 대해서는 포위하여 멸망시켜야 한다. 이는 『주역』의 박괘(剝卦)에서 "박은 가는 바를 그대로 두면 이롭지 못하다."는 것에 비유할 수 있다.

(原文) 小敵困之。剝，不利有攸往。

【주해】 적을 잡을 때 반드시 문을 닫아걸어야 하는 이유는 도망가는 것을 두려워해서가 아니다. 두려운 것은 도망가서 다른 사람에게 이득을 주기 때문이다. 또 도망가는 자는 다시 쫓는 것이 아니다. 그것은 유인책을 쓰는 것을 염려하기 때문이다. 적이란 원래 떠도는 병사이고 흘러 다니는 병사이다. 따라서 나를 지치게 하는 것이다.

『오자(吳子)』에서는 이렇게 말한다.

> "최후의 발악을 하는 적 한 사람이 넓은 들판에 숨었다고 하자. 여기에 비록 천명이 쫓아간다 해도 조마조마한 쪽은 쫓는 쪽이다. 왜냐하면 숨어 있는 적이 언제 어디서 나타나서 덮쳐올지 모르기 때문이다. 따라서 만약에 죽음을 각오한 자가 한 사람이라도 있으면 그는 천 명의 군사까지도 두려움에 떨게 할 수 있는 것이다."

'도망가는 적' 이란 적은 벗어나 도피하는 기회를 얻는 것이다. 힘으로써 반드시 죽기로써 사울 것이다. 만약에 그 퇴로를 차단하면 사로잡는데 성공할 수 있다. 그러므로 세력이 약한 소규모의 적은 반드시 섬멸해야 한다. 그렇지 않으면 놓치게 된다.

(按) 捉賊而必關門者，非恐其逸也，恐其逸而爲他人所得也。且逸者不可復追，恐其誘也。賊者，奇兵也，游兵也，所以勞我者也。『吳子』曰；『今使一死賊，伏於曠野，千人追之，莫不梟視狼顧。何者? 恐其暴起而害己也。是以一人投命，足懼千夫。』追賊者，賊有脫逃之機，勢必死鬪：若斷其去路，則成擒矣! 故小敵必困之。不能，則放之可也。

■ 『주역』의 내용 풀이

박 불리유유왕(剝 不利有攸往) : 이는 『주역』의 23괘인 〈박괘(剝卦)〉의 괘사로 "박은 가는 바를 그대로 두면 이롭지 못하다."는 뜻이다. 〈박괘〉의 괘상은 위에는 산을 뜻하는 간괘(☶)가 놓여져 있고 아래에는 땅을 뜻하는 곤괘(☷)가 놓여져 있다. '剝' 이란 '깍을 박' 으로 부서지고 문드러지는 것을 말한다. 음이 와서 양을 다 깍아 먹고 제일 위에 양효(⚊)만이 달랑 남아있는 형상이다. 양은 군자이고 음은 소인이라 소인이 와서 군자를 다 헤치고 하나의 군자만 남아 있는 형상이라 할 수 있다.

소인이 권력을 쥐고 휘두르는 형상이니 양인 군자가 가도 소용이 없는 것이라 '군자가 가는 바를 그대로 둠이 이롭지 못하다' 고 한 것이다. 단전에서 "나아가는 바가 이롭지 않은 것은 소인이 길어지기 때문이라(不利有攸往 小人長也)"라고 말하고 있는 데서 그 뜻이 분명해진다. 이러한 상황 속에서도 군자는 화를 내지 않고 그것을 따라 그치고서 상황을 주시해야 한다.

여기에서 박괘를 제시하고 있는 것은 소인의 세력이 그대로 놔두면 더욱 극성을 부리게 되는 상황이란 걸 알아차리고, 소규모의 적을 반드시 소탕해야 한다는 의미로 해석할 수 있다.

■ 해설

"문을 잠그고 도적을 잡는다."는 다는 관문착적은 혼전계의 네 번째 계략이다. 소규모의 적을 앞 뒤의 출구를 막고 완전히 섬멸해야 하는 이유는 그들이 우군을 지치게 하고 또 뒤에 화근이 되기 때문이다.

「적을 잡을 때 반드시 문을 닫아걸어야 하는 이유는 도망가는 것을 두려워해서가 아니다. 두려운 것은 도망가서 다른 사람에게 이득을 주기 때문이다. 또 도망가는 자는 다시 쫓는 것이 아니다. 그것은 유인책을 쓰는 것을 염려하기 때문이다. 적이란 원래 떠도는 병사이고 흘러 다니는 병사이다. 따라서 나를 지치게 하는 것이다.」

섬멸하지 못하고 도망가게 하면 결국 다른 사람에게 이득을 주고 우군을 지치게 한다. 관문착적의 유형은 우선 퇴로를 막고 앞에서부터 몰아가서 섬멸하는 방식과 퇴로를 막고 중간 중간을 조각내어 각개 격파하는 방식이 있다. 『삼국지연의』를 보면 제갈공명이 6차 북벌에서 사마의(司馬懿 : 시마의)[1]를 잡기위해 상방곡(호로곡)에 지뢰 등을 설치케 하고, 사마의를 유인하여 불과 지뢰로 전멸시키려 했던 작전이 있다. 비록 소나기가 내려 사마의를 잡지는 못하였으나 이것이 바로 관문착적의 한 예이다.

『오자병법』에 나오는 다음의 대목은 의미심장하다.

「최후의 발악을 하는 적 한 사람이 넓은 들판에 숨었다고 하자. 여

1 사마의(司馬懿, 179~251) : 중국 서진(西晉)왕조를 사실상의 창시한 인물이다. 자는 중달(仲達)로 하내온(河內溫 ; 河南省 溫縣) 출신이다. 위(魏)나라의 황태자 조비(趙丕 ; 후의 文帝)를 섬겼는데, 조조(曹操)가 죽고 황태자가 승상위왕(丞相魏王)이 되자, 상서(尙書)에 올랐다. 그 후 촉(蜀)나라 제갈공명(諸葛孔明)의 북벌(北伐)을 막고 공손씨(公孫氏)를 요동(遼東)에서 토벌하는 등 큰 공을 세웠다. 249년 반란을 일으켜 조상(曹爽)을 죽이고 위나라의 실권을 잡았으며, 상국(相國 ; 재상)이 된 인물이다.

기에 비록 천명이 쫓아간다 해도 조마조마한 쪽은 쫓는 쪽이다. 왜냐하면 숨어 있는 적이 언제 어디서 나타나서 덮쳐올지 모르기 때문이다. 따라서 만약에 죽음을 각오한 자가 한 사람이라도 있으면 그는 천 명의 군사까지도 두려움에 떨게 할 수 있는 것이다.」

한 명의 숨어 있는 적이 천 명의 군사를 두려워하게 할 수 있으니, 소규모의 적을 소탕하지 않고 방심하여 놓아두는 것은 큰 우환을 남기는 것이 분명하다. 따라서 우환을 남길 소지가 있는 도망가는 적은 반드시 섬멸해야 하는 것이다.

그런데 『손자병법』에서는 전투에서 지켜야할 8가지 원칙 중에서 '적을 포위했을 때는 반드시 퇴로를 열어 놓으며(圍師必闕)' '궁지에 몰리 적은 공격하지 말라(窮寇勿迫)' 고 하고 있다. 이는 궁지에 몰린 적을 몰아붙이면 죽기 살기로 달라 들어 우군의 피해가 심각해질 수 있는 것을 경계한 것이다. 이미 승리가 굳어져서 사실상 제압이 되었다면 퇴로를 열어주고 공격하지 말라는 것이다. 또 앞의 16계의 욕종고금에서는 '잡아 놓은 적도 풀어주어라' 고 말하고 있다. 이는 여기서 말하는 관문착적과는 상반되는 말이다. 왜 그럴까? 그것은 적군과 우군과의 전세에 따라 달리 전술을 구사해야 한다는 것을 말한다. 욕종고금은 우군이 월등하게 우위에 있는 상황에서 구사하는 계략이라면 관문착적은 혼전의 상황 속에서 살려두면 우환을 남기게 되는 경우에 구사하는 계략이다. 적재적소에 알맞은 계략을 구사해야 한다.

『주역』의 박괘를 참조하라는 말을 주의 깊게 보아야 한다. "박은 가는 바를 그대로 두면 이롭지 못하다."는 것이다. 만약 소수의 적을 살려두면 그들의 세력이 성장하게 되어 나를 지속적으로 괴롭힐 여지가 있다면 단호하게 그들을 섬멸하여 후환은 남지지 말아야 한다. 이럴 때에 사용하는 것이 관문착적의 계략이다. 결국 유능한 리더는 '남아 있는 소수의 적을 어떻게 처리할 것인가?' 하는 문제에 대하여 정확히 상황을 판단하여 계략을 내릴 줄 아는 자이다.

제 23계

가까이 있는 적부터 공격하라

원교근공(遠交近攻)

먼 나라와 친교를 맺고 가까운 나라를 공격한다

■ 〈원교근공〉의 유래

원교근공이란 '먼 나라와 친교를 맺고 가까운 나라를 공격한다' 는 뜻으로 그 출처는 『전국책(戰國策)』[1] 중 「진책(策三)」 3에 나오는 내용이다.

범수(范雎 : 판수이)[2]는 원래 위나라 사람으로 가난한 집에 태어나 불우하게 살다가 중대부(中大夫) 수고(須賈 : 쉬지아)를 섬기게 되었다. 수고와 함께 제나라에 사신으로 따라 갔다가 오해를 사서 죽을 고비를 넘기고, 진(秦)나라의 사신 왕계(王稽 : 왕지)가 위나라에 왔을 때 그를 따라 진나라로 들어간다. 왕계가 범수를 진의 소양왕(昭陽王)에게 추천하였지만 등용되지 않자, 일 년 정도 기다렸다가 범수는 소양왕에게 상소를 올렸다. 이를 계기로 소양왕은 범수를 불렀다. 『진책』에는 이때 소양왕이 범수에게 무릎을 꿇고 가르침을 청하였고, 이에 범수가 준 가르침이 '원교근공' 의 책략이다.

진나라 소양왕의 잘못은 가까운 한(韓)나라와 위(魏)나라를 넘어 강한 제(齊)나라를 치려 하는 것이니, 이러한 원공(遠功)을 버리고 가까운 위나라와 한나라를 공격(近功)하라는 것이다. 이에 소양왕은 위나라의 형구(邢丘 : 싱치우)[3]를 쳐서 함락하고 다시 한나라의 형양(滎陽 : 싱양)을

---

1 전한(前漢) 시대에 유향(劉向)이 편찬한 책으로 전국 시대의 책사(策士)들의 문장을 모아 놓은 것이다. 동주책(東周策) · 서주책(西周策) · 秦策 1, 2, 3, 4, 5 · 제책(齊策) 1, 2, 3, 4, 5, 6 · 초책(楚策) 1, 2, 3, 4 · 조책(趙策) 1, 2, 3, 4 · 위책(魏策) 1, 2, 3, 4 · 한책(韓策) 1, 2, 3 · 연책(燕策) 1, 2, 3 · 송위책(宋衛策) · 중산책(中山策) 등 33권으로 이루어져 있다.

2 범수(范雎, ? ~ 기원전 255년)는 중국 전국시대 진나라의 정치가. 자는 숙(叔)이다. 또 다른 이름으로는 범저(范且)로 불린다. 위(魏) 나라 사람으로 후에 진(秦)나라로 가서 소양왕(昭陽王)에게 상소를 올려 알현하게 되었으며, 소양왕에게 원교근공책(遠交近攻策)을 말하여 이를 계기로 등용되었다. 이후 범수는 권력을 장악하고 응(應)이라는 땅에 봉해져서 응후(應侯)로 불리게 되었다.

3 형구(邢丘) : 하남성 온현 동쪽 20리에 위치한 지역.

공격하였다. 진나라는 가까운 한(韓) · 위(魏) · 조(趙)나라를 점령해 진의 영토를 확장한 후, 점차적으로 멀리 있는 초(楚) · 연(燕) · 제(齊)나라를 공격했다. 결국 진나라는 '원교근공(遠交近攻)' 전략으로 중국 통일의 뜻을 이루었다.

■ **본문 및 주해**

【본문】 지리와 형세의 제한과 장애를 만났을 때에는 가까이에 있는 적을 공격하는 편이 유리하다. 멀리 있는 적을 공격하는 것은 해롭다. 『주역』에서 위에 화(火)가 있고 아래에 택(澤)이 놓여 있는 〈규괘(睽卦)〉에 비유될 수 있다.

(原文) 形禁勢格, 利從近取 ; 害以遠隔。上火下澤。

【주해】 혼전의 국면에는 종횡으로 치고 닫는 가운데 각자 스스로의 이익을 취한다. 멀리 떨어진 적은 공격하지 않는 것이니 이는 이로움이 서로 결합되기 때문이다. 가까이 있는 적은 교류하긴 하지만 반대로 가까운 사이에 변화를 생기게 해야 한다.

범저(范睢)의 계략은 지리의 정해진 이치를 사용하여 그 이치를 깊이 밝힌 것이다.

(按) 混戰之局, 縱橫捭闔之中, 各自取利。遠不可

공 이가이리상결 근자교지 반사변생주액
攻，而可以利相結：近者交之，反使變生肘腋[4]。

범수지모 위지리지정칙 기리심명
范雎之謀，爲地理之定則，其理甚明。

■ 『주역』의 내용 풀이

상화하택(上火下澤) : 위에 불이 있고 아래에 연못이 있는 것은 『주역』의 〈규괘〉에 해당한다. 위에는 리괘(離卦 : ☲)가 놓여 있고 아래는 태괘(兌卦 : ☱)가 놓여져 있는 것이 〈규괘(睽卦)〉이며, 睽란 '어긋난다.' 는 뜻이다. 불은 위로 올라가고 연못은 아래에 있어서 서로 만나지 못하고 제각기 놀기 때문에 어긋나는 것이다.

'상화하택' 이란 상전에 나오는 말로 "위에는 불이 있고 아래에는 연못이 있으면 규(睽)니, 군자는 이로써 같되 다르게 하느니라(上火下澤 君子以同而異)"라고 되어 있다. 불과 못이 서로 어긋나 있는데, 군자는 이와 같이 어긋남을 같이 하면서도 또 다르게 해야 한다는 것이다. 일단 어긋난 것과 같이 하면서도(同) 또 그것과 달리(異)해야 한다는 것은 일단 잘못된 것과 동화해주면서도 그것에 빠지면 안 되는 의미로 보인다. 가까이 있는 자들과 함께 하면서도 결국 같이 해서는 안 된다는 것을 말한 것으로 보인다.

4 주액(肘腋) : 주액은 팔꿈치와 겨드랑이 사이로 아주 가까운 것을 의미한다.

■ **해설**

혼전계의 다섯 번째 계략으로 "먼 나라와 친교를 맺고 가까운 나라를 공격한다"는 원교근공을 제시하고 있다. 이는 여러 나라가 혼전하는 상황 속에서 지리적으로 멀고 가까운 적들이 있을 때 누구를 공격하고 누구와 화친해야 하는가에 대한 원칙을 제시하고 있는 것이다. 즉 원교근공(遠交近攻)은 적들의 연합을 분열 혹은 와해시켜 먼저 멀리 있는 나라와 우호를 맺고, 뒤에 가까이에 있는 나라를 공격하여 취하는 계략을 말한다. 멀리 있는 적보다는 가까이 있는 적을 공격하는 편이 유리하며, 따라서 멀리 있는 적과는 정치적 주장이 다를지라도 잠시 연합하라는 것이다.

「혼전의 국면에는 종횡으로 치고 닫는 가운데 각자 스스로의 이익을 취한다. 멀리 떨어진 적은 공격하지 않는 것이니 이는 이로움이 서로 결합되기 때문이다. … 범수(范雎)의 계략은 지리의 정해진 이치를 사용하여 그 이치를 깊이 밝힌 것이다.」

혼전이란 여러 나라가 섞여 싸우고 있는 상황이다. 이러한 대에는 각기 자기의 나라의 이익을 위하여 패권을 다투는 것이다. 가까운 적을 먼저 공략하고 먼 적과는 화친을 하는 것이 그 답이다. 먼 곳에 있는 나라와는 서로의 이해관계가 일치하기 때문이다. 이는 위나라 출신의 유세객인 범수가 진(秦)나라의 소양왕에게 제시한 책략이다. 이 원교근공의 책략으로 진나라는 여러 제후의 우두머리로 행사할 수 있었다.

물론 범수의 원교근공으로 패권을 잡은 진나라에 대응하여 나온 전략은 소진(蘇秦 : 수친)의 합종(合縱)이다. 합종은 남북으로 위치한 한(韓) · 위(魏) · 조(趙) · 연(燕) · 초(楚) · 제(齊)의 여섯 나라를 연합하여 강국 진(秦)에 맞서게 한 공수 동맹(攻守同盟)의 정책을 말한다. 소진은 우선 연나라와 조나라를 연합한 후에 여섯 나라의 제후들을 모두 설득하여 합종을 이루어 내었다.

신라가 삼국통일을 하는 과정에서 맺은 외교 전략도 바로 원교근공이다. 먼 당나라와 제휴하여 가까운 백제와 고구려를 공격한 것은 원교근공의 계략을 성공적으로 활용한 하나의 실례라 할 수 있다. 또 중국의 가장 동쪽에 있는 나라는 우리나라이며, 중국의 가장 서쪽에 있는 나라는 티벳이다. 티벳의 옛 지명은 토번이며, 역사적으로 토번과 우리나라 사이에는 긴밀한 교류가 있어 왔는데, 이는 원교근공의 전략을 서로 잘 알고 있기 때문이다.

먼 나라를 공격하기 위해서는 막대한 손실을 감내해야 하지만 그 이득은 그리 크지 않을 수 없다. 우선 가까운 적을 공략해서 세력을 확장하고 이 후 기회를 보아 먼 적을 상대하는 것이 국익에 이익이 되는 것이다. 범수가 주장했던 원교근공의 계략은 혼전 상황 속에서 국가의 지도자가 취해야할 원칙을 제시하고 있는 것이다.

제 24계

빌미를 잡아 세력을 확장시켜라

가도벌괵(假道伐虢)

길을 빌려 괵을 정벌한다

■ 〈가도벌괵〉의 유래

이 전략은 『춘추좌전(春秋左傳)』〈노희공편(魯僖公篇)〉편에서 유래하였다. 거기에 진(晉)나라가 우(虞)나라의 길을 빌려 괵(虢)나라를 점령하였다는 이야기가 나온다.

가도벌괵이란 '길을 빌려서 괵나라를 친다'는 뜻인데, 춘추 시대 우와 괵 두 나라는 서로 이웃 나라로서, 모두 진(晉)나라와 접경을 이루고 있었다. 진이 우나라를 치려하면 괵나라가 와서 돕고, 괵나라를 치려하면 우나라가 돕고 해서 진나라는 이 두 나라로 골치를 앓고 있었다.

기원전 658년(노희공 2)에 진나라의 대부 순식(荀息 : 순시)이 진헌공(晉獻公)에게 하나의 계략을 내놓았다. 그것은 우나라를 매수하여 우나라의 길을 빌려 괵나라를 치는 것이었다. 순식은 우공(虞公 : 위공)에게 좋은 말과 보옥을 보내서 우나라를 매수하고 진나라가 길을 빌려 괵나라를 칠 것이라는 것을 믿게 하였다. 이 때 우나라의 대부 궁지기(宮之奇 : 공지치)가 이를 만류하였지만 우공은 진나라에게 길을 빌려주게 되어 순식이 군사를 이끌고 가 우나라 군사와 합세하여 괵나라를 치고 하양(下陽 : 샤양) 땅을 함몰시켰다.

또 기원전 655년(노희공 5)에 진헌공이 다시 우나라의 길을 빌려 괵나라를 치려하였다. 이 때 우나라의 궁지기가 우공에게 간했다.

"괵나라는 우리 우나라의 병풍입니다. 괵이 멸망하면 우나라는 반드시 그 뒤를 따를 수밖에 없습니다. 진나라의 탐욕을 더 이상 조장할 수 없고 우리 또한 이 같은 일이 습관이 되어 도둑을 만만히 보는 일이 있어서는 안 됩니다. 지난번에 괵나라를 칠 때 길을 한 번 빌려준 것도 이미 과분한데 어찌 두 번씩이나 빌려줄 수 있겠습니까?”

그러나 우공은 궁지기의 말을 듣지 않고 진나라 사자의 가도(假道) 요청을 수락하였다. 이에 궁지기는 가속을 이끌고 우나라를 떠나면서 말했다.

“우나라는 올해 세모에 지내는 제사를 지내지 못할 것이다. 진나라는 괵나라를 토벌하는 군사를 이용해 우나라를 멸망시킬 것이니 다시 거병할 필요가 없을 것이다.”

실재로 이 해 12월 진나라가 괵나라를 멸망시키고 돌아오는 길에 우나라를 기습 공격하여 우나라까지 멸망시켰다.

■ 본문 및 주해

【본문】 두 개의 강대국 틈에 끼어 있는 소국이라면, 만약 한 적이 그를 굴복시키기 위하여 쳐들어온다면 나는 세력을 보여서 그를 도와주어야 한다. 이는 『주역』의 〈곤괘(困卦)〉에서 곤란한 지경에 빠졌을 때 “단지 말만 앞세우면 믿질 않는다.”는 풀이에 비유될 수 있다.

(原文) 兩大之間，敵脅以從，我假以勢。困，有言不信。

【주해】 땅을 빌려 병사를 이용하는 사례를 보면 교묘한 말이 아니라도 속일 수 있다. 그 세력이 일방의 곁에 있는 세력이 따르지 않으면

곧 반드시 쌍방의 협공을 받게 된다. 이 경계가 허물어지면 적은 반드시 위험에 닥치게 된다. 내가 곧 그들을 속였지만 해롭지 않고 그 다행스러워하는 마음을 이용하여 전체의 세력을 빠르게 얻는 것이다. 적의 장수는 스스로 진을 펼치기가 불가능한 까닭에 싸우지 않고도 멸하게 하는 것이다.

(按) 假地用兵之擧，非巧言可誑。必其勢不受一方之脅從，則將受雙方之夾攻。如此境況之際，敵必迫之以威，我則誑之以不害，利其幸存之心，速得全勢。彼將不能自陳，故不轉而滅之矣。

■ 『주역』의 내용 풀이

곤 유언불신(困 有言不信) : 이는 『주역』의 47괘이 〈곤괘(困卦)〉의 괘사에 나오는 말이다. 곤괘는 위에는 택괘(☱)가 아래에는 수괘(☵)가 놓여져 있는 형상이다. 위에 못이 있고 아래에 물이 있으니, 못에 물이 담지기 않아 곤란한 것이다. 괘사는 "곤(困)은 형통하고 바르니 대인이다. 길하고 허물이 없다. 말만 앞세우면 믿질 않는다.(困 亨貞大人 吉无咎 有言不信)"라고 하고 있다.

곤란한 상황인데 '길하고 허물이 없다' 라고 풀이하고 있다. 그것은 곤란한 상황일수록 군자는 더욱더 굳어지고 마음이 흔들리지 않게 되는 것이라 형통하고 바르게 되어 대인(大人)이 된다고 풀이한 것이다.

대인이 되었으니 앞으로의 일은 길하고 허물이 없게 되는 것이다. 그러나 곤란한 상황 속에서는 말만 앞세우면 아무도 믿어주질 않는 것이다. 곤란한 상황을 타개할 행동이 필요한 것이다. 그러한 의미에서 두 나라 사이에서 곤란을 겪을 때 한 나라의 길을 빌려 다른 나라를 치고, 다시 돌아오는 길에 나머지 나라를 친다는 '가도벌괵'의 계략을 곤괘에 비유하여 말하고 있는 것이다.

■ **해설**

혼전계의 마지막 계략은 '길을 빌려 괵을 정벌한다'는 가도벌괵이다. 우(虞)나라와 괵(虢)나라 사이에 있던 진(晉)나라가 우나라의 길을 빌려 괵나라를 치고 다시 돌아오는 길에 우나라 마저 멸망시켰던 것처럼 긴밀하게 협조하는 두 세력을 어떻게 정벌할 수 있는 가를 알려주는 계략이라 할 수 있다.

가도벌괵의 계략을 보면 진나라의 곁에 강한 우나라와 괵나라가 있는데, 괵나라가 우나라를 괴롭히자 이를 빌미로 진나라가 우나라의 길을 빌려 괵나라를 치는 것이다. 먼저 괵나라를 치고 돌아오는 길에 힘이 약한 우나라마저 정벌하는 것이다.

임진왜란 당시 풍신수길(豐臣秀吉 : 도요토미 히데요시)이 명(明)나라를 정벌하기 위하여 우리나라의 길을 빌려달라고 했던 것도 일종의 '가도벌괵'의 계략의 일종이라 할 수 있다. 전쟁이 진행되는 가운데 조선군을 돕기 위하여 전쟁에 참여하였던 명나라 또한 일본군을 몰아내는 것에 목적이 있는 것이 아니라 그것을 빌미로 하여 조선에 영향력을 강화하겠다는 의도를 가지고 전쟁에 참여하게 된 것이며, 이 또한 '가도벌괵'의 계략을 가지고 있다 할 수 있다.

이와 같이 혼전의 상황에서 적과 우군 사이에 있는 약소국을 정벌하기 위한 계략이 '가도벌괵'이다. 만약 약소국이 다른 적으로부터 위협을 받을 때는 그것을 명분으로 삼아서 약소국과 함께 강한 적을 무너뜨리고, 그 후에 약한 적은 기회를 보아서 무너뜨리면 되는 것이다.

약소국의 상황 속에 처해 있던 우나라의 대부 궁지기가 우공에게 간하였던 것을 주의 깊게 볼 필요가 있다. 궁지기는 "속담에 '보상거의(輔車相依)' 즉 바퀴살을 돕는 나무와 수레의 바퀴가 서로 의지라고 있는 것과 같고 '순망치한(脣亡齒寒)' 즉 입술이 없으면 이가 시린 것과 같은 것은 바로 우나라와 괵나라의 관계를 두고 하는 말이다."라고 우공에게 간한다. 그러나 우공은 "진나라가 우리와 같은 종족(宗族)인데 어찌 우리를 해치겠는가?"라고 말하며 궁지기의 말을 무시하였다. 그 결과 결국 괵나라가 망한 이후에 우나라 또한 멸망하였던 것이다. 약소국의 입장에서는 우방을 너무 쉽게 믿으면 안 된다는 교훈을 주고 있다. 삼국통일을 이루기 위하여 신라가 당나라를 끌어들였지만 당나라의 입장에서는 신라와 연합하여 백제와 고구려를 무너뜨리고 이어 나당전쟁을 통하여 신라마저 정벌하려고 하였던 역사적 사실에서 볼 수 있듯이 약소국의 입장에서는 우자기의 말을 명심할 필요가 있다 하겠다.

병전계

내부의 적과 외부의 적을 아울러 상대하는 전략

제 25계. 투량환주 주요한 자리마다 나의 세력으로 교체하라
제 26계. 지상매괴 단호하게 경고하여 굴복시켜라
제 27계. 가치부전 어리석은 척 행동하라
제 28계. 상옥추제 적을 유인한 후 퇴로를 봉쇄하라
제 29계. 수상개화 자기 세력을 부풀려 강하게 보여라
제 30계. 반객위주 영향력을 확대하여 주도권을 장악하라

제 25계

주요한 자리마다 나의 세력으로 교체하라

투량환주(偸梁換柱)

대들보를 훔쳐내 기둥을 바꿔치기 한다

■ 〈투량환주〉의 유래

투량환주는 원래 일반인들 사이에 사용하는 고사성어이다. 그것은 상(商)나라의 걸왕(桀王)의 탁량환주(托梁換柱) 즉 '대들보를 던져 기둥을 고쳤다'는 전설에서 나온 것이다. 상나라의 걸왕의 아버지는 한때 걸왕과 문무백관을 거느리고 화원을 관람하고 있었다. 목단(牧丹)의 꽃이 피어 있는 것을 감상하면서 문설주에 이르렀을 때, 문설주의 기둥 하나가 넘어졌다. 이에 기분이 좋지 않았는데 이 때 걸왕이 이것을 보고 마침내 괴력을 사용하여 하나의 대들보를 던져서 기둥을 고쳤다는 것이다. 이 걸왕의 '탁량환주'의 전설이 일반인들에게 회자되면서 '투량환주'의 고사가 만들어진 것으로 보인다.

『홍루몽(紅樓夢)』의 97회에도 '투량환주'라는 말이 보인다. 『홍루몽』은 청나라 중기 건륭제 때 쓰여진 구어체의 중국 장편소설 중 최고 걸작으로 알려져 있다. 작가는 조설근(曹雪芹)으로 알려져 있으며, 『삼국지연의』, 『수호전』, 『서유기』와 더불어 중국의 최고의 걸작 고전소설로 손꼽는다. 『홍루몽』의 복사본은 당초 약 110회가 존재했다고 추정되지만, 초고가 유출되고 80회 이후는 어떤 원인으로 흩어지고 보충이 되지 않은 상태에서 작자인 조설근이 사망한 후 30년 후에 약 40회가 첨삭되어 활자 인쇄판의 120회본이 세상에 나온 것으로 추측하고 있다.

이 책의 줄거리는 조상의 공적에 의해 대대로 고관을 지내고, 황실의 인척이기도 한 상류 계급 가(賈)씨 가문의 귀공자 가보옥(賈寶玉)이

주인공이며, 같이 지내는 임대옥(林黛玉)이 여주인공이 된다. 등장 인물만 500명이 등장하며, 주인공인 귀공자 가보옥은 학문은 등한시하고, 풍류를 즐겨하는 한량이다. 가보옥은 병약한 임대옥을 사랑하지만, 인연은 이어지지 못하고 결국은 설보채(薛寶釵)와 결혼을 하게 되며, 이러한 연애의 삼각관계를 축으로 이야기가 전개된다.

여기에서 '투량환주'란 말은 보옥이 결혼을 할 때 대옥과 결혼을 하는 줄 알고 결혼식을 진행하였는데, 대옥은 병이 들어 대신에 신방에 들어온 것은 보채였다. 이에 보옥이 신부의 얼굴을 보니 자기가 사랑하는 대옥이 아닌 보채로 바뀐 것을 확인하고는 "일부러 봉저(鳳姐)가 하나의 투량환주 계략을 생각해 낸 것이구나(偏偏鳳姐想出一條偷梁換柱計)"라고 말하고 있다.

■ 원문 및 번역

【원문】 그 진영을 자주 바꾸게 하고 그 주력 부대를 빼내게 한다. 그들이 스스로 붕괴하기를 기다려 그 이후에 승기를 잡는 것이다. 이는 『주역』의 〈기제괘〉에서 "그 수레를 끌어당긴다."는 것과 같다.

(原文) 頻更其陳，抽其勁旅，待其自敗，而後乘之。曳其輪也。

【주해】 진(陳)에 종과 횡이 있는 것이다. 하늘의 형(衡 : 저울대)이 대들보가 되고 지축이 기둥이 된다. 대들보와 기둥은 정신과 병사로써 그

것을 삼는다. 그러므로 진을 보면 곧 정병(精兵)의 소재를 알 수 있다.

공전(共戰)에서 다른 적을 대할 때에는 자주 그 진을 바꾸어라. 어둠 속에서는 몰래 그 정병을 바꾸어 뽑아라. 마침내 그것을 대신해 대들보와 기둥을 삼아라. 자기 세력으로 진을 이루어 나아가 그 병사를 겸하게 하다. 이렇게 세운 적으로써 다른 적을 치는 것이 으뜸가는 책략이다.

(按) 陳有縱橫，天衡爲梁，地軸爲柱，梁柱以精兵爲之。故觀其陳，則知其精兵之所在。共戰他敵時，頻更其陳，暗中抽換其精兵，或竟代其爲梁柱，勢成陳榻，遂兼其兵。幷此敵以擊他敵之首策也。

■ 『주역』의 내용 풀이

예기륜야(曳其輪也) : 이 말은 『주역』의 〈기제괘(旣濟卦)〉의 초구(初九)와 그 상전에 나오는 말이다. 기제는 위에는 수괘(水卦 : ☵)가 놓여 있고, 아래에는 화괘(火卦 : ☲)가 놓여 있다. 기제(旣濟)란 '이미 건넜다'는 뜻이다. 물이 위에 놓여 있어 아래로 흐르고 불은 밑에 있어 위로 올라가는 성질이 있어 서로 교합이 되는 것이다. 그래서 수승화강(水昇火降)이 되어 이미 건너간 것이 되는 것이다. 그런데 이미 이루어졌기 때문에 더 욕심을 부리면 화를 만나게 되는 것이라 앞으로 닥칠 환란을 생각하여 미리 예방을 해야 하는 것이다.

예기륜(曳其輪)이란 '그 수레를 뒤에서 끌어당긴다'는 뜻으로 뒤에서 끌어당기면 수레가 앞으로 가지 못하고 멈추어 있는 것이다. 초구에서 "수레를 끌어당기며 그 꼬리를 적시면 허물이 없다(初九 曳其輪 濡其尾 无咎)"라고 말하고 있다. 꼬리를 적신다는 것은 여기에서는 여우가 물을 건널 때 꼬리가 물에 빠지는 것을 말한다. 즉 여우가 물을 건널 때는 꼬리를 위로 올리고 건너가게 되는데 물이 깊어 꼬리가 물에 적시면 가는 것을 멈추는 것이다. 이와 같이 이미 건너갔기 때문에 더 이상 욕심을 부리지 않고 멈추어 있으라는 것이다.

■ **해설**

'대들보를 훔쳐내 기둥을 바꿔치기 한다'는 투량환주는 병전계의 첫 번째 계략이다. 여기서 병전(并戰)이란 외부의 적과 내부의 적을 함께 상정하고 펼치는 계략이다. 적은 밖에만 있는 것이 아니다. 내부의 적이 더 무서운 것이다. 비록 외부의 적을 물리쳤지만 그로 인하여 자신의 권력을 잃은 경우가 역사 속에는 무수히 있다. 따라서 외부의 적과 싸우는 동안 내부적으로 자신의 세력을 어떻게 구축하느냐 하는 것이 더욱 중요한 문제일 수 있다.

투량환주는 연합하여 외부의 적과 싸우고 있을 때 주요한 자리를 자기세력으로 교체하라는 것이 핵심이다. 주요한 핵심 자리를 자신의 세력으로 교체해 놓으면 외부의 싸움이 끝이 날 때 나머지의 세력은 힘을 쓰지 못하고 모든 권력이 자기에게 집중될 수 있는 것이다.

「공전(共戰)에서 다른 적을 대할 때에는 자주 그 진을 바꾸어라. 어둠 속에서는 몰래 그 정병을 바꾸어 뽑아라. 마침내 그것을 대신해 대들보와 기둥을 삼아라. 자기 세력으로 진을 이루어 나아가 그 병사를 겸하게 하다. 이렇게 세운 적으로써 다른 적을 치는 것이 으뜸가는 책략이다.」

여러 세력이 연합하여 다른 외부의 적을 상대할 때 몰래 중심세력을 교체하는 것은 분명 비겁한 행위일 수 있다. 그런데 외부의 적이 세력이 약하여 곧 전쟁이 끝나게 되면 내부의 연합세력 간의 주도권 다툼이 이어지게 된다. 그 주도권 다툼에서는 주요한 자리에 자기의 세력을 심어 놓은 자가 승리하기 마련이다. 따라서 외부의 적을 이기기 위한 전략과 더불어 내부적인 적과의 싸움에서 어떻게 승리할 수 있는가가 중요한 문제일 수밖에 없다.

상해임시정부의 세력이 해방 이후 통일 정부를 세우지 못한 것은 연합군의 세력이 일본군을 무찌른 후 미국과 소련에 의하여 주도권이 넘어가게 되었기 때문이며, 이후 이승만과 김일성의 정권이 권력을 잡게 된 것도 미국과 소련의 지원 아래 이들이 자신의 세력을 계속적으로 확대해 나갔기 때문이다. 이와 같이 혼전의 상황 속에서 주요한 자리를 자신의 세력으로 채우는 것은 중요한 계략이라 할 수 있다.

병전계의 계략은 전투에서는 유용하지만 그보다는 정치적인 상황 속에서 보다 많이 사용된다. 투량환주는 정권의 창출 과정에서 많이 쓰인다. 대통령 선거에서 승리하기 위해서는 다른 정치세력과의 싸움도 중요하지만 일단 같은 정당내의 주도권 싸움에서 승리하여만 대선

주자로 나설 수 있다. 그러기 위해서는 기회 있을 때마다 자기의 수하를 자기 정당의 주요한 보직에 배치하고 지방의 주요 정치세력은 물론 경제계와 종교계 학계 및 문화계 등의 주요요직에 자신의 영향력이 미칠 수 있도록 하는 것이 중요하다. 투량환주의 계략은 이처럼 큰 정치적인 변화를 앞두고 미리 평상시에 조치를 취하는 계략이다. 이는 공세적으로 외부를 공격할 때도 그 공격의 중심에 자신의 세력을 심고, 수세적으로 공격을 받을 때는 그것을 빌미로 주요한 자리에 있는 다른 세력을 몰아내고 그 자리에 자신의 세력을 심는 것을 말한다.

진나라의 진시황(秦始皇)의 환관이었던 조고(趙高 자오 까오)가 진시황이 죽자 시황제의 유서를 조작하여 큰아들 부소(扶蘇 : 푸수)를 왕위에 올리지 않고 우둔한 막내아들 호해(胡亥 : 후하이)를 2세 황제로 올렸는데, 이것도 일종의 투량환주 계략이라 할 수 있다. 조고의 입장에서 보면 자신의 권력을 유지하기 위하여 진시황의 유서마저 조작하여 큰아들 대신에 우둔한 막내아들로 황위를 잇게 한 것이다. 결국 조고의 이 같은 행동은 진승(陳勝 : 천셩) · 오광(吳廣 : 우광)의 난과 항우(項羽 : 시앙위) · 유방(劉邦 : 리우방) 등의 반진세력(反秦勢力)이 일어나 진나라를 멸망시키게 하는 직접적인 계기가 되었지만 투량환주의 계략을 사용한 하나의 예는 될 것이다.

투량환주의 계략은 외부의 적과의 대치 속에서 내부의 주도권을 어떻게 장악해야 하는가 하는 지혜를 가리켜 준다. 강한 외부의 적이 등장할 때 내부는 혼란 상황에 빠지기 쉽다. 만약 외부의 적을 이기지 못하면 그 외부의 적의 세력의 지원을 받는 세력에 의하여 권력이 붕괴되기 십상이다. 그러나 설사 외부의 적을 이기더라도 내부의 주도권을 상실하게 되면 또한 권력이 붕괴되는 것이다. 고려 말의 이성계가 우화도에서 회군하여 고려를 무너뜨리고 조선을 건국한 것이 그 대표적인 실례가 될 것이다. 따라서 외부의 혼란한 와중에서 자신의 세력을 공고히 해갈 수 있는 전략이 투량환주라 할 수 있다.

주역의 〈기제괘〉의 예기륜(曳其輪) 즉 '수레를 끌어 잡아당긴다' 는 말을 깊게 음미해볼 필요가 있다. 이미 외부와의 싸움이 승리로 결론이 나는 상황이라면 더 이상 무너지는 적을 상대하는 싸움에 자신의 수하를 내보내 희생시킬 필요가 없다. 내부의 여러 세력 간에서 주도권을 장악하기 위하여 주요한 요직에 자신의 세력을 배치하는 것이 현명한 지도자이다. 수레를 끌어 잡아당겨서 더 이상 앞으로 나아가지 말라는 것이다.

제 26계

단호하게 경고하여 굴복시켜라

지상매괴(指桑罵槐)

뽕나무를 가리키며 홰나무를 욕하다

■ 〈지상매괴〉의 유래

'지상매괴' 란 원래 중국의 민간에 유행하던 속담이다. 이는 일종의 간접적이고 우회적인 질책을 통하여 다른 사람을 복종시키는 방법을 말한다.

『홍루몽』 16회에서 "그들이 지상매괴를 취한 것이다.(他們就指桑罵槐)"를 취한 구절이 보인다. 이와 같이 지상매괴가 소설 등에서도 자주 등장하고 있음을 알 수 있다. 그러나 이러한 지상매괴가 군사상의 용어에 있어서는 '일벌백계로 징계하는 의미' 로 사용되는 계략이다. 즉 지도자가 우회적인 방법으로 경고하여 군기를 엄정히 하고 군령을 확고하게 다지는 계략이라 할 수 있다.

■ 본문 및 주해

【본문】 강자가 약자를 지배하려면 경고를 하여 따르게 해야 할 것이다. 이는 『주역』의 〈사괘(師卦)〉의 단전에 "강한 것을 중(中)으로 해서 응하게 하고, 험한 데를 행하면서 순하게 한다."고 한 것에 비유할 수 있다.

(原文)(원문) 大凌小者(대능소자), 警以誘之(경이유지)。剛中而應(강중이응), 行險而順(행험이순)。

【주해】 통솔하는 명령을 한 번 내려도 복종하지 않는 자가 대적할 때

에는 강하게 꾸짖고 그래도 행동하지 않으면 이익으로 그를 꾀거나 혹은 반대로 그 의심을 촉발시켜야 한다. 이와 같이 하는 까닭은 스스로 잘못된 것처럼 다른 사람을 책망하여 간접적으로 그를 타이르는 것이다. 이 같이 타이르는 것은 그들을 유혹하는 것에 반하는 것이다. 이는 강으로써 험난한 것을 누르는 것이다. 어떤 사람은 '이는 길들여 달래서 장차 하도록 하게 하는 방법이다.' 라고 말한다.

(按) 率數未服者以對敵，若策之不行：而利誘之，又反啓其疑。於是故爲自誤，責他人之失，以暗警之。警之者，反誘之也，此蓋以剛，險驅之也。或曰：此遣將法也。

■ 『주역』의 내용 풀이

강중이응 행험이순(剛中而應 行險而順) : 이는 『주역』의 7괘인 사괘(師卦)의 단전에 나오는 말이다. 사괘는 땅을 상징하는 곤괘(坤卦 : ☷)가 위에 있고, 물을 상징하는 감괘(坎卦 : ☵)가 아래에 있는 형상이다. 사(師)란 '무리' 혹은 '군사'를 의미한다. 땅 밑에 물이 있는 것은 군중이 모이는 것이다. 물이 땅에 흘러내리면서 모두를 유익하게 해주는 것이다.

단사 중에 "강한 것이 중으로 응하고, 험한 데를 행하면서 순하게 하니 이로써 천하를 혹독하게 하되 백성이 이에 따르니 길하며, 또 어찌 허물이 되겠는가?(剛中而應 行險而順 以此毒天下而民從之吉 又何咎矣)"라고 하고 있다. 왕이 되어 천하가 따르게 되니 따르지 않는 자는 강하게 꾸짖어 따르게 하여도 허물이 되지 않는다는 것이다. 그럼에도 불구하고 꾸짖을 때는 직접적으로 징계하는 것이 아니라 간접적인 방법을 써서 따르게 하는 것이다.

■ 해설

"뽕나무를 가리키며 홰나무를 욕한다."는 의미의 '지상매괴'는 병전계의 두 번째 계략이다. 이는 간접적이고 우회적이지만 강한 경고를 통하여 복종하지 않는 자들을 복종하게끔 하는 전략이다.

「강자가 약자를 지배하려면 경고를 하여 따르게 해야 할 것이다.」

강자가 약자를 다스리는 방법에는 두 가지가 있다. 하나는 강하게 자기의 말에 복종시키는 방법이고 다른 하나는 이익을 주어 그들을 따르게 하는 것이다. 흔히 하는 말로 '당근과 채찍'의 두 가지 방법이 있다. 지도자가 '당근을 사용해야 할 것인가' 혹은 '채찍을 사용해야 할 것인가' 하는 것은 상황에 따라 달라질 수밖에 없다. 적과의 대치 상황 속에서 군율을 따르지 않고 불만만 하는 세력들을 복종시키기 위해서는 강한 채찍이 필요하다.

이럴 때 직접적으로 일벌백계(一罰百戒)하는 방법도 있지만 우회적인 방법을 통하여 군율을 따르지 않고 불만만하는 세력들에게 강하게 경고할 수도 있다. 이러한 방법이 지상매괴의 계략이다.

「『주역』의 〈사괘(師卦)〉의 단전에 "강한 것을 중(中)으로 해서 응하게 하고, 험한 데를 행하면서 순하게 한다."고 한 것에 비유할 수 있다.」

이렇게 우회적인 경고를 할 때도 군사(軍師)는 강한 힘이 있어야 한다. 만약 경고를 함에도 따르지 않으면 더 큰 위험에 처할 수 있다는 것을 느끼게 해야 한다. '강한 것을 중(中)으로 해서 응하게 한다.' 는 것은 말을 듣지 않는 자들을 제제할 수 있는 충분한 힘을 보유하고 있음을 말하는 것이다. 비록 그렇다 하더라도 직접적으로 앞에 놓고 잘못을 지적한다면 속으로 복종하지 않고 겉으로만 마지못해서 따를 수 있다. 그렇게 때문에 다른 사람을 꾸짖는 간접적인 방식으로 행하는 것이다. '험한 데를 행하면서 순하게 한다.' 는 것이 그러한 의미이다.

『한비자』에는 군주가 신하를 다스릴 때 '군주의 권세로 변화시킬 수 없으면 제거한다.' 고 말하고 있다. 즉 '군주가 상을 내리고 칭찬을 해줘도 노력하지 않고, 벌을 주고 비난을 해도 두려워하지 않으며, 이 네 가지를 가해도 바뀌지 않는 신하라면 제거해야 한다.' 고 말한다.

지상매괴의 계략은 강자가 약자를 복종시키는 방법이다. 만약 약자가 이러한 경고에도 따르지 않는다면 다음 수순은 제거의 대상이 되는 것이다. 만약 약자가 이러한 강자의 의도를 알아차리게 되면 복종할 수밖에 없는 것이다. 조선시대 이방원(李芳遠)의 책사였던 하륜(河崙)이 태종(太宗)의 즉위 뒤에도 살아남아 장수할 수 있었던 비결은 태종의 의도를 거슬리지 않는 2인자의 철학을 철저히 견지하고 있었기 때문이다. 태종의 지상매괴의 의도를 항상 잘 알아차린 인물이라 할 수 있다.

『한비자』 제7권 〈이병(二柄)〉에는 '호랑이가 개를 복종시킬 수 있는 까닭'에 대하여 다음과 같이 밝히고 있다.

"현명한 군주가 신하를 통제하는 것에는 두 개의 칼자루가 있을 뿐이다. 두 개의 칼자루란 형벌(形)과 덕(德)이다. 무엇을 형과 덕이라 하는가? 살육(殺戮)하는 것을 형이라 하고, 공을 치하해 상을 내리는 것을 덕이라 한다. 신하들은 주살되는 벌을 두려워하고 포상을 받는 것을 이롭게 여긴다. 그런 까닭에 군주가 직접 형벌과 포상을 스스로 사용하게 되면 신하들은 그 위세를 두려워하고 그 이로운 쪽을 따를 것이다. …

무릇 호랑이가 개를 복종시킬 수 있는 까닭은 발톱과 이빨을 지녔기 때문이다. 만일 호랑이에게서 발톱과 이빨을 떼어 개로 하여금 그것을 사용하게 한다면 호랑이가 도리어 개에게 복종을 할 것이다. 군주란 형과 덕으로 신하를 통제하는 자이다. 지금의 군주가 형과 덕을 떼어서 신하들이 사용하게 한다면, 군주는 도리어 신하의 통제를 받게 될 것이다."

군주가 신하를 통제하기 위해서는 호랑이가 발톱과 이빨을 지니고 있는 것처럼 힘이 필요하다. 만약 힘을 발휘할 수 있는 수단인 호랑이의 발통과 이빨을 개에게 준다면 오히려 개가 호랑이를 지배하게 된다. '지상매괴'의 계략이 힘을 발휘하기 위해서는 이처럼 강한 힘이 전제되어야 한다. 만약 군주가 강한 힘이 없다면 신하는 눈치만 볼 뿐

적극적으로 따르지 않게 대응할 것이다. 정부에서 사정(査正)의 바람이 불 때마다 공무원들이 복지부동(伏地不動 : 땅에 납작 엎드려 움직이지 않음)하는 것이 대표적인 사례라 할 것이다.

'지상매괴' 계략의 주안점은 우회적이고 간접적인 방식에 있다. 지도자는 강한 힘을 소유하고 있지만 조직원이 자기의 의도를 따르게 하기 위해서는 직접적으로 꾸짖고 지시하는 방식이 보다는 모르는 척 다른 사람을 꾸짖거나 다른 사례를 빗대어 경고를 하는 것이 더 효과적일 수 있다.

제 27계

어리석은 척 행동하라

가치부전(假痴不癲)

어리석은 척하지만 미치지 않았다

■ 〈가치부전〉의 유래

'어리석은 척하지만 미치지 않았다'는 가치부전이 병전계의 세 번째 계략이다. 치(痴)란 '어리석음', '미치광이'를 의미한다. '전(癲)'이란 '미치다'의 뜻이다. 따라서 '가치부전이란 어리석은 체하고 있지만 미치지 않았다'는 말이 된다. 이 말은 중국 민간의 속어에서 유래된 것이다.

이 말은 '어리석은 척 바보처럼 행동하다'는 말로 '장풍매사(裝瘋賣傻)'와 '귀머거리인 척, 벙어리인 척하다'는 '장롱작아(裝聾作啞)' 등으로 변화되어 왔다. 사람들은 일상생활 가운데에서 모종의 모순을 회피하기 위하여 이렇게 행동한다. 어떤 사람은 자신이 처한 위기를 모면하기 위하여 이처럼 행동하고, 어떤 사람은 강한 세력의 수중에 있을 때 일정한 기간 동안 고의적으로 어리석은 척 행동한다. 이렇게 행동하다가 기회가 오게 되면 적이 방심하는 틈을 타서 일시에 자신이 의도한 바를 성취하는 것이다.

■ 본문 및 주해

【본문】 어리석은 척 가장하면서 어떤 행동을 하지 말라. 또 총명한 척하며 경거망동하지 말라. 항상 마음을 안정하면서 누설하지 말라. 이는 『주역』의 3괘인 〈둔괘(屯卦)〉의 상전에 "구름과 우레가 둔이다"라는 것에 비유할 수 있다.

(原文) 寧僞作不知不爲，不僞作假知妄爲。靜不露機，雲雷屯也。

【주해】 알지 못하는 것처럼 가장하지만 실지로는 아는 것이다. 하지 못하는 것처럼 가장하지만 실은 하지 않음이 없는 것이며, 또 장차 하는 바가 있는 것이다. 사마의(司馬懿 : 시마이)의 병들어 늙은 것처럼 가정하여 조상(曹爽 : 차오수앙)[1]을 죽였다. 또 (제갈량이 보낸) 건괵(巾幗 : 수건과 머리 장식품)을 받고, 거짓으로 (본국에) 명령을 청하기까지 하였으며, 이것이 촉나라의 병사를 지치게 하고 (전쟁에서) 성공한 까닭이다. 강유(姜維 : 지앙웨이)[2]는 아홉 번 중원을 점령하였으나 하지 말아야 함을 분명히 알지 못하고 망령되이 그렇게 하였으니, 어리석은 자와 같지 않은가! 그것이 파멸한 까닭이다.

병서(『손자병법』)에 말하기를 "그러므로 잘 싸우는 자의 승리에는 지모(智謀)와 명성이(名聲)이 없고 무용(武勇)과 전공(戰功)드 없다."라고 하였다. 그 기모가 발하기 전에는 고요한 둔(屯)의 모습같이 어리석게 보인다. 그러나 미친 척하는 것은 누설할 뿐만 아니라 혼란스럽게 움직이면서 많은 의심을 가지게 된다. 그러므로 어리석은 척하는 자는 승

---

1 조상(曹爽) : 자는 소백(昭伯)이다. 조부인 조소와 부친 조진(曹眞)이 모두 위나라의 공신이었다. 위나라 2대 황제 조예가 즉위하자 무위장군(武衛將軍)으로 중용되었다. 조예가 병을 얻어 자리에 눕게 되자 사마의와 함께 조방을 보좌하였다. 하지만 권력을 독점하게 되자 자만심과 주색에 빠져 실정을 하였고 자신의 세를 과시하기 위해 나섰던 촉나라 정벌에서 패배하였다. 사마의에 의해 처형되었다.

2 강유(姜維, 202~263) : 중국 삼국시대 촉한의 무장으로, 자는 백약(伯約), 천수(天水郡) 기현(冀縣)사람이다. 촉한의 최후의 충신이며, 본래 위(魏)의 장수로써 천수(天水)태수 마준을 섬겼으나, 제갈량의 1차 북벌 때 제갈량에게 투항했다고 한다. 234년 제갈량의 임종 때 그의 병법을 전수받았다. 제갈량 사후에 승상에 오른 장완과 비의가 죽자 후주는 강유에게 대장군의 직책을 맡기게 된다. 강유는 제갈량이 생전 이루지 못했던 북벌에 집착하여 9차례 북벌을 하지만 모두 위의 장수에게 막히거나, 환관 황호의 손아귀에서 놀아난 유선의 퇴각명령으로 끝나게 된다. 나중에 종회가 반란을 일으키면서 강우에게 5만의 명사를 주며 선봉에 세우려 했는데, 위나라의 장수들이 분노하여 종회와 강유를 죽였다.

리하지만 미친 척하는 자는 패배한다.

어떤 사람은 "어리석은 척하면서 대적할 수 있고, 또 군사를 다스리는데 이용할 수 있다."고 말한다. 송대(宋代)의 남방에는 귀신을 숭상하는 풍속이 있었다. 적무양(狄武襄 : 디우시앙)[3]이 농지고(儂智高 : 지까오)[4]를 정벌할 때에 큰 병사들이 계림의 남쪽으로 막 출발할 때에 거짓으로 신에게 축원하여 말하기를 "이길지 질지를 어디에 의지할 바가 없습니다." 하였다. 이에 100개의 동전을 취하여 스스로 지니고서는 신에게 약속하기를 "만약 큰 승리(大捷)의 결과가 이루어진다면 이 동전을 던져서 모두 정면(正面)이 나오게 하소서!"라고 하였다. 좌우에서 그만두기를 간하였다. "혹시 뜻과 같이 되지 않으면 출사하는 데 사기가 떨어질까 걱정입니다." 그러나 무양은 듣지 않았다. 모든 대중들이 드디어 긴장하며 바라보는데, 무양은 이미 손을 흔들어 한 번에 던져버렸고 100개의 동전은 모두 다 정면이 나왔다. 이에 군중들이 손을 들어 환호하였는데, 그 소리가 임야를 진동시켰다. 무양 또한 크게 기뻐하였다. 좌우를 돌아보고 100개의 못을 가져오도록 하여 즉시에 성기고 빽빽한 돈을 찾아서 포를 땅에 깔고서 못으로 그것을 찍고

3 적무양(狄武襄) : 이름은 적청(狄靑)이며, 북송의 대장군으로 무인들이 한 번도 오르지 못했던 추밀사(樞密使 : 지금의 국방장관)를 지냈던 전설적인 인물이다. 빈한한 집안 출신으로 16세 때 형을 대신하여 벌을 받아 자자충군(刺字充軍 : 얼굴에 글자를 세기는 형벌) 당했다. 1038년 당항족 이원호가 서하국을 세우고 난후 쳐들어오자 스스로 선봉장이 되어 무찔렀다. 범중엄에게 가르침을 받아 각종 병법을 모두 익혀 25차례의 크고 작은 전투에 참가하여, 8번이나 화살에 상처를 입었지만 한 번도 패한 적이 없었다.

4 농지고(儂智高, 1026~1055) : 중국 북송(北宋) 인종(仁宗)대에 광남(廣南) 일대에서 활약했던 농족의 우두머리이다. 안남(安南) 광원주(廣源州 ; 베트남의 카오방) 출생으로 1039년, 1041년에 안남에 반기를 들어 각각 장생국(長生國) · 대력국(大曆國)을 세웠으나 토벌되어 안남에 귀속되었다. 1048년에 다시 거사하여 성공, 송(宋)나라 영토에도 침공하였으며, 1049년에 남천국(南天國)을 세웠다. 1052년에는 송나라에 귀속하려 했으나 송나라가 받아들이지 않았기 때문에 송나라의 광남 일대에 진격하고 9개 주(州)를 격파하였다. 광주(廣州)까지 위협했으나 옹주(邕州)에서 송나라 장군 적청(狄靑)에게 패해 대리국(代理國)으로 달아났다.

푸른 실로서 그것을 꿰어 손으로 스스로 봉했다. 그리고 말하기를 "승리하고 돌아오면 신에게 감사하고 그 때 동전을 회수하리라." 그 후 군대를 평정하고 옹주(邕州 : 융저우)[5]로 군사가 돌아왔다. 이전에 '신에게 감사하고 동전을 회수하리라'는 말과 같이 군막에서 장군과 사병들이 모두 함께 펼쳐 보자, 양쪽 면이 모두 다 원래 같은 모양의 정면이었다.

(按) 假作不知而實知 : 假作不爲而實不可爲, 或將有所爲。司馬懿之假病昏以誅曹爽, 受巾幗, 假請命, 以老蜀兵, 所以成功。姜維九伐中原, 明知不可爲而妄爲之, 則似痴矣! 所以破滅。兵書曰 ; 『故善戰者之勝也, 無智名, 無勇功。』當其機未發時, 靜屯似痴 : 若假癲, 則不但露機, 且亂動而群疑 ; 故假痴者勝, 假癲者敗。或曰 ; 『假痴可以對敵, 幷可以用兵。』宋代, 南俗尙鬼。狄武襄(靑)征儂智高時, 大兵始出桂林之南, 因佯祝曰 ; 『勝負無以爲據。』乃取百錢自持, 與神約 ; 『果大捷, 則投此錢盡錢面也。』左右諫止 ; 『倘不如

5 옹주(邕州) : 현재의 남령(南寧 : 난닝)을 말한다. 광서장족(廣西壯族 : 광시좡족)의 자치구의 주도(主都)이다.

意，恐沮師。』武襄不聽。萬衆方聳視，已而揮手一擲，百錢皆面。於是擧手歡呼，聲震林野。武襄也大喜，顧左右，取百釘來，卽隨錢疏密，布地而帖釘之，加以靑紗籠護，手自封焉。曰；『俟凱旋，當酬神取錢。』其後平邕州還師，如言取錢，幕府士大夫共視，乃兩面錢也。

■ 『주역』의 내용 풀이

운뢰둔야(雲雷屯也) : 『주역』의 3괘인 〈둔괘(屯卦)〉의 대상전에 나오는 말이다. 둔괘의 모양은 위에는 물을 상징하는 감괘(坎卦 : ☵)가 놓여 있고 아래에는 우레를 상징하는 진괘(震卦 : ☳)가 놓여 있다. 둔(屯)이란 '어렵다', '머물다'는 뜻이다. 물속에 우레가 놓여 있으니 험한 것이 앞에 놓여 있어서 움직여 나오는데 큰 어려움이 있는 상이다. 또 건괘와 곤괘에 이어 세 번째 나오는 괘이므로 하늘과 땅이 생긴 후 드디어 사람이 생겨나는 것인데, 초창기라 어려움이 따르는 것이다.

대상전에서 "구름과 우레가 둔이니 군자가 이로써 경륜을 삼는다.(雲雷屯 君子以經綸)"이라고 말하고 있다. 이 둔괘의 모습이 구름이 가득 낀 가운데 아래로 우레가 진동하는 형상으로서 비가 내리고 만물이 나오려는 형상이다. 따라서 군자가 이로써 경륜을 삼는다는 것은 일을 조직적으로 운영하여 둔의 어려움을 극복하여야 한다는 의미이다. 어리석은 척 하지만 철저한 준비로 어려움을 슬기롭게 극복해야 함을 비유하고 있는 것이다.

■ 해설

'어리석은 척하지만 미치지 않았다' 는 의미의 가치부전은 병전계의 세 번째 계략이다. '대지약우(大智若愚)' 란 말이 있다. '큰 지혜는 어리석은 것처럼 보인다' 는 말이다. 자신을 숨기는 중국인의 지혜를 엿볼 수 있는 말이다. 이러한 말은 도가철학적 사유에 바탕하고 있다. 전쟁이란 사활을 건 두뇌게임이다. 상대에게 나를 은폐시키되 나는 상대를 똑바로 보는 것은 승리의 관건이 된다. 가치부전의 계략은 이와 같이 어리석은 척하여 자신을 은폐시키고 상대의 경계를 누그러드린 후에 기회가 오면 전광석화처럼 한 순간에 적을 무너뜨리는 계략이다.

「어리석은 척 가장하면서 어떤 행동을 하지 말라. 또 총명한 척하며 경거망동하지 말라.」

어리석은 척 가장하는 것은 실은 어리석지 않기 때문이다. 어떤 행동도 하지 않는 것은 하지 않고 있지만 실은 적의 동태를 유심히 파악하고 있는 것이다. 총명한 척 하면서 경거망동을 하게 되면 적 또한 그 사실을 모두 알게 되어 반격을 받을 수 있는 것이다. 이는 갈이 되지 않는 것 같지만 분명한 말이다.

『노자』 48장 〈망지(忘知)〉편에서는 "학문을 배우면 나날이 일이 늘어나지만 도를 배우면 나날이 일이 줄어든다.(爲學日益, 爲道日損) 줄어들고 또 줄어들어 함이 없는(無爲) 경지에 이른다. 함이 없지만 하지 않음이 없다.(無爲而無不爲)"고 말한다. 이러한 노자의 무위의 도가 바로 병법에서도 최고의 원리로 사용되고 있다.

위의 사마의가 조상(曹爽)을 죽인 예나 사마의가 제갈량을 무찌른 예들은 모두가 그렇다. 위(魏)나라 명제(明帝)가 세상을 떠나자, 왕위를 8살의 어린 조노(曹勞)가 계승하고 조정은 태위(太尉) 사마의(司馬懿)와 대장군 조상(曹爽)이 함께 다스렸다. 집정 초기 조상은 사마의를 매우 존경했으나, 조상은 사마의를 경계하여 사마의의 직위를 승진시키는 척하면서 그의 군권을 빼앗았다. 그 결과 사마의의 권력은 축소되었고 조상의 세력은 강대해지게 된다. 사마의는 조상을 이길 수 없음을 깨닫고 병을 핑계로 조정에 나가지 않았다. 이 때 조상은 부하 이승을 시켜 사마의의 동태를 살피게 했는데, 사마의는 금방이라도 죽을 것 같이 가장하였다. 얼마 후 조상이 황제를 호위해 성묘를 하기 위해 궁밖에 나가자, 사마의는 이때다 생각하고 바로 장군들을 소집하여 신속하게 조상의 병영을 점검해 조씨 일가를 죽이고 대권을 장악했던 것이다. 또한 오장원(五丈原) 전투에서 사마의가 제갈공명을 무찌른 예도 이미 제갈공명이 군량이 부족하여 오래가지 못할 것을 알고서 지연작전을 펼친 것이며, 제갈량이 보낸 건괵을 받고도 바보처럼 동요하지 않고 모르는 척 하였던 것이다. 이 모두가 가치부전의 계략을 말하고 있는 것이다.

위에서 소개하고 있는 병서의 내용은 『손자병법 · 군형편』에 나오는 말이다. 손자는 "누구나 알 수 있는 승리란 최선의 승리일 수 없다. 또 천하에 널리 알려지도록 이기는 것은 최선의 승리가 아니다. … 그러므로 잘 싸우는 자의 승리에는 지모(智謀)와 명성이(名聲)이 없고 무용(武勇)과 전공(戰功)도 없다."라고 말한다. 최선의 승리는 우리가 알고 있는 것처럼 잘 짜여 진 전략에 의하여 싸워서 이긴 승리가 아니라 아무도 모르게 자연스럽게 이긴 승리라는 것이다. 지도와 명성이 없다는 것은 지모를 알지 모르게 하는 것이며, 그러기에 명성도 따르지 않는다는 것이다. 무용과 전공을 알 수 없기에 그것이 없다고 말한 것이다. 이는 어리석은 듯이 보이지만 사실은 지혜로운 것이다. 둔괘에 비유하고 있는 것이 그것을 말한다.

위에서 소개하고 있는 적무양의 예야말로 가치부전의 계략을 잘 보여주고 있다. 백 개의 동전을 던져 그것이 모두 정면이 나올 수는 없는 것이다. 군사들의 사기를 올리기 위하여 승리를 장담할 수 없지만 신(神)의 뜻을 묻는다는 구실로 일종의 점을 친 것이다. 백 개의 동전이 모두 정면이 나올 수 있겠는가? 확률적으로 따진 다면 2의 100승 분의 1이니 불가능한 것이다. 그러나 적무양은 특수하게 동전을 만들어 앞면과 뒷면을 모두 같게 만들어 놓고 이러한 행위를 한 것이다. 어리석은 것 같지만 사실은 확률 100%의 점을 친 것이다. '어리석은 것처럼 가장 하였지만 미치지는 않은 것이다.'

적무양은 한 번도 지는 싸움을 하지 않았는데 그것을 이길 수 없는 싸움은 아예 하지 않았기 때문이다. 빈한한 출신에 터어나서 추밀사라는 높은 벼슬에 올랐지만 그의 말년의 삶은 그리 행복하지는 않았다. 주색을 멀리하고 특별히 흠을 잡을 수 없었기에 오히려 중앙의 관리들에게 경계의 대상이 되었고, 변방으로 밀려나 있으면서 감시의 대상이 되어 결국 죽임을 당할 지도 모른다는 마음의 병을 얻어 50대에 죽었다고 알려져 있다.

가치부전에서 중점적인 말은 '가(假)' 자이다. '假' 란 자기의 의도를 위장하는 것이다. 이는 정치적인 상황이나 군사적인 상황 모두에서 사용되는 계략이다. 형세가 자기에게 불리한 상황 속에서 자기의 재능을 감추어 자기를 보존하는 것이다. 정치적으로 자기가 불리한 정황 속에서는 자기의 재능을 알게 되면 제거되기 때문에 비록 능력이 있더라도 자기의 포부를 위해 능력을 감추고 어리석은 척 위장하는 것이다. 한신(韓信)이 대중의 조롱을 받으면서 다리 사이를 기었던 것이 그 대표적인 예이다. 그러다가 상황이 바뀌어 때가 오면 일시에 적을 제압하고 자기의 목적을 달성하는 것이다.

우리 속담에 '모난 돌이 정을 먼저 맞는다.' 는 말이 있다. '모난 돌' 이란 섣부르게 잘난 척하며 경거망동 하는 자를 말한다. 경거망동을 하면 먼저 제거되기 십상이다. 정치적으로 능력이 있는 자는 자기의 수하로 부리거나 그렇지 않으면 제거하는 것이 원칙이다. 따라서 능력이 있는 자일수록 어리석은 척하며 때를 기다리는 것이다. 강태공이 낚시를 하며 하염없이 때를 기다린 것처럼 기다릴 줄 알아야 한다. '부전(不癲)' 이란 무작정 어리석은 척하고 있지는 말라는 말이다. 정말 어리석은 것이 아니라 어리석은 척하고 있기 때문에 항상 상황을 주시해야 한다. 상대가 자기를 경계하는 것을 완전히 멈추고 방심하고 있으면 결정적인 허점이 드러나게 된다. '무위무불위(無爲無不爲)'

즉 함이 없는 것 같지만 하지 않음이 없는 것이다.

전쟁이란 이기는 싸움을 해야 한다. 상황이 불리할 때는 자기를 보존하는 것이 급선무이고 상황이 유리할 때는 아군의 피해를 최대한 줄이고 신속히 승리하는 방법을 모색해야 한다. '어리석은 척하는 것' 은 불리한 상황 속에서 자기를 보존하는 방책이며, '미치지 않았다는 것' 은 신속히 승리하는 순간을 포착하고 승리를 위한 치밀한 계획을 세우라는 것이다.

『손자병법』 〈군형편〉에서 손자는 공격과 수비의 원칙을 다음과 같이 제시한다.

> 승산이 없을 때는 수비하고, 승산이 있을 때는 공격한다. … 잘 수비하는 자는 깊은 산 속에 숨고, 잘 공격하는 자는 높은 곳에서 움직인다. 그러므로 수비하면 능히 스스로를 보존하고, 공격하면 전부 승리하는 것이다.

'어리석은 척하는 것' 은 수비하는 최선의 방법이고, '미치지 않았다' 는 것은 공격하는 최선의 방법이다. 가치부전이란 이와 같이 '가치' 와 '부전' 즉 수비와 공격의 지혜를 동시에 담고 있는 계략이라 할 수 있다.

제 28계

적을 유인한 후 퇴로를 봉쇄하라

상옥추제(上屋抽梯)

지붕으로 유인한 뒤 사다리를 치운다

■ 〈상옥추제〉의 유래

상옥추제란 '지붕위에 올려놓고 사다리를 치운다.' 는 뜻으로 『삼국지(三國志)』〈촉서(蜀書)〉 '제갈량전(諸葛亮傳)' 에 나온다.

후한(後漢) 말년(서기 210년)에 유표(劉表)에게는 두 명의 아들이 있었다. 큰아들 유기(劉琦)는 전처의 소생이고, 둘째 유종(劉琮)은 후처의 소생이었다. 유표는 후처의 말을 듣고 작은 아들 유종을 사랑하고 유기를 좋아하지 않았다. 유기는 항상 제갈량과 더불어 자신을 안전하게 할 방법을 상의하려고 했지만, 제갈량은 항상 그것을 거절하고 함께 계획을 도모하지 않았다. 어느 날 유기는 제갈량을 데리고 후원을 거닐다가 함께 높은 누각에 올라 연회를 여는 사이에 사람들에게 사다리를 치우도록 하고 기회를 틈타 제갈량에게 말했다.

"오늘은 위로는 하늘에 닿지 않고 아래로는 땅에 닿지 않습니다. 말은 당신 입에서 나와 내 귀로 들어올 것입니다. 말씀하실 수 있습니까?" 제갈량이 대답하여 말했다. "당신은 신생(申生- 춘추 시대 진나라 헌공의 장자. 후계자 계승으로 내분이 일자 자결함)이 나라 안에 있다가 위험하게 되었고, 중이(重耳 – 춘추 시대 진나라의 왕자. 신생의 동생. 후계자 계승으로 인한 내분이 일자 적나라로 망명함)가 나라밖에 있어 안전하게 된 것을 보지 못했습니까?"

유기는 마음으로 그 의미를 깨닫고 수도 밖으로 나갈 계획을 은밀히 세웠다. 마침 강하 태수 황조가 죽었으므로 밖으로 나가 곧 강하 태수가 되었다.

■ 본문 및 주해

【본문】 고의로 약점을 노출시켜 적을 그대의 진영 안으로 들어오게 하라. 적의 응원부대를 차단하여 적을 사지로 몰아넣어라. 이는 『주역』〈서합괘(噬嗑卦)〉의 "독을 만난 것은 위(位)가 마땅하지 않은 것이다."에 비유할 수 있다.

(原文) 假之以便，唆之使前，斷其援應，陷之死地。遇毒，位不當也。

【주해】 부추기는 것은 그로 하여금 이익이 있다고 하고서 먼저 그것을 취하지 않는 것이다. 혹은 또 행하지 않는 것에 비유할 수 있다. 사다리를 치우는 형국은 먼저 사다리를 놓거나 혹은 그것을 보임으로써 오르게 하는 것이다.

(按) 唆者，利使之而不先爲之便，或猶且不行。故抽梯之局，須先置梯 ： 或示之以梯。

■ 『주역』의 내용 풀이

우독 위불당야(遇毒 位不當也) : 이는 『주역』의 21번 째 괘인 서합괘(噬嗑卦)의 육삼효(六三爻)의 상전에 나오는 말이다. '噬' 란 씹는다는 뜻이고 '嗑' 역시 씹는다는 뜻으로 '噬嗑' 이란 '씹어 합하다' 는 뜻이다. 서합괘는 위에는 불을 상징하는 리괘(☲)가 있고 아래에는 우레를 상징하는 진괘(☳)가 놓여 있다. 이는 불과 우레가 서로 합하는 것이며, 위턱과 아래턱이 합하여 음식물을 씹어 합하는 것을 상징한다. 또 '서'란 죄를 씹는 것이고, '합'이란 그 죄인을 잘 교도하여 선하게 만드는 것이다. 그리하여 죄인과 선한 사람들이 서로 화합하여 함께 잘 사는 사회를 만들어 갈 수 있음을 상징하고 있다.

이중 육삼효는 양의 자리에 음이 놓여져 있어 바르지 못하고 중도 못 얻은 것이다. 그래서 "독을 만난다는 것은 위(位)가 마당하지 않은 것이다.(遇毒位不當也)"라고 말한 것이다. 적을 유인하여 오게 하는 것은 독이지만 그를 사지에 몰아 넣을 수 있으니 나쁜 것만은 아니다. 그래서 육삼의 효사에서는 "독을 만나니 조금 인색하나 허물은 없으리라.(遇毒小吝无咎)"라고 말하고 있는 것이다.

■ 해설

"지붕으로 유인한 뒤 사다리를 치운다."는 상옥추제는 병전계의 네 번째 계략이다. 우리가 흔히 '사다리를 태운다'는 말을 하곤 한다. 즉 어떤 사람을 치켜 주어 공중에 높이 띄워놓고 있다가 그 사람을 곤욕스럽게 하는 것이다. 이와 같이 하는 것이 상옥추제의 계략이라 할 수 있다.

「고의로 약점을 노출시켜 적을 그대의 진영 안으로 들어오게 하라. 적의 응원부대를 차단하여 적을 사지로 몰아넣어라.」

고의로 약점을 노출시키거나 혹은 적을 이익으로 유인하여 내가 유리한 진영으로 들어오게 해야 한다. '사다리'를 놓은 것은 적을 지붕으로 유인하기 위한 미끼이다. 일단 적이 나의 의도대르 나의 진영에 들어오면 그를 지원할 세력을 차단하고 적을 섬멸하는 계략이 상옥추제라 할 수 있다.

실제 전투에 있어서 상옥추제는 세 가지의 모습으로 나타난다.

첫째는 적군을 유인하여 함정에 몰아넣고 퇴로를 차단하는 것이다. 이를 위해서는 적군을 함정에 유인하는 각종의 기만책이 이용된다. 여기에서 중요한 관건은 상대를 부추겨 함정에 몰아넣는 것이다. 이때 이익이 있는 것처럼 꼬이거나 혹은 우군은 가만히 있으면서 적이 함정에 빠지기를 기다리는 것이다. 혹은 고의로 우군의 파경을 노출하여 적에게 유리한 조건을 제공해 주고, 적으로 하여금 우군 깊숙히 들어오도록 유인하여 선봉과 후원군을 단절시켜 완전히 사지에 빠지도록 한다.

둘째는 필사적으로 결전을 해야 될 상황 속에서 스스로 도망갈 길을 끊고 배수진을 치는 것이다. 물론 군사들이 필사적으로 싸우려하는 의지를 복 돋우기 위한 것이지만 지휘관은 절대 절명의 위기 속에서 활로를 모색해야만 한다. 『손자병법』 제 11 〈구지편(九地篇)〉에도 상옥추제와 비슷한 내용으로 '높이 올라가게 한 후 그 사다리를 제거하라(登高而去其梯)' 라는 대목이 보인다.

> "군사(軍師)에게 임무가 주어지면 마치 높이 올라가게 한 후 그 사다리를 제거하듯 하라. 적지의 깊은 영내에 깊숙이 진격하면 기지를 발휘하여 활시위

를 떠난 화살과 같이 나아가며, 배를 불사르고 가마솥은 부수는 것이다. 그리하여 병사들을 양 때를 몰듯이 하는 것이다."

이와 같이 스스로 퇴로를 차단하여 배수진을 치는 것을 말한다. 즉 병사들을 사지(死地)에 두고 죽음을 각오하고 싸울 수 있도록 하는 것이다.

세 번째는 아군은 좋은 곳으로 빠져나가면서 적군은 뒤따라오지 못하도록 차단하는 것이다. 이는 퇴각시 주로 사용하는 방법으로 길에 통나무를 넘어뜨리거나 다리를 파괴해 버리는 등의 활동을 통하여 가능하다.

여기서 『주역』의 〈서합괘〉에 비유하고 있는 것은 적의 끊임없는 욕심을 이용하여 적으로 하여금 독이 묻은 고기를 먹도록 유인하여 스스로 징벌을 받도록 하는 방법을 말한 것이다.

우군의 전력이 상대보다 약할 때 무조건 싸우는 것은 승산이 없다. 그럴 때는 상대를 우군의 세력권 안으로 끌어들이는 것이 중요하다. 사다리 위로 올라간 상대의 사다리를 치워버리면 상대는 지붕 위에 고립되게 되어 있다. 이러한 상옥추제의 계략은 우리들의 일상에서 자주 사용되곤 한다.

예를 들어 대기업이 하청업자에게 많은 이익을 주는 것처럼 하여 계약을 하고 나서 하청업체에서 물건을 납품할 때에는 또 다른 계약 조건이나 하자를 문제 삼는 경우가 이에 해당한다고 할 수 있다. 하청업자의 입장에서는 억울할 수밖에 없지만 이미 계약을 하여 제품을 만들어 놓고 나면 대기업의 요구에 끌려갈 수밖에 없다.

정치에 있어서도 정적을 제거하는 수단으로 상옥추제의 계략을 많이 사용하곤 한다. 사회적으로 문제가 일어날 상황을 미리 예측하거나 계획해 놓고 그 책임자로 정적이나 정적의 수하를 천거하여 자리에 앉힌 후 문제가 발생하면 그 책임을 물어 제거하는 방식이 바로 그것이다.

'사다리'는 미끼이다. 미끼를 무는 것은 욕심이 앞서거나 상황에 대한 정확한 판단을 하지 못하기 때문이다. 따라서 모든 분야의 리더는 허황된 욕심을 버리고 신중하게 상황을 판단할 필요가 있는 것이다.

제 29계

자기 세력을 부풀려 강하게 보여라

수상개화(樹上開花)

꽃이 없는 나무에 꽃을 피게 하다

■ 〈수상개화〉의 유래

이 '수상개화'의 계략은 옛날부터 전투시에 일반적으로 사용해오던 것이다. 즉 적군이 강하고 아군이 약한 상황 속에서 언제든지 적이 공격할 위험에 처해 있을 때에는 아군의 세력을 부풀려서 적의 공격을 막는 방법이다.

이러한 예는 전시에서 수없이 찾을 수 있다. 예를 들어 서기 420년에 송(宋) 무제(武帝) 유유(劉裕, 리루위)가 송나라를 세우고 중국 남부를 통치했다. 또 19년 후에는 북위(北魏)의 태무제(太武帝)가 중국의 북부를 지배하게 되어, 그 때부터 송과 북위가 대치하는 형국이 되었다.

송무제가 즉위 2년 만에 세상을 떠나지 이어 송 문제(文帝)가 황위(皇位)를 계승하였다. 이 때 북위는 여러 차례 송을 침공했는데, 이에 송 문제는 사령관으로 단도제(檀道濟, 탄따오지)[1]를 임명하였다. 북위의 군대가 송의 제남성(濟南城)을 공격했을 때의 일이다. 20일 동안 양국은 30여 차례의 전쟁을 치렀고, 그 결과 한 때 송군이 대승을 거둬 북위군을 역성(歷城, 리청)[2]까지 추격하였다. 그러나 대승을 거두고 교만해진 단도제가 경계심이 늦추자, 북위군은 이 기회를 이용해 송군의 군

---

1 단도제(檀道濟) : 남조(南朝)의 송(宋)나라를 세운 유유(劉裕: 363-422 생졸)의 군사로 단공(檀公)이라고 불린다. 앞서 언급한 것처럼 일설에는 『36계』의 저자로 알려져 있다. 그런데 이곳에서 단도제가 나오고 또 마지막 36계인 '주위상'에도 단도제의 예가 나오고 있어 이 책을 단도제의 저술로 확정하기에 어려움이 있다.

2 역성(歷城) : 역산(歷山)의 산자락에 자리 잡고 있어서 역성이라 부르게 되었다. 예로부터 제(齊)나라와 노(魯)나라의 수도였으며, 남쪽으로 태산(泰山)과 접하고, 북쪽으로 황하(黃河)와 맞닿아 있다. 진(秦)나라 때는 역하성(歷下城)이라 하였고, 서한(西漢) 때부터 역성이라 하였으며, 서진(西晉) 때부터 산동성의 행정중심지로 자리 잡았다.

량과 사료를 대부분 불태워버렸다. 군량 공급 문제가 시급해지자 단도제는 역성을 철수하기로 결정했다.

북위군은 이러한 정황을 파악하고 송군을 진격하여 포위하기 시작하였다. 단도제는 불안해하는 부하들을 안심시키고, 그날 밤 송군 진영의 불을 환하게 밝혔다. 단도제는 부하들을 거느리고 창고로 가서 그곳의 군량을 큰 소리로 세었다. 어떤 이가 몰래 창고를 드려다 보니 그들의 창고에는 쌀자루가 가득 차 있었다.

이 소식은 북위군에 빠르게 전달되었다. 이에 북위군의 장수는 송군의 군량미가 충분하다고 파악하여 만약 계속하여 싸운다면 오히려 자기들이 불리할 것이라고 생각하였다. 또 다음날 단도제는 병사들을 갑옷을 입혀 무장시키고, 자신은 평상복을 착용하고 큰 마차에 앉아 시내를 여기저기 돌아다녔다. 이러한 모습을 본 북위군은 단도제의 위엄스런 모습에 분명 무슨 계략이 있다고 생각하여 송군을 공격하지 못하였다.

사실은 단도제가 쌀자루 아래에 모래를 채운 후 그 위에 쌀을 덮어서 군량이 많은 것처럼 꾸몄던 것이다. '수상개화'의 계략을 썼던 것이다.

■ 본문 및 주해

【본문】 허위로 진영을 배치함으로써 실제보다 세력이 강대하게 보이게 만든다. 이는 『주역』의 53괘인 〈점괘(漸卦)〉의 효사에 나오는 "기러기가 점차 육지에서 날아올라 날개를 사용하여 하늘을 나르니 그 위의가 드러나는 것이다."에 비유할 수 있다.

(原文) 借局布勢，力小勢大。鴻漸於陸，其羽可用爲儀也。

【주해】 이 나무에 본래 꽃이 없는데 그 나무에 꽃을 피울 수 있다. 가위로 꽃을 잘라서 그곳에 붙이면 된다. 자세하게 살피지 않고서는 쉽게 알아볼 수가 없다. 꽃과 나무를 사용하여 서로 광채를 내게 하는 것이니 이는 아롱다롱 꾸며서 전체를 교묘하게 하는 국면이다. 이는 허위의 정병으로 우군의 진을 만들어 그 세력이 완전하게 적을 위협하게 되는 것이다.

(按) 此樹本無花，而樹則可以有花。翦彩粘之，不細察者不易覺。使花與樹交相輝映，而成玲瓏全局也。此蓋布精兵於友軍之陣，完其勢以威敵也。

■ 『주역』의 내용 풀이

홍점우육 기우가용위의 길(鴻漸于陸 其羽可用爲儀 吉) : 이는 『주역』의 53괘인 〈점괘(漸卦)〉의 상구(上九)의 효사에 나오는 말이다. 본문에는 '于' 대신에 '於'가 사용되었지만 의미상의 차이는 없다. '漸'이란 '점점' '점차'의 뜻으로 '점진적으로 나아간다'는 의미이다. 점괘는 위에는 바람을 상징하는 손괘(巽卦, ☴)가 놓여있고, 아래에는 산을 상징하는 간괘(艮卦, ☶)가 놓여있다. 여기에서 바람은 나무가 되어 산 위에 나무가 있는 상이다. 산 위의 나무는 단박에 자라지 못하고 점차

적으로 자라는 것이라 점괘라 한 것이다.

점괘의 '상구'는 양효를 띠고 있는데, 물가로부터 날기 시작한 기러기가 드디어 하늘로 날아가게 됨을 말한다. 그렇기 때문에 "기러기가 점차 육지에서 날아올라 날개를 사용하여 하늘을 나르니 그 위의가 드러나는 것이니 길하다."라고 한 것이다. 초육에서는 "기러기가 물가에 나아감이니 작은 새는 위태해서 말은 있으나 허물은 없다."고 말하였는데, 이러한 기러기가 상구에 이르면 하늘에 올라 위의를 드러내는 것이다. 한 마리의 기러기는 약해 보이나 대오를 맞추어 하늘을 나는 기러기는 위용이 대단한 것이다. '수상개화'의 계략을 점괘의 상구의 효사에 비유한 것은 비록 약하더라도 강하게 보일 수 있음을 말한 것이다.

■ 해설

"꽃이 없는 나무에 꽃을 피게 한다"는 '수상개화'는 병전계의 다섯번째 계략이다. 이는 자기 세력을 부풀려 강하게 보이는 것을 말한다. 계략의 핵심은 속임수이다. 자신의 허(虛)를 상대가 실(實)로 믿게끔 하는 것이다. 다 시들어서 꽃이 없는 나무도 천을 꽃 모양으로 만들어 가위로 오려 붙이면 상대가 꽃이 핀 것으로 느끼게 된다.

「이 나무에 본래 꽃이 없는데 그 나무에 꽃을 피울 수 있다. 가위로 꽃을 잘라서 그곳에 붙이면 된다. 자세하게 살피지 않고서는 쉽게 알아볼 수가 없다. 꽃과 나무를 사용하여 서로 광채를 내게 하는 것이

니 이는 아롱다롱 꾸며서 전체를 교묘하게 하는 국면이다.」

아군의 세력이 적군에 비해 약할 때는 본래 꽃이 없는데 그 나무에 꽃을 피울 수 있는 방법을 모색해야 한다. 만약 약한 실체가 드러나면 적의 공격에 의하여 무너질 수 있는 것이다. 그러기에 적에게 아군이 힘이 있음을 과시할 필요가 있는 것이다.

위의 '수상개화의 유래' 에서 송나라의 단도제의 예가 그것을 잘 보여준다. 실재로는 군량이 거의 떨어져 만약 북위군이 공격해 온다면 더 이상 버틸 수 없는 상황이지만 단도제는 오히려 부하들을 안심시키고 태연한 척 한 것이다. 미리 창고의 쌀자루 아래는 모래를 채우고 그 위에만 쌀을 담아 수많은 쌀자루를 만들고서, 부하를 데리고 가서 군량미의 수를 확인시킨 것은 적의 간자가 염탐하고 있으리라는 것을 예견하고 한 행동이다.

가위로 꽃을 잘라 나무에 붙이면 상대는 꽃이 핀 것으로 알게 된다. 밤에 허수아비로 장병을 만들어 자기 부대의 장병이 많은 것처럼 위장 한다던가 일반인들에게 군복을 입혀 이동하게 하는 것은 모두 자신의 세력을 과장하여 적의 공격을 사전에 막기 위한 전략이다.

현대인들은 사실상 '수상개화' 의 계략에 노출되어 있다. 자본주의는 상품을 파는 데서 그 생명력을 유지하는데, 상품의 광고의 기본적인 전략은 바로 좋은 이미지를 만들어 내는 '이미지메이킹' 이라 할 수 있다. 실재 제품의 효능도 중요하지만 그것을 구매하도록 하기 위해서는 구매자의 입맛에 맞는 이미지를 만들어 내야 하는 것이다.

공자는 교언영색(巧言令色) 즉 말을 교묘하게 잘하고 화려하게 치장

하는 자치고 어진이가 없다고 말했다. 꾸미는 자는 기실 내실이 없기 때문에 그러는 것이다. 따라서 내실이 없이 겉으로만 꾸미는 자는 믿을 사람이 못되는 것이다. '허(虛)'의 세계를 간파라고 '실(實)'의 세계를 볼 수 있는 안목을 길러야 한다. 이미지에 속지 않고 실재로 그 제품의 질을 꼼꼼히 따져서 구매하는 것이 자본주의를 살아가는 지혜중의 하나일 것이다.

그런데 여기에서 말하는 '수상개화'의 계략은 강한 적을 만나 생존하기 위한 어쩔 수 없는 선택이다. 만약 상대가 나의 약세를 정확히 판단한다면 바로 공격하여 올 것이기 때문에 더 강하게 보여야 한다. 그러기 위해서는 철저한 사전준비와 함께 태연함을 잃지 않아야 한다.

그렇다면 '무엇으로 꽃을 오려 붙여야 할까?'를 고긴해야 한다. 꽃을 오려 나무에 붙였는데도 적이 그것을 알아차린다면 상황은 더욱 어렵게 전개될 수 있다. 따라서 상대가 나의 세력이 강함을 믿도록 또 다른 계략을 병행해야 한다. 단도제가 다음날 평상복 차림으로 여유있게 큰 수레를 타고 시내를 활보한 것은 북위군으로 하여금 송군의 전력이 우세하다는 것을 믿게 하려고 한 것이다. 실제로 송나라 진영에 군량미가 많이 있고 도리어 북위군을 공격할 계략을 가지고 있는 것처럼 단도제는 행동한 것이다.

꽃이 없는 나무에 꽃을 피웠다 하더라도 그것이 실재 꽃처럼 변화하게 할 수는 없다. 따라서 이 계략은 궁지에 몰려 있는데서 벗어나는 계략이지 오래 지속할 수 있는 계략은 아니다. 2007년 발생한 서브 프라임 모기지(sub-prime mortgage)와 같이 실재 재산이 없는 사람에게 돈을 빌려 주어 한 순간에 주택경기가 급성장하는 모습을 보였지만,

결국은 세계적인 경제혼란을 야기하게 된다. '없는 것을 있는 것처럼 보이게 하는 것' 은 장기전인 관점으로 보면 성공할 수 없는 것이다.

계략이란 이처럼 언제 어느 곳에 사용하는가에 따라 달라진다. '수상개화' 의 계략은 강한 적에게 공격을 받고 있는 전쟁의 상황에서 위기를 모면하기 위한 전략임을 알아야 한다. 클라우제비쯔(C. Clausewitz)는 『전쟁론』에서 "전쟁이란 우리의 적대자로 하여금 우리의 의지(意志)를 완벽하게 이행하도록 강요하는 폭력행위이다."라고 정의하고 있다. 이러한 전쟁에 있어서 적을 이기기 위한 수단으로 '수상개화' 의 전략은 정당화될 수 있는 것이다.

그렇지만 장기적인 관점에서 보면 힘을 기르고 내실을 갖추지 않는다면 궁극적인 승리는 있을 수 없다. 그러기에 이 계략은 이어지는 '반객위주' 의 계략이 병행되어야 한다.

제 30계

영향력을 확대하여 주도권을 장악하라

반객위주(反客爲主)

손님이 도리어 주인이 된다

■ 〈반객위주〉의 유래

'반객위주'의 원래 의미는 '주인이 손님을 잘못 대접하여 거꾸로 손님의 대접을 받는다.'는 뜻이다. 우리 속담에 '굴러온 돌이 박힌 돌을 빼낸다.'는 말이 있는데, 이처럼 처음에는 객으로 들어왔는데 시간이 지나면서 주인의 자리를 꿰차고 앉는 것을 말한다.

군사상으로 이 계략이 사용되는 것은 두 가지의 의미로 볼 수 있다. 첫째는 여러 동맹자 중에서 처음에는 아군이 열세의 상황에서 '객'의 위치에 있었지만 점차 기회를 엿보아 확고한 세력을 장악한 후 주도권을 쟁취하는 경우이다. 둘째는 적군과 대치하고 있는 경우에 처음에는 아군의 세력이 약하여 적의 움직임에 피동적으로 대처하고 있을 때 내가 '객'이 되는 것이다. 이후 여러 가지의 계략을 사용하여 싸워나가 힘을 키워서 적에 대하여 주동적인 입장에서 공격할 수 있는 상황이 되었을 때를 '반객위주'라 하는 것이다.

■ 본문 및 주해

【본문】 기회를 엿보아 발을 들여놓은 후에 주도권을 장악하는 것이다. 『주역』 53괘인 〈점괘(漸卦)〉의 단전에 "점차 앞으로 나아간다."는 것에 비유된다.

(原文) 乘隙插足，扼其主機。漸之進也。

【주해】 사람을 말처럼 채찍질 하면 노예가 된다. 사람이 존경에 처하는 자는 객이다. 스스로 설 수 없는 자를 잠객(暫客, 임시적인 손님)이라 한다. 스스로 설 수 있는 자는 구객(久客, 오래된 손님)이라 한다. 객이 오래되어 주인이 할 수 없던 일을 하는 자는 천객(賤客, 자신과 같은 손님)이라 한다. 주인의 일을 할 수 있으면 점차 기틀을 잡아 나아가게 되니 결국 주인이 되는 것이다. 그러므로 객이 도리어 주인이 되는 형국이 되는 것이다. 제1보는 객의 지위를 다투는 것이다. 제2보는 모름지기 기회를 엿보는 것이다. 제3보는 다리를 박는 것이다. 제4보는 모름지기 기회를 잡는 것이다. 제5보는 주인이 되는 것이다. 주인이 되면 사람들의 군대를 아우르게 되는 것이다. 이는 점진적인 음모이다.

(按) 爲人驅使者爲奴，爲人尊處者爲客：不能立足者爲暫客，能立足者爲久客：客久而不能主事者爲賤客，能主事則可漸握機要，而爲主矣。故反客爲主之局：第一步須爭客位：第二步須承隙：第三步須插足：第四步須握機；第五步乃成爲主。爲主，則幷人之軍矣；此漸進之陰謀也。

■ 『주역』의 내용 풀이

점지진야(漸之進也) : 이 괘 역시 『주역』의 〈점괘〉의 단전에 나오는 말이다. "점차 나아가는 것이니 여자가 시집가는 것과 같은 길함이다. 나아가는 위(位)를 얻으니 가서 공(功)이 있음이요, 나아감에 바름으로써 하니 가히 바른 나라가 된다. 그 위(位)는 강함이 중(中)을 얻음이라. 그치고 공손하기 때문에 움직여서 궁하지 않음이라."라고 말하고 있다. 점차적으로 힘을 길러 객의 위치에서 주인의 위치로 변화되는 것을 비유한 것이다.

■ 해설

"손님이 도리어 주인이 된다"는 '반객위주'는 병전계의 마지막 계략이다. 첫 번째 '투량환주'의 계략과는 시간을 두고 점차 세력을 확대하여 자기의 주도권을 차지한다는 점에서 일맥상통한다. 〈본문〉에서 "기회를 엿보아 발을 들여놓은 후에 주도권을 장악하는 것이다."라고 말한 것처럼 '객'의 지위에서 '주인'의 지위로 변하는 계략이다.

'反'이란 '되돌리는 것'을 말한다. '反'에 대하여 노자는 "반자도지동(反者道之動)" 즉 "반하는 것이 도의 움직임이다."라고 말한 바 있다. 양이 지극하면 음으로 변화되고 음이 지극하면 양으로 변화되는 것이 도의 움직이란 뜻이다. 따라서 최고로 약한 것은 점차 강해지고 최고로 강한 것은 점차 약해지는 것이 자연의 순리이다. 약한 자는 희망을 가지고 노력하고 강한 자는 지혜를 가지고 조심해야 한다. '反'은 이러한 변화를 말하는 것이다.

'객'이 反하면 '주인'이 되는 것이다. 역으로 '주인'이 反하면 '객'이 되는 것이다. 달이 차면 기울고 기울면 다시 차오르는 것처럼 이러한 '변화'를 읽을 수 있어야 한다. '반객위주'는 기운 등이 다시 차오르는 변화를 말하는 것이다. 그러기에 『주역』의 〈점괘〉에 비유하고 있는 것이다.

〈주해〉에서는 '객'에 대하여 세 가지로 분류하고 있다. '잠객'과 '구객'과 '천객'이다. '잠객'이란 잠시 들른 객처럼 임시적인 손님을 말한다. '구객'이란 오래된 손님을 말한다. '천객'에서 '賤'이란 '천하다'는 의미로 쓰인 것이 아니라 '자기와 같은'이란 의미로 쓰인 말이다. 즉 손님의 위치에서 주인의 위치에 거의 이른 객을 말한다. 이처럼 '객'이 점차 시간이 지나면서 '주인'이 되어나가는 과정을 밝히고 있다. 또 구체적으로 객이 주인이 되는 다섯 가지 과정을 다음과 같이 밝히고 있다.

「제1보는 객의 지위를 다투는 것이다. 제2보는 모름지기 기회를 엿보는 것이다. 제3보는 다리를 박는 것이다. 제4보는 모름지기 기회를 잡는 것이다. 제5보는 주인이 되는 것이다.」

여러 세력이 주도권을 다투고 있는 상황에서 객의 지위에도 우열이 있기 마련이다. 제1보의 '객의 지위를 다투는 것'이란 비록 주도권을 차지하지 못한 세력들 속에서 자기의 자리를 찾기 의하여 다투는 상황을 말하는 것이다. 제2보의 '기회를 엿보는 것'이란 확고한 주도권을 차지하기 위한 기회를 찾기 위하여 노력하는 것을 말한다. 다음의 제3보의 '다리를 박는 것'이란 더 이상 객의 입장이 아니고 주인과 동화될 수 있도록 비집고 들어가는 것을 말한다. 제4보의 '기회를 잡는 것' 이란 주도권을 잡을 수 있는 절호의 기회를 놓치지 않는 것이다. 제5보의 '주인이 되는 것' 이란 확고한 주도권을 잡아 상대를 모두 제압한 것을 말한다.

이처럼 '반객위주' 는 앞의 '수상개화' 와는 달리 시간을 두고 점차적으로 세력을 확장하여 주도권을 잡는 계략을 말한다. 이는 군사적인 계략이지만 정치적인 계략으로 더 많이 사용된다.

정당의 궁극적인 목적은 정권을 창출하는데 있다. 그러기 위해서는 처음에는 비록 자그마한 정당으로 출발할지라도 점차 국민의 지지를 받고 자기 정당의 세력을 확대하여 정권을 창출해나가는 과정을 밟게 된다. 이러한 과정에서 필요한 계략이 바로 '반객위주' 의 계략이라 할 수 있다. 이 계략을 성공시키려면 차근차근 단계를 밟아서 한 걸음씩 실행하지 않으면 안 된다. 조급하거 서두르다가는 실패하기 십상이다.

패전계

불리한 상황에서 국면을 전환하는 전략

제 31계. 미인계 미인을 이용하여 상대를 공략해라
제 32계. 공성계 약한 것을 드러내 적을 교란시켜라
제 33계. 반간계 적의 첩자를 역이용 하라
제 34계. 고육계 자신을 희생시켜 위기에서 벗어나라
제 35계. 연환계 여러 계략을 병행하라
제 36계. 주위상 줄행랑이 으뜸이다

제 31계

미인을 이용하여 상대를 공략해라

미인계(美人計)

미녀를 바쳐 음욕으로 유혹하다

■ 〈미인계〉의 유래

미인(美人)을 이용하여 상대를 공략하는 미인계는 동서고금을 막론하고 사용되어온 계략이다. 미인은 영웅의 총명을 흐리게 하고 몸을 약하게 만든다. 은나라의 주왕(紂王)에게는 달기(妲己, 다지)[1]가 있었고, 항우(項羽, 샹위)에게는 우희(虞姬, 우지)[2]가 있었고, 안토니우스에게는 클레오파트라가 있었지만 이들 모두는 미인에게 홀려 비극적인 생애를 맞이하였다.

『한비자』〈내저설 하편〉에는 '미인계'에 대하여 다음과 같은 내용이 나온다.

공자(孔子, 콩즈)가 노나라에서 정치를 할 때 제(齊)나라의 경공(景公)이 공자의 현명함에 대하여 걱정을 하자 여저(黎且, 리치에)가 경공에게 이렇게 말한다.

> "공자를 떠나게 하는 것은 털을 부는 것처럼 쉽습니다. 당신은 어째서 공자에게는 두터운 봉록과 높은 지위를 주고, 애공(哀公)에게는 음악을 할 줄 아는 여자를 보내 마음을 교만하고 미혹하게 하지 않습니까? 애공이 이것을 즐기게 되면 반드시 정치에는 나태해질 것이고, 공자는 반드시 간언하게 될

---

1 달기(妲己) : 중국 은(殷)나라 마지막 왕인 주왕(紂王)의 비(妃)이다. 주왕은 학정(虐政)을 간(諫)하는 현신(賢臣)의 말은 듣지 않고 달기의 말만 잘 들었다. 주왕과 달기는 구리기둥에 기름을 발라 숯불 위에 걸쳐 놓고 죄인으로 하여금 그 위를 걷게 하여 미끄러져서 타 죽게 하는 포락(炮烙)의 형을 구경하면서 웃고 즐겼다고 한다. 충신 비간(比干)이 죽음을 당한 일도 달기의 교사(教唆) 때문이라고 한다. 주(周)나라의 무왕(武王)이 주왕을 토벌하였을 때 달기도 같이 살해하였다고 전한다. 전설에 의하면 달기가 아름다운 이유는 여우에게 영혼을 팔았기 때문이라 한다.

2 우희(虞姬) : 중국의 대표적인 미인의 하나로 우미인(虞美人)이라 불린다. 진나라 말기 항우가 한나라 고조의 군사에게 해하에서 포위되어 '사면초가(四面楚歌)'의 막다른 상황에 다다르자, 최후의 주연을 베풀었다. 이때 시름에 찬 항우에게 '대왕의 의기가 다하였으니 천첩이 어찌 살기를 바라겠습니까?' 라고 답하고는 자진(自盡)하였다고 전해진다.

것입니다. 만약 공자의 간언이 받아들이지 않는다면 공자는 반드시 노나라를 떠날 것입니다."

이에 경공은 여저를 시켜 애공에게 음악을 할 줄 아는 미인 열여섯 명을 뽑아 애공에게 보냈다. 애공은 그것을 즐겨 결국 정치를 게을리 했고, 공자는 자신의 간언이 받아들여지지 않자 초나라로 떠났다.

또 춘추시대 오(吳)나라와 월(越)나라 양국은 계속되는 전쟁으로 심각한 대치 상태에 있었다. 월나라가 먼저 오나라를 이겼으나, 그 후 오나라가 군왕 부차(夫差, 푸차)[3]의 통솔 하에 월나라와의 전쟁에서 대승을 거뒀고 월나라는 오나라의 속국이 되었다.

월나라 왕 구천(勾踐, 고우지엔)[4]은 와신상담(臥薪嘗膽) 즉 '매일 지푸라기 위에서 잠을 자며 쓸개를 핥으면서' 복수할 뜻을 가지고 있었다. 구천의 부하 범려(范蠡, 판리)는 부차가 삼엄한 경계를 하고 조금도 틈을 보이지 않자 미인계를 사용한다.

범려는 전국을 뒤져 미녀 수천 명을 선발하고 그중에서 최고의 미녀인 서시(西施, 시스)[5]를 찾아냈다. 범려는 그녀의 부모에게 많은 돈을 주고 그녀를 궁으로 데려와 궁의 예법, 학문, 가무 등의 소양 교육을 받게 했다. 서시가 16살이 되던 해에 범려는 그녀에게 두 가지 임무를

---

3 부차(夫差, ?~BC.473) : 춘추전국시대 오나라의 제7대이자 마지막 군주이다. 춘추오패의 한 사람으로 꼽히며, 오왕 합려의 차남이다. 월왕 구천에 의해 죽은 부왕 합려의 원수를 갚기 위해 오자서의 보좌를 받아 국력을 충실히 쌓아서 구천을 물리치고 승자가 되지만, 노예를 자처하며 와신상담한 구천의 반격에 의해 패배하고 자결했다.

4 구천(勾踐, ?~BC.465) : 춘추시대 말기의 월(越)나라의 왕(재위 BC 496~BC 465). 아버지 윤상(允常)이 죽은 뒤 왕위를 이어받자마자 오왕(吳王) 합려(闔閭)와 싸워 그를 죽였다. 그 후 부차를 꺾어 자살하게 하고 서주(徐州)에서 제후와 회맹하여 패자가 되었다. 그러나 합려의 아들 부차(夫差)에게 패배하여 회계산(會稽山)에 숨었다가 버티지 못하고 용서를 빌어 오왕의 신하가 되었다.

주었다. 부차에게는 충신인 오자서(伍子胥, 우즈수)[6]가 있었는데, 서시에게 부차를 유혹하는 동시에 부차와 오자서 사이를 이간질 시키라는 것이었다.

부차는 결국 서시의 미모에 완전히 빠져 국정을 소홀히 하게 되었다. 서시의 말이라면 모두 믿게 된 부차는 점차 오자서와 사이가 멀어졌으며, 결국 오자서는 죽음에 이르게 된다. 그 후 부차가 오나라의 정예 부대를 이끌고 황지로 향하자, 구천은 이 기회를 이용해 오나라를 장악하였다. 오늘날까지 사람들은 서시의 미모와 매력을 여전히 화재로 삼고 있으며, 그녀를 중국 역사상 4대 미녀 중의 한 명으로 손꼽고 있다.

■ 본문 및 주해

【본문】 세력이 강한 군대는 그 장수를 공격하는 것이다. 장수가 지혜로우면 색정을 이용한다. 장수가 약해지고 병사가 퇴폐에 흐르게 되

5 서시(西施) : 중국 춘추시대 월(越)나라의 미녀. 이름은 이광(夷光)이며, 절강(浙江) 저라산(苧羅山) 근처에서 나무장수의 딸로 태어났다. 절세미녀였기 때문에 그 지방의 여자들은 무엇이든 서시의 흉내를 내면 아름답게 보일 것이라 생각하고, 병이 들었을 때의 서시의 찡그리는 얼굴까지 흉내를 냈다고 한다. 그래서 방빈(倣矉) 또는 효빈(效矉)이라는 말까지 생겼다.

또 오(吳)나라에 패망한 월왕(越王) 구천(勾踐)의 충신 범려(范蠡)가 서시를 데려다가, 호색가인 오왕(吳王) 부차(夫差)에게 바치고, 서시의 미색에 빠져 정치를 태만하게 한 부차를 마침내 멸망시켰다고도 전해지고 있다. 후에 서시는 범여와 함께 오호(五湖)로 도피했다고도 하고 또는 강에 빠져 죽었다고도 한다.

서시는 양귀비((楊貴妃), 왕소군(王昭君), 초선(貂蟬)과 더불어 중국 고대 4대 미녀로 꼽히는데, 이들 중 으뜸은 서시이며, 미의 화신(化身)이자 대명사이다.

6 오자서(伍子胥, ?~BC.485) : 춘추전국시대 초나라 사람으로, 정치가이자 군인으로 자서(子胥)는 자이고, 이름은 원(員)이다. 손무와 함께 오나라의 왕 합려를 섬겨 그가 왕위에 오르는데 결정적인 공헌을 하였다. 그러나 점점 오왕과 사이가 벌어져 자결을 명받는다.

면 전투의지가 꺾이는 법이다. 이는 『주역』 53괘인 〈점괘〉의 상전에 나오는 "도적을 막는 것을 이용하면 순하게 서로 도움이 된다."는 것에 비유할 수 있다.

(原文) 兵强者，攻其將；將智者，伐其情。將弱兵頹，其勢自萎。利用御寇，順相保也。

【주해】 군사의 세력이 강하고 지략이 뛰어난 장수가 있는 군대는 적으로 상대하는 것이 불가하다. 우선 그를 섬겨야 한다. 마치 전국시대 여섯 나라가 진나라를 섬기듯이 그를 섬김으로써 다스릴 토지를 할당받아 자기의 세력을 키우는 것이다. 책략은 마지막에 행하는 것이다.

상대의 나라에 비단을 가져다 바치고, 돈을 가져다 바쳐야 한다. 마치 송나라가 요나라와 금나라를 섬기듯이 해야 하며, 책략은 마지막에 행하는 것이다.

그런데 그들을 섬기는 척하며 미인을 갖다 바치면 그들의 전투의지가 꺾이고 힘이 약해지며 부하들의 원성이 커지게 되어 장수와 부하들의 사이가 벌어지기 마련이다. 마치 구천(勾踐)이 부차(夫差)를 섬기듯이 해야 한다. 이렇게 되면 패배의 기운을 돌려 승리의 기회를 잡을 수 있는 것이다.

(按) 兵强將智，不可以敵，勢必事之。事之以土地，以增其勢，如六國之事秦，策之最下者也；事之以布帛，以增其富，如宋之事遼，金，策之下者也；

惟事之以美人，以佚其志，以弱其體，以增其下之怨，如勾踐之事夫差，乃可轉敗爲勝。

■ 『주역』의 내용 풀이

이용어구 순상보야(利用御寇 順相保也) : 이 역시 『주역』의 〈점괘〉 구삼(九三)의 상전에 나오는 말이다. 『주역』에는 '利用禦寇'라 되어 있다. "도적을 막는 것을 이용하면 순하게 서로 도움이 된다."라는 뜻이다. 여기서 도적이란 불륜의 관계를 말하는 것으로 불륜의 관계를 맺지 않으면 서로 도움이 된다는 뜻이다.

■ 해설

패전계의 첫 번째 계략이 미인계이다. 패전계 중 다섯 계략의 이름에 '계(計)' 자가 붙어 있다. 미인계(美人計), 공성계(空城計), 반간계(反間計), 고육계(苦肉計), 연환계(連環計)가 그것이다. 그만큼 일반적으로 알려진 계략이라 볼 수 있다. 패전계란 적에 비하여 완전히 열세인 상황 속에서 전개하는 계략을 말한다. 즉 제 1장에 승전계를 놓고 제 6장에 패전계를 놓아서 서로 대비시키고 있다.

「세력이 강한 군대는 그 장수를 공격하는 것이다. 장수가 지혜로우면 색정을 이용한다. 장수가 약해지고 병사가 퇴폐에 흐르게 되면 전

투의지가 꺾이는 법이다.」

『손자병법』 〈모공편〉에서 손자는 전쟁의 기본 원칙에 대하여 "열배의 병력이면 포위하고, 5배의 병력이면 공격하고, 2배의 병력이면 나누어 싸우고, 비등한 병력이면 용감히 싸우고, 열세의 병력이면 퇴각하고 만약 승산이 없으면 피하는 것이다. 강한 적에 도전하면 상대방에게 사로잡힐 뿐이다."라고 말한다. 강한 적을 상대하여 이기기는 쉽지 않다. 무작정 싸우는 것이 능사가 아니란 말이다. 강한 적을 상대해서는 그 우두머리 장수를 공격하는 것이다. 그런데 장수가 지혜롭고 빈틈이 없을 때는 미인을 보내 장수를 색욕(色慾)에 빠지게 하는 계략을 이용하라는 것이다. 색욕에 빠진 장수는 지혜가 흐려지고 몸이 약해지기 마련이다. 장수가 색욕에 빠지면 병사들은 더욱 퇴폐에 빠지게 되는 것이다. 그렇게 되면 전투의지가 꺾여 허점을 보이게 되고 승리의 기회가 찾아오는 것이다.

남녀를 막론하고 색욕(色慾)을 멀리하기는 쉽지 않다. 불교의 경전인 『사십이장경(四十二章經)』의 24장에는 "모든 애욕 가운데 색욕만한 것이 없으니 색욕은 그 크기가 없는 것이다. 그러나 다행히 그것이 하나뿐이었기에 망정이지, 만약 그와 같은 것이 둘이 있었다면 이 천하의 사람으로 도를 닦을 수 있는 자는 한 사람도 없을 것이다."라고 말하고 있다. 이처럼 색욕이란 분명 끊기가 쉽지 않은 것이다.

조선시대 최대의 스캔들을 몰고 다닌 인물로는 단연 허균(許筠)이 꼽힌다. 『홍길동전』의 저자로 알려진 허균은 당시 여인들과의 불륜이 사회적인 문제가 되어 수차례를 관직에서 파직당하는 수모를 겪었다. 그럼에도 불구하고 허균은 여인들과의 교류를 끊지 않았다. 특히 부안에 살았던 매창(梅窓)[7]과의 두터운 교분은 잘 알려져 있다. 허균은 "윤리는 공자(孔子)가 만들었지만 남녀의 정(情)은 하느님이 만들었으니, 아무리 공자가 위대하다한들 하느님보다 더 위대할까?" 하는 말을 남겼다고 전해진다. 인위적인 도덕보다는 자연적인 성욕(性慾)이 더 본질적이라는 허균의 생각은 분명 시대를 앞선 사상임에 틀림없다.

미인계는 바로 이 색욕(色慾)을 이용하여 상대 우두머리의 판단을 흐리게 하여 패전의 상황 속에서도 기사회생(起死回生)을 할 수 있는 계략이라 할 수 있다.

「군사의 세력이 강하고 지략이 뛰어난 장수가 있는 군대는 적으로 상대하는 것이 불가하다. 우선 그를 섬겨야 한다. … 상대의 나라에 비단을 가져다 바치고, 돈을 가져다 바쳐야 한다. 마치 송나라가 요나라와 금나라를 섬기듯이 해야 하며, 책략은 마지막에 행하는 것이다.」

〈주해〉의 위의 내용에서 보이듯 적의 세력이 강하고 더군다나 뛰어난 장수가 있을 때는 우선 그를 섬기는 것이 상책이다. 비단과 돈을 가져다 바치면서 후일을 도모해야 한다. 월나라 왕 구천이 와신상담

7 매창(梅窓, 1573~1610) : 조선시대 여류시인으로 성(姓) 이(李), 본명 향금(香今)이며, 자는 천향(天香)이다. 매창(梅窓)은 호이며 이외에도 계생(桂生) · 계랑(桂娘)이라 하였다. 부안(扶安)의 명기로서 가사(歌詞) · 한시(漢詩) · 시조(時調) · 가무(歌舞) · 현금(玄琴)에 이르기까지 다재 다능한 여류 예술인이었다. 허균(許筠) 뿐만 아니라 당대의 문사인 유희경(劉希慶) · 이귀(李貴) 등과 교유가 깊었다. 작품으로는 가사와 한시 등 70여 수 외에도 금석문(金石文)까지 전해지고 있다. 1668년(현종 9)에 구전(口傳)하여 오던 작자의 시 58수를 모아 부안의 개암사에서 간행한 『매창집(梅窓集)』이 있다.

하면서 한편으로 복수의 칼을 갈고 있으면서도 오나라를 섬기며 하루하루를 보냈던 것처럼 일단은 강한 적에게 복종해야 하는 것이다.

클라우제비쯔(C. Clausewitz)가 『전쟁론』에서 '전쟁의 궁극적 목적은 적의 완전한 무장해제에 있다.' 고 말한 것처럼 승전국의 입장에서는 자신의 의지대로 따르지 않는다면 더 큰 압력과 조처가 내려질 수 있다. 미인계를 〈점괘〉의 원리에 비유하고 있는 것처럼 패전의 상황을 반전시키는 것은 치밀한 준비를 가지고 수많은 인내를 통하여 점차 이루어지어는 것이다.

「그들을 섬기는 척하며 미인을 갖다 바치면 그들의 전투의지가 꺾이고 힘이 약해지며 부하들의 원성이 커지게 되어 장수와 부하들의 사이가 벌어지기 마련이다.」

미인을 갖다 바치는 것은 적장을 환심을 사기에 가장 좋은 방법 중의 하나이다. 구천의 신하였던 범려는 미인을 천여 명이나 불러들여 그 중에서 최고의 미녀인 서시를 선택한다. 그리고 그녀에게 궁중의 예법은 물론 부차를 공략할 다양한 방법을 습득하게 한 후 부차에게 바치게 된다. 서시의 미모와 교태는 부차를 사로잡았을 뿐만 아니라 당시 중국 천하에 알려지게 되었다. 특히 그가 눈을 찡그리면 므든 남자들이 넋을 빼앗겼는데, 그 소문을 듣고 당시 여인들이 그를 따라 눈을 찡그리는 것이 유행하여 '서시빈목(西施嚬目)' 이란 고사를 탄생시키기도 하였다. 결국 서시에 의하여 부차와 오자서가 갈라서고 오나라는 멸망하게 되었으니, 미인계가 성공하게 되면 십만의 군대로서도 할 수 없는 일을 성취할 수 있는 것이다.

임진왜란 당시 진주 남강의 촉석루(矗石樓)에서 왜장 게야무라 로쿠스케(毛谷村六助)와 함께 강물에 뛰어들어 함께 순국했던 논개(論介)의 경우도 미인계를 사용한 한 예라 할 수 있다.

이러한 미인계는 꼭 약한 세력이 강한 적을 상대해서 사용하는 것만은 아니다. 거꾸로 강한 세력이 그들에게 저항하는 세력의 힘을 와해할 목적으로 미인계를 사용하기도 하고, 정적을 제거할 목적이나 적국의 군사기밀을 빼오거나 혹은 기업의 스파이를 침투할 때도 미인계가 사용되고 있다.

군사정권시절 국민들의 정치에 대한 저항과 관심을 돌리기 위해 3S 정책 즉 Sex, Sport, Screen 등을 장려하는 정책을 폈다. 이는 우민화 정책의 일환이지만 섹스산업을 번창하도록 방관하거나 조장하는 것 역시 일종의 미인계로 해석할 수 있다.

이 책에서 '패전계'의 장을 통하여 '미인계'를 말하고 있는 것은 군사적으로 열세인 상황 속에서 정상적인 방법으로는 상대를 제압할 수 없을 때, 그 우두머리의 판단력을 흐리게 하는 계략이다. 따라서 '미인'이란 꼭 아름다운 여인으로 제한되지 않는다. 만약 적국의 우두머리가 '돈'을 좋아한다면 돈으로 접근하고, '술'과 '도박'을 좋아한다면 술과 도박으로 접근해야 한다. 도자기와 같은 예술품을 좋아한다면 그가 좋아하는 것으로서 접근하여 상대의 마음을 빼앗아야 한다. 서시를 이용하여 부차를 무너뜨렸던 구천의 예처럼 패전의 상황 속에서 '미인'을 통하여 적장의 총명함을 흐리게 하고, 결국 승리를 이끌어내는 계략이라 할 수 있다.

제 32계

약한 것을 드러내 적을 교란시켜라

공성계(空城計)

적을 빈 성으로 유인해 미궁에 빠뜨린다

■ 〈공성계〉의 유래

나관중(羅貫中 : 루어꽌종)의 『삼국지연의』 〈제95회〉에는 촉나라의 군사 제갈공명(諸葛孔明, 주꺼콩밍)이 사마의(司馬懿, 시마의)가 이끄는 15만 대군을 맞아 성을 텅 비게 하여 무찌른 내용이 나오는데, 공성계는 여기에서 유래하였다.

제갈량(諸葛亮)은 마속(馬謖, 마수)[1]에게 가정(街亭, 지에팅)을 고수하도록 임무를 맡겼으나 마속의 오판으로 사마의의 부대에게 가정이 함락되게 된다. 이 소식을 접한 제갈량은 자신이 머무는 기산(祁山, 치샨) 또한 위기에 빠졌다는 것을 알게 된다. 제갈량은 즉시 돌아갈 채비를 서두르면서 지역 내의 사람들에게는 한중(漢中 : 한종)으로 이동하도록 지시하고, 자신은 5천의 군사를 이끌고 서성(西城, 시청)[2]으로 가서 벼를 운반하였다. 이 때 사마의가 15만의 군대를 이끌고 서성으로 진입해 오고 있다는 급보가 들어 왔다.

제갈량이 성 위에 올라 쳐다보니 사마의의 군대가 돌진해 오고 있었다. 이 급박한 상황 속에서 제갈량은 다음과 같은 명령을 내린다.

"병사들은 깃발을 내리고 은신하라. 함부로 돌아다니거나 떠드는 자는 참수

---

1 마속(馬謖, 190~228) : 자는 유상(幼常)이며, 양양(襄陽) 의성 출신으로 마량의 막내동생이다. 제갈량이 아꼈으나 유비는 그에 대하여 '말이 실보다 앞선다'는 평(評)을 하였다. 관직은 참군(參軍)이었으며 사마의를 거짓소문으로 한때 물러나게 한 적도 있어 공명의 사랑을 받는다. 그 뒤로는 가정(街亭)의 큰 싸움에서 군량의 중요한 보급로인 산을 맡아 보는 중책을 짊어지게 되는데, 마속은 소홀하여 산을 빼앗기고, 촉군은 후퇴할 수밖에 없게 된다. 제갈공명은 패전 지휘자 마속에 그 책임을 물어 결국 목을 치게 된다. 공명(孔明)이 눈물을 머금고 그를 참하는 모습에서 '읍참마속(泣斬馬謖)'이란 말이 나왔다.

2 서성(西城) : 지금의 감숙성(甘肅城) 천수현과 예현 사이의 지역.

할 것이다. 서성의 모든 문을 활짝 열고 20명의 병사만을 민간인으로 위장하여 빗자루를 들고 거리를 쓸도록 하라."

이렇게 명령을 내린 제갈량은 학털 옷에 청색 두건을 쓰고 두 명의 아동과 함께 가야금을 안은 채 성 위에 높이 올라 난간에 기대어 향을 피워 놓고 가야금을 탔다.

사마의 군대의 선봉대가 서성 밑에 도착하여 이러한 광경을 보고 쳐들어가지 못하고 사마의에게 보고하였다. 이에 사마의는 분명 제갈량의 계략이 숨어있을 것으로 판단하고서 즉각 모든 병력을 철수하여 북산(北山)으로 향하였다.

이와 같이 제갈량이 성을 비워 사마의의 군대를 무찌른 계략을 일컬어 공성계라고 부르게 되었다.

■ 본문 및 주해

【본문】 허한 것을 허하게 하면 의심 가운데 더욱 의심이 일어나는 것이다. 이는 『주역』의 제40 번째 괘인 〈해괘(解卦)〉에서 "강과 유가 서로 만나니 뜻에 허물이 없다"에 비유할 수 있으니, 기이하면서도 기이하다고 할 수 있다.

(原文) 虛者虛之, 疑中生疑 : 剛柔之際, 奇而復奇。

(원문: 허자허지, 의중생의 : 강유지제, 기이부기)

【주해】 허허실실의 전법은 병가에서 항상 있는 일은 아니다. 세력이 약한데, 그 약한 것을 적에게 그대로 노출하는 것은 제갈공명이 사용한 이후 그러한 사람들이 끊어지지 않았다.

당나라 현종(玄宗) 당시(727년) 토번이 과주(瓜州)[3]를 공격하여 함락시킬 때, 그곳의 수장이었던 왕군환(王君煥)[4]이 전사하였다. 하서(河西) 일대의 백성들이 크게 두려워하였다. 조정에서는 장수규(張守珪)[5]를 과주의 자사로 파견하였다. 장수규는 남은 백성들로 하여금 다시 과주의 성을 수리하도록 하였다. 강하고 좋은 널빤지를 가져다가 근간을 세우고 또 그것을 잘라 단단히 조처하고 있었다. 이 때 적들이 다시 급작스럽게 쳐들어왔다. 둘러보아도 적을 막을만한 도구가 없었다. 성 안의 사람들이 서로를 쳐다보며 얼굴빛이 하얗게 변했고 싸울 의지가 하나도 없었다.

수규가 말하기를 "적들의 수는 많고 우리는 수는 적다. 전쟁의 참상이 아직도 복구되지 못하였다. 화살을 이용할 수도 없고 투석전으로 대항할 수도 없다. 이럴 때는 모름지기 권도(權道, 계략)로서 그들을 제지할 수밖에 없다"고 하였다.

이에 성위에 좋은 자리를 택해서 술판을 벌리고 장수와 병사들을 불러 보아 술을 마시고 노래를 불렀다. 이를 본 적들은 성 안에 철저한 준비가 되어있는 것으로 의심하여 감히 공격하지 못하고 물러갔다.

---

3 과주(瓜州) : 지금의 감숙성 안서현(安西縣).

4 왕군환(王君煥) : 당대 과주(瓜州) 상락인(常樂人)으로 자는 위명(威明)이다. 당나라 개원 연간에 하서 지역의 절도사를 역임하였고, 토번을 공격하여 공을 세워 대장군으로 승진하였다. 후에 토번이 과주를 공격하였을 때, 반란군에 의하여 전사하였다.

5 장수규(張守珪) : 당대 섬서인(陝西人)으로 개원년간에 과주의 자사를 역임하였다. 공을 세워 보국대장군에 봉해졌다. 유주절도사(幽州節度使)로 있을 때 안록산이 장수규를 섬겨 무관으로 두각을 나타냈다고 전해진다.

또 제(齊)나라에서 조정(祖珽)[6]을 북서주(北徐州)[7]의 자사로 삼았다. 조정이 그곳에 이르자 진(陳)나라의 대군이 쳐들어 왔다. 수많은 백성들이 경황이 없이 날뛰었지만 조정은 성문을 닫지 말라고 명령하였다. 성을 지키는 병사들도 성 아래로 내려오게 명령하여 거리와 마을에서 조용히 앉아 있도록 하였다. 거리에는 지나가는 행인들의 통행을 금지시켰다. 또 닭과 개도 시끄럽게 울거나 짖지 못하도록 조처하였다. 적들이 성안에 들어왔을 때는 아무것도 보이지 않고 아무런 소리도 나지 않았지만 그 이유를 알 수가 없었다. 의심을 하던 군사들은 성을 비우고 떠났지만 어떠한 경계도 하지 않았다. 조정은 다시 큰 소리로 함성을 지르도록 명령하였다. 함성소리가 하늘을 진동하자 적들은 크게 놀라 즉시에 달아나 흩어졌다.

(按) 虛虛實實，兵無常勢。虛而示虛，諸葛而後，不乏其人。如吐蕃陷瓜州，王君煥死：河西洶懼。以張守珪爲瓜州刺史。 領餘衆，方復築州城。版幹裁立，敵又暴至，略無守禦之具，城中相顧失色，莫有鬪志。守珪曰：『彼衆我寡，又瘡痍之後，不可以矢石相持，須以權道制之。』 乃於城上置酒作樂，以會將士。敵疑城中有備，不敢攻而退。又如

6 조정(祖珽) : 북제(北齊) 범양인(范陽人)으로 자는 효정(孝征)이다. 조정에서 북서주의 자사로 임명하였을 때 대군이 북서주를 포위하였는데, 구원병이 이르지 않자 홀로 군인들과 남아 북서주의 성을 지켰다.

7 북서주(北徐州) : 북제(北齊)의 지명이다. 지금의 안휘성 풍양(風陽)의 동북쪽에 위치해 있다.

齊祖珽爲北徐州刺史，至州：會有陳寇，百姓多反，珽不關城門，守陴者，皆令下城，靜坐街巷，禁斷行人。鷄犬不亂鳴吠。賊無所見聞，不測所以。疑惑人走城空，不設警備。珽復令大叫，鼓噪聒天：賊大驚，登時走散。

■ 『주역』의 내용 풀이

강유지제(剛柔之際) : 『주역』 40번 째 괘인 〈해괘(解卦)〉의 초육 상전에 나오는 말이다. "剛柔之際, 義无咎也." 즉 "강과 유가 서로 만나니 뜻에 허물이 없다"고 기록되어 있다.

〈해괘〉는 우레를 상징하는 진괘(震卦, ☳)가 위에 놓여 있고, 물을 상징하는 감괘(坎卦, ☵)가 아래에 놓여있는 형상이다. '解'란 '풀다'의 의미로, 해결(解決) · 해원(解冤) · 해동(解凍) 등에 쓰인다. 물위에 우레가 있는 것은 우레가 물 밖으로 나와서 모든 것이 풀리게 됨을 말하는 것이다.

초육 즉 제일 아래의 효는 음효(--)로서 이는 구사 즉 아래에서 네 번째의 효인 양효(-)와 잘 대응이 되고 있다. 모든 것이 잘 풀리는 해(解)의 때이므로 구사가 약한 초육을 잘 받아들이는 것이다. 이처럼 강한 육사와 약한 초육이 만나 서로 도움을 주고받으니 뜻에 허물이 없다고 말하는 것이다.

■ 해설

패전계의 두 번째 계략은 '적을 빈 성으로 유인해 미궁에 빠뜨린다.' 는 '공성계' 이다. 이는 자신의 약한 모습을 노골적으로 드러내 상대를 교란하여 물러가게 하는 고도의 심리적인 전술이라 할 수 있다.

제 29계인 '수상개화' 가 자신의 약한 것을 감추고 최대로 강한 척 하는 계략이라면, 이 '공성계' 는 그와는 정반대로 자신의 약한 것을 그대로 드러내는 계략이다. 이처럼 36계에는 서로 모순되는 계략이 공존하고 있다. 왜 그럴까? 그것은 계략이란 적을 속이기 위한 꾀이다. 따라서 상대적이고 임기응변적인 것이다. 하나의 계략이 모든 경우에 통하는 것이 아니다. 상황에 따라 적과의 두뇌싸움을 끝없이 벌이는 것이다. 수상개화를 사용할 것인가 공성계를 사용할 것인가 하는 것은 상대와 상황에 따라 달라지는 것이다. 이 책의 저자는 수상개화는 병전계에 배치하고 공성계는 패전계에 배치하고 있다. 즉 공성계를 사용할 때는 아군의 세력이 더욱 열악하여 도저히 싸워서 이길 수 없는 상황에서 전개하는 계략임을 말하고 있는 것이다.

「허한 것을 허하게 하면 의심 가운데 더욱 의심이 일어나는 것이다.」

허(虛)한 것은 실(實)하게 하고 실한 것은 허하게 보이는 것이 계략의 기본이다. 자신이 강할 때는 약한 것처럼 꾸며 적을 유인하고, 약할 때는 강한 것처럼 보여 적을 도망가게 하는 것이다. 이러한 점은 적군의 장수 또한 생각하고 있는 것이다.

『손자병법』에는 "상대방을 알고 나를 알면 백전백승이다.(知彼知己百戰百勝)"이란 유명한 말이 나온다. 미리 승리를 점치기 위해서는 ① 피아의 전력을 검토하여 싸울 수 있는 상황인가를 판단하고, ② 병력의 많고 적음을 감안하여 거기에 맞게 싸울 수 있어야 하고, ③ 상하가 서로 합심하는 것이 승리의 관건이고, ④ 만전의 태세로 적의 약점을 찾아야 하고, ⑤ 장수가 유능하고, 군주가 이에 간섭하지 않는가를 판단해야 한다고 말한다.

적이 아군의 상황이 '허' 하다고 판단하고 쳐들어 올 때에는 아군이 분명 거기에 대한 대비를 하고 있다고 생각한다. 그런데 아무런 대비도 하지 않고 태연해 하면 강한 의심이 일어날 수밖에 없다. 갑자기 '상대방의 의도' 를 알 수가 없는 것이다. 더군다나 적장이 아군의 장수가 유능하다고 생각하고 있을 때는 더더욱 의심이 일어나기 마련이다.

제갈공명이 사마의를 상대로 공성계를 성공할 수 있었던 것은 사마의가 의심이 많고 신중한 장수이기 때문이다. 실제 삼국의 전쟁은 제갈공명의 승리가 아닌 사마의의 승리로 끝이 나게 된다. 사마의는 이미 다른 전투에서 승리하고 나서 공명의 병력이 약세임을 알고서 서성을 공격한 것이다. 그런데 공명은 성을 텅 비어 놓고 아무런 전투태세를 갖추지 않고 있었던 것이다. 분명 공명이 사력을 다해도 자신의 군대를 이길 수 없는데, 공명은 성위에 올라가 한가로이 가야금을 타고 있으니 갑자기 머리가 혼란스럽고 두려움을 가지게 된 것이다. 자신의 15만의 군사를 가지고도 공명의 5천의 군사를 상대하지 못하고 되돌아갔던 것이다.

〈주해〉에서는 이러한 공명의 공성계가 역사적으로 끊이지 않고 사용되었다고 말하고 있다. 당 현종 때 토번과 맞서 싸워 이긴 장수규의 예와 제나라의 조정이 진나라의 군사에 맞서 공성계를 사용한 예를 말하고 있다. 갑자기 기습을 당하여 자기의 병력을 가지고는 어떠한 방도도 사용할 수 없는 상황에서 이 두 장수는 오히려 술판을 벌이거나 모두 숨어 온 성안을 텅 비어 있게 만들었다. 이를 본 적들이 분명 철저한 준비가 되어 있거나 숨은 계략이 있을 것으로 판단하여 쳐들어오지 못하고 도망을 가게 된 것이다. 모두 공성계를 통하여 승리한 대표적인 예이다.

『손자병법』〈허실편〉에서 손자는 "진격할 때는 적의 허를 찔러야 하고, 물러날 때는 신속히 물러나 적이 추격할 수 없게 해야 한다."고 말한다. 아군의 병력이 우세하여 싸움을 걸 때와 아군의 병력이 열세에서 물러날 때의 원칙을 이와 같이 밝히고 있는 것이다. 이어 손자는 다음과 같이 말한다.

> "내가 싸우고자 할 때는, 적이 아무리 성루를 높게 하고 도랑을 깊게 파고 지킨다 하더라도 싸우지 않을 수 없도록 만들어야 한다. 그러기 위해서는 적이 방치해 놓을 수 없는 곳을 공격하는 것이다.
> 반대로 내가 싸우고 싶지 않을 때는, 아군의 방비가 아무리 허술하더라고 적으로 하여금 싸움을 걸 수 없도록 만들어야 한다. 그러기 위해서는 적으로 하여금 적의 공격 목표를 다른 데로 돌리도록 해야 하는 것이다."

'내가 싸우고 싶지 않을 때'란 아군의 병력이 형편없어서 싸울 수 없는 상황을 말한다. 공성계란 바로 이러한 때의 유효란 전술이다. 그러나 이 계략은 죽음을 무릅쓴 일종의 도박이다. 만약 상대의 장수가 아무런 의심 없이 성안에 들어와 공격한다거나 또는 장수가 유능하여 공성계를 알아차리고서 쳐들어온다면 꼼짝없이 당하게 되는 것이다.

그러나 죽기를 각오하고 허한 상태를 그대로 드러내놓았기 때문에 상대도 얼떨결에 그 술책에 넘어가게 되는 것이다. '기이라고 기이하다' 고 말한 이유가 여기에 있다.

제 33계

적의 첩자를 역이용 하라

반간계(反間計)

적의 첩자를 역 이용한다

■ 반간계의 유래

'반간계'란 적의 첩자를 역 이용하는 것이다. 이는 『손자병법』의 〈용간편(用間篇)〉에서 유래한 계략이다.

손자는 최후의 승리를 위해서는 적군의 정보를 수집하기 위한 간자(間者) 즉 간첩의 정보활동을 중시해야 한다고 강조한다. 〈용간편〉에서는 간자의 종류를 다섯 가지로 나누어 밝히고 있다. 즉 ① 향간(鄕間)으로 적국의 백성 중에서 선발된 첩자로 주로 정보를 수집하는데 활용한다. ② 내간(內間)으로 적국의 관료 중에서 매수된 첩자로, 내정을 수집하는데 활용한다. ③ 반간(反間)으로 적의 간자를 다시 매수한 첩자로 적정을 아는데 활용한다. ④ 사간(死間)으로 죽음을 각오하고 적국에 진입하여 거짓 정보를 흘리는 간자이다. ⑤ 생간(生間)으로 적국으로부터 살아 돌아와 정보를 제공해주는 간자이다.

이 중에서 손자는 특히 반간을 중시하고 후하게 대접할 것을 강조하였으며, 다음과 같이 반간에 대하여 말하고 있다.

> "적의 간자가 잠입해 들어오면, 이를 찾아내서 매수하여 역으로 반간을 만들어 적국으로 돌려보낸다. 이 반간의 활동에 의하여 적의 주민이나 관리를 포섭하여 향간과 내간을 만든다. 그런 다음에 사간을 밀파하여 거짓 정보를 유포시키면, 생간도 계획대로 임무를 수행할 수 있는 것이다. 이 다섯 가지 간자의 일을 군주는 반드시 알아야 하는데, 그 중에서도 가장 중요한 것은 반간이다."

'반간계'란 이러한 『손자병법』에서 밝힌 반간을 활용하여 적의 정보를 수집하고 적의 내부를 교란시키는 계략을 말한다.

■ 본문 및 주해

【본문】 반간계는 의심 가운데 의심을 더하게 하는 것이다. 이는 『주역』의 8괘인 〈비괘(比卦)〉의 상전에 나오는 "돕는데 안으로부터 하는 것은 스스로 잃지 않음이다."라는 말에 비유될 수 있다.

(原文) 疑中之疑。比之自內，不自失也。

【주해】 간자는 적으로 하여금 스스로 서로를 의심하고 시기하도록 한다. '반간' 이란 적이 파견한 간자로 하여금 아군의 간자가 되게 하는 것이다.

춘추전국 시기 연(燕)나라의 소왕(昭王)의 사후 왕위를 계승한 혜왕(惠王)이 태자로 있을 때부터 악의(樂毅 : 레이)[1]을 좋아하지 않았다. 제(齊)나라의 전단(田單 : 티옌단)[2]이 반간을 풀어서 다음과 같은 유언비어를 퍼뜨렸다.

"악의와 연나라의 왕 사이에 틈이 있어, 악의가 왕에게 주살되지 않을까 두려워한다. 그래서 병사들을 이끌고 와서 제나라의 왕이 되려고 하는 것이

1 악의(樂毅) : 전국시대 연나라 소왕(昭王) 대의 명장이다. 소진(蘇秦), 추연(鄒衍) 등과 함께 소왕을 도와 정치 개혁을 단행하여 연나라의 국력을 크게 키운 인물이다. 기원전 300년, 소왕은 진개(秦開)를 앞세워 동호(東胡)를 정벌해 요동(遼東) 지역으로 영토를 크게 넓혔고, 조양(造陽, 지금의 河北省 宣化)과 양평(襄平, 지금의 遼寧省 遼陽)을 잇는 북장성(北長城)을 쌓기 시작하였다. 그리고 소진을 보내 조(趙), 위(魏), 초(楚), 한(韓) 등과 연합을 추진해 제(齊)를 고립시켰고, 마침내 기원전 284년(昭王 28년) 악의를 상장군(上將軍)으로 삼아 진(秦), 초(楚), 한(韓), 조(趙), 위(魏)의 5국 연합군과 함께 제(齊)를 공격했다. 악의(樂毅)는 제(齊)의 70여개 성을 빼앗으며 큰 승리를 거두었고, 제(齊)의 도읍인 영구(營丘, 지금의 山東省 臨淄縣)를 점령하고 제(齊)의 혼왕(湣王, 재위 BC 300~BC 284)을 죽였다.

2 전단(田單) : 제나라의 명장으로 임치사람이다. 반간계를 사용하여 악의가 빼앗은 70가의 성을 되찾은 인물이다.

33계 • 반간계(反間計)

다. 그런데 제나라의 사람들이 따르지 않으므로 그 때를 기다리며 즉묵(卽墨)[3]을 공격하는 것을 늦추고 있는 것이다. 지금 제나라의 사람들은 오직 다른 장수로 바꾸어 공격해 올 것을 걱정하고 있다. 그렇게 되면 즉묵은 곧 멸망할 것이기 때문이다."

혜왕은 그 말을 듣고 즉시 기겁(騎劫 : 치지에)[4]을 악의에 대신한 장수로 임명하였다. 악의는 어쩔 수 없이 조(趙)나라로 달아났다.

이는 주유(周瑜, 쩌우위)가 조조(曹操)가 파견한 간첩을 이용하여 조조와 대장 사이를 이간질시킨 것과도 같으며, 이 역시 의심 가운데 의심이 있는 형국이다.

(按) 間者，使敵自相疑忌也：反間者，因敵之間而間之也。如燕昭王薨，惠王自爲太子時，不快於樂毅。田單乃縱反間曰；『樂毅與燕王有隙，畏誅，欲連兵王齊。齊人未附，故且緩攻卽墨，以待其事。齊人惟恐他將來，卽墨殘矣！』惠王聞之，卽使騎劫代將。毅遂奔趙。如周瑜利用曹操間諜，以間其將，亦疑中之疑之局也。

---

3 즉묵(卽墨) : 지금의 산동성 평도(平度) 동남쪽 지역이다.

4 기겁(騎劫) : 연나라 장수로 혜왕의 신임을 얻었으나 전단에게 패배하여 적군 가운데에서 사망하였다고 전해진다.

■ 『주역』의 내용 풀이

비지자내 부자실야(比之自內 不自失也) : 이는 『주역』의 8괘인 〈비괘(比卦)〉의 육이 효의 상전에 나오는 말로 "돕는데 안으로부터 하는 것은 스스로 잃지 않음이다."라는 뜻이다.

〈비괘〉의 모양은 물을 상징하는 감괘(坎卦, ☵)가 위에 놓여있고, 땅을 상징하는 곤괘(坤卦, ☷)가 아래에 놓여있는 형상이다. '比'란 '돕는다' 혹은 '따른다'는 뜻이다. 물과 흙은 토극수(土克水)로서 서로 상극 관계에 있다. 즉 흙은 물을 가두게 되어 상극이 되는 것이다. 그런데 물은 흙이 아니면 담을 수 없고, 흙은 물이 아니면 건조해져서 날리게 되며 생명을 키울 수도 없는 것이다. 따라서 흙 위에 물이 있는 것은 서로 도와서 길하게 되는 것이다.

여기에서는 반간이 안으로부터 도와주니 아군의 입장에서는 잃지 않고 보존할 수 있음을 비유한 것으로 보인다.

■ 해설

적의 첩자를 역 이용하는 반간계는 패전계의 세 번째 계략이다. 간(間)이란 '간자'·'간첩'·'첩보원'·'스파이' 등으로 볼 수 있다. 여기서 말하는 '반간(反間)'이란 적국이 파견한 스파이를 매수하여 다시 아군의 스파이를 만드는 '역 스파이'라 말할 수 있다.

현대는 정보전이라 말한다. 군사·정치·경제·스포츠·교육·문화 등 다양한 분야에 있어 상대의 정보를 파악하는 것은 곧 승리의 관건이 된다. 각국은 인공위성을 쏘아올리고 최첨단 장비를 이용하여 정보전을 치르고 있다. 그러나 가장 확실한 정보를 얻을 수 있는 것은 역시 적의 내부에 첩자를 심어 놓는 것이다. 여기에서 말하는 '간자'가 바로 그러한 첩자이다.

군사작전에 있어서 이러한 첩보전 · 정보전의 중요성을 일찍부터 중시한 인물은 손자이다. 전쟁에서 승리하기 위해서는 적극적으로 간자를 활용해야 한다고 주장하였으며, '간자를 사용하는 방법'을 구체적으로 제시한 〈용간편〉을 『손자병법』에 기록하고 있다. 앞서 밝힌 바와 같이 간자를 활용하는 방법에 따라 향간 · 내간 · 반간 · 사간 · 생간 등 다섯 종류의 간자를 구별하고 있다. 그리고 이 중에서도 '반간'을 제일 중시하고 있다. '반간계'란 손자가 정의하고 있는 반간의 개념에서 유래한 것이다.

여기에서 말하고 있는 것은 '반간계'는 일반적인 정보전을 말하거나 간자의 전체적인 활동을 말하는 것이 아니라, 전력과 전세가 완전히 열세인 상황 속에서 적이 파견한 간자를 매수하여 역으로 적군의 핵심세력을 이간질시키고 교란하여 위기를 모면하는 계략을 말한다.

〈본문〉에서 "반간계는 의심 가운데 의심을 더하게 하는 것이다."라고 말한 것은 적의 내부의 사정을 정확히 파악하여 적군의 수뇌부가 의심할 수밖에 없는 유언비어를 퍼뜨려야 한다. 〈주해〉에서 말하고 있는 연나라 혜왕과 악의 사이를 이간질 시킨 제나라 전단의 예는 반간계의 내용을 잘 드러내고 있다.

악의는 소왕의 총애를 받던 연나라의 명장이다. 힘이 약한 제나라의 입장에서 전술에 강한 악의와 전쟁을 치르게 된다면 승산이 없음을 전단을 잘 알고 있다. 전쟁에서 전력이란 객관적인 병력의 수와 군수 장비의 수와 주관적인 병사들의 전투의지에 의하여 판가름 난다. 그리고 이러한 전력과 더불어 군사(軍師)의 능력과 작전의 유효성에 따라 승패가 결정되기 마련이다. 따라서 장수가 전쟁에 임할 때는 아군과 적군의 전력을 비교하여 공격해야 할 때인지 물러나야 할 때인지를 결정하는 것이다.

절대적으로 불리한 상황 속에서 제나라의 전기가 취한 계략은 반간계이다. 즉 반간을 풀어 유언비어를 배포한 것이다. 이 때 유언비어의 내용은 적군의 수뇌부를 이간질시킬 결정적인 것이어야 되고 또 그들이 의심하여 믿을 수 있는 것이어야 성공할 수 있다. 악의는 혜왕의 아버지인 소왕의 총애를 받았지만 혜왕과는 태자시절부터 사이가 좋지 않았다. 혜왕의 입장에서 악의는 언젠가 제거해야할 일종의 정적이라 할 수 있다.

그러나 제나라와의 전쟁은 이미 선왕(先王)인 소왕 때에 실시된 것이었다. 제나라의 민왕(湣王)의 실정으로 민심이 이반되자 소왕은 악의를 시켜 5개국의 연합군 수십만 명을 거느리고 파죽지세로 제나라를 공격하였다. 제나라의 수도 임치성(臨淄城)을 위시하여 70여 성을 함락시키자 남은 것은 거주(莒州)와 즉묵 두 고을만 남아 있는 형편이었다.

이 때 전단은 즉묵성에 피난해 와서 살고 있었는데, 그 곳 유수가 도망을 가버리자 백성들에 의해 유수 겸 장군으로 모셔졌다. 전단은 한편으로 백성들을 위로하고 다른 한편으로 자기 집의 장정들을 군대로 편입시켜 조련을 하면서 방비를 튼튼히 하였다. 이 때 연나라로 보낸 간자들에 의하여 소왕이 죽고 혜왕이 즉위하였는데, 혜왕과 악의가 서로 사이가 좋지 않다는 말을 듣게 된 것이다.

이러한 첩보를 접한 전단은 "악의가 혜왕에게 주살될까 염려하여 제나라의 왕이 되고자 한다."는 유언비어를 퍼트린 것이다. 이처럼 간자를 통하여 적국의 내부 사정을 염탐하고 적절한 유언비어를 퍼트린 결과, 혜왕이 유능한 장수인 악의를 파직하고 기겁이라는 무능한 장수를 임용하도록 만든 것이다.

새로운 장수로 임명된 기겁은 부임하자마자 악의가 시행하던 모든 법령을 고쳤으며, 밤낮으로 주색에 빠져 군무를 소홀히 하였다. 또한 제나라 사람들의 묘지를 파해쳐 보물을 약탈하고 제나라 사람들을 괴롭혀 심한 원성을 사게 된다. 결국 전단은 항복하는 척하며 밤에 불을 붙인 솜뭉치를 꼬리에 단 소떼를 앞세우고 기겁의 군영을 공격하자 연나라의 군대는 패주하여 달아나고 만다. 이처럼 전기는 반간계를 사용하여 국가가 멸망하는 절대 절명의 위기를 넘기게 된 것이다.

전기가 반간계를 성공적으로 수행한 이면에는 평소 간자에 대한 관리를 잘 해왔을 볼 수 있다. 『손자병법』에서도 간자는 그 활동이 극비로 숨겨둘 필요가 있기 때문에 세심한 배려가 있어야 한다고 말한다.

> "간자는 전군을 통틀어 가장 신뢰할 만한 인물을 선발하여, 최고의 대우를 해주어야만 한다. 또 그 활동은 극비로 숨겨둘 필요가 있다. 뛰어난 지모와 인격을 겸비한 인물이 아니면, 간자를 제대로 부릴 수가 없다. 자상한 배려와 알뜰한 보살핌이 없으면 충분한 실효를 거두기 어려운 것이다. 그 얼마나 미묘한 일인가? 언제 어느 경우에도 간자의 활동을 무시할 수는 없는 것이다."

이처럼 손자는 간자에게 특별한 대우를 해주어야 하며 특히 반간의 경우에 있어서는 더욱 특별한 대우를 해주어야 한다고 말한다. 그 이유에 대하여 전쟁을 치르면 반드시 승리해야 하기 때문이며, 전쟁을 치르는 비용보다 간자를 활용하여 적의 내부를 이간질시켜 승리하는 경제적 효과가 훨씬 크기 때문이라고 말한다.

> "10만의 대군을 동원하여 천리 밖으로 원정을 떠나면, 백성이 지불해야 될 비용은 모든 집을 합하여 날마다 천금씩을 부담해야 한다. 이렇게 되면 거국적인 전쟁에 휘말리게 된다. 백성들은 소와 말처럼 사역을 나가게 되어, 전답을 제대로 경작할 수 없는 농가가 70만 가구에 달하게 된다.
> 이렇게 해서 전쟁은 수년간 계속될 것이다. 그리고 최후의 승리는 단 하루만에 결정되는 것이다. 그럼에도 불구하고 작록과 금전에 연연하여 적측의 정보를 수집하는데 게을리 한다면 이는 불인(不仁)의 극치라 할 것이다. 이는 장수의 자격도 없고, 군주를 보좌할 수도 없고, 또 승리의 주역도 되지 못한다."

반간계의 핵심은 불리한 전황 속에서 적의 간자를 통하여 적의 수뇌부를 이간질시키는데 있다. 간자의 활동을 통하여 큰 경제적 군사적 손실이 없이 싸워서 이길 수 있으니, 전쟁에 있어서 첩보활동이 얼마나 중요한지를 알 수 있는 것이다.

제 34계

자신을 희생시켜 위기에서 벗어나라

고육계(苦肉計)

자신을 희생해 적을 안심시키다

■ 〈고육계〉의 유래

고육계란 고육지책(苦肉之策)이라고도 하며, 자기의 상해가면서까지 꾸며내는 방책이라는 뜻으로, 일반적으로 어려운 상태에서 벗어나기 위한 수단으로 어쩔 수 없이 하는 계책을 말한다.

이 계략의 유래는 『오월춘추(吳越春秋)』 권2 〈합려내전(合廬內傳)〉 제4에서 찾을 수 있다.

오나라의 왕 합려(合廬 : 허루)[1]가 위나라의 침공에 대하여 대책이 없어 고심할 때, 그의 신하 중의 하나인 요리(要離 : 야오리)가 스스로 합려에게 이렇게 자처하여 나선다.

> "전하가 위나라의 침공에 대하여 두려워하는데 사실은 위나라 장수 경기(慶忌 : 칭지) 때문입니다. 제가 그를 죽여 전하의 근심을 덜어드리고자 하니 죄를 물어 제 오른 팔을 자르고 제 처자에게도 잔혹한 형벌을 내리십시오."

요리를 아끼던 합려는 차마 그럴 수 없다고 만류하였으나 누차의 간청에 그렇게 시행한다. 오른 팔이 잘린 요리는 오나라를 더나 천하를 주유하면서 합려의 잔인성을 공개적으로 떠들면서 원망하는 마음을 드러내었다.

마침내 위나라에 이르자 경기는 아무런 의심을 하지 않고 요리를 가까이 두었다. 그 뒤 경기가 대군을 이끌고 오나라 정벌에 나섰을 때 장강(長江) 중류의 배 위에서 바람을 등지고 왼팔로 창을 날려 경기의

1 합려(合廬) : 오나라 왕으로 부차의 아버지이며, 월왕 구천에 의하여 죽었다.

가슴을 명중시켜 죽였다. 요리는 그 자리에서 경기의 부하들에게 참살되었으나, 경기를 잃은 위나라 군대는 결국 철수하였다.

■ **본문 및 번역**

【본문】 사람들은 스스로에게 상처를 입히지 않는 법이므로, 상처를 입었다면 반드시 사실로 받아들인다. 거짓을 진실로 브여주고 또 적들이 그것을 진실로 믿어 의심하지 않게 하는 것이다. 간자는 이 같은 방법을 얻어 실행하는 것이다. 이는 『주역』 4괘인 〈몽괘(蒙卦)〉에 나오는 "동몽은 길한 것이어서 공손하게 잘 따르른다."에 비유할 수 있다.

(原文) 人不自害，受害必眞：假眞眞假，間以得行。童蒙之吉，順以巽也。

【주해】 간자는 적들이 서로 시기하고 의심하도록 하는 것이다. 반간이란 적들의 의심하고 시기하는 것을 이용하여 실재로 그들 사이에 의심을 갖도록 만드는 것이다. 고육계란 거짓으로 자기 내부의 모순을 가장하여 적을 이간시키러 가는 것이다. 대개 자기와 대립하고 있는 자를 파견하여 적들을 유혹하는 것인데, 서로 같이 행동하기로 약속하거나 혹은 함께 힘을 합치기로 약속하는 것이 다 고육계의 종류이다.

(按) 間者，使敵人相疑也：反間者，因敵人之疑，而實其疑也。苦肉計者，蓋假作自間以間人也。凡遣與己有隙者以誘敵人，約爲響應，或約爲共力者，皆苦肉計之類也。

■ 『주역』의 내용 풀이

동몽지길 순이손야(童蒙之吉 順以巽也) : 이는 『주역』의 4괘인 〈몽괘(蒙卦)〉의 육오효의 상전에 나오는 말이다. 이 〈몽괘〉는 위에는 산을 상징하는 간(艮 ☶)이 놓여 있고 아래에는 물을 상징하는 감(坎 ☵)이 놓여 있어 물이 깊고 위험한 상황이다. 아마 제14계의 '차시환혼' 과 제17계의 '포전인옥' 에 이 몽괘가 소개되어 있다.

여기서 '동몽' 이라 한 것은 육오 효의 성격에 기인한다. 육오는 위에서 두 번째 효로서 인군의 자리이나 음효(--)로 되어 있어 구이 즉 아래의 두 번째 효인 양효(-)의 가르침을 따라야 한다. 이 몽괘에서는 기르는 주체가 구이이며, 가르침을 받는 대상은 육오이다. 따라서 구이의 효사에는 포몽(包蒙)이라 하고 육오의 효사에는 동몽(童蒙)이라 한 것이다.

이 '동몽이 길한 것은 순하고 공손하기 때문이라' 고 말한 것은 바로 윗자리에 있으면서 아래에 있는 스승을 모시고 또 공손하게 따르기 때문이다.

자기의 희생을 무릅쓰고 국가나 민족의 대의를 이루는 것은 공손하게 따르는 마음이 있지 않고서는 불가능하다. 고육계를 〈몽괘〉의 육오 효에 비유한 뜻이 여기에 있다.

■ 해설

패전계의 네 번째 계략이 고육계이다. 자기의 살을 도려내고 팔 다리를 잘라 적에게 접근하여 그들의 신임을 받고 기회를 틈타 그들을 제거하는 계략이라 할 수 있다. 앞의 반간계가 적이 보낸 간자를 역이용하는 것이라면 고육계는 이쪽에서 적국에 간자를 파견할 때 쓰는 방법이라 할 수 있다.

위의 유래에서 소개한 오나라 요리의 예는 고육계의 모습을 잘 보여주고 있다. 싸움에 있어 중요한 것은 주요한 공격목표를 분명히 설정하는데 있다. 위나라의 침략이 기정사실화된 상황 속에서 자기의 병력은 취약하기 때문에 요리가 택한 공격목표는 적군의 유능한 장수인 경기를 제거하는 것이다. 호랑이를 잡으려면 호랑이 굴 속에 들어가야 한다. 적국의 장수인 경기에게 접근하기 위하여 요리는 자청하여 자신의 왕인 합려에게 자기의 손을 자를 것을 요구한다. 일반적으로 사람은 자기의 이익을 위해 행동한다. 만약 누군가에 의하여 손이나 발이 잘려져 불구의 몸이 되고 버림을 받았다면 원한을 가지는 일은 당연하다고 여기게 된다. 요리는 경기에게 접근하기 위하여 스스로 불구가 되는 길을 선택했을 뿐만 아니라 세상을 떠돌아다니며 합려에 대한 원한 섞인 감정을 노골적으로 드러낸다. 이러한 소문은 경기에게 들어갔고 요리가 경기에게 접근하였을 때, 그는 아무런 경계도 없이 요리를 곁에 두게 되었던 것이다. 요리는 경기를 죽이기 위하여 자기의 팔을 잘리고 결국 목숨까지 잃었지만 자기의 나라인 오나라를 구할 수 있었던 것이다. 가히 살신성인의 경지라 할 것이다.

「사람들은 스스로에게 상처를 입히지 않는 법이므로, 상처를 입었다면 반드시 사실로 받아들인다. 거짓을 진실로 보여주고 또 적들이 그것을 진실로 믿어 의심하지 않게 하는 것이다.」

인간은 본성은 선한 것일까, 악한 것일까? 인간은 욕망을 쫓는 존재인가, 이상을 쫓는 존재인가? 이러한 문제는 철학의 중요한 문제이다. 그러나 법가나 병가의 입장에서는 인간의 본성은 악하고, 인간은 욕망을 쫓는 존재라고 바라본다. 마키아벨리는 『군주론』에서 "군주가 선하고 이상을 쫓으면 그 자리를 보존할 수 없다."고 말했고, 순자는 맹자(孟子 : 멍쯔)의 성선설에 맞서 성악설을 주장했다. 이사(李斯 : 리스)와 한비자(韓非子 : 한페이쯔)에 의하여 체계화된 법가 사상은 순자(荀子 : 쉰쯔)의 성악설에 기초해 있다. 전쟁에서 중요한 것은 승리하는 것이다. 이러한 사고에서 보면 '사람이 스스로를 헤치는 것은 있을 수 없다.' 고 할 수 있다. 따라서 고육계는 비록 자기의 희생이 따르지만 성공할 가능성이 큰 것이다. 거짓을 진심인 것처럼 믿게 하려면 아무나 할 수 없는 희생을 감수해야 한다. 요리는 자기의 팔을 잘랐다. 그가 경기를 죽인 것은 남은 왼팔을 가지고 바람을 등지고 바람이 부는 방향으로 창을 던지는 방식을 택했다. 경기의 입장에서 보면 한 손이 없는 사람으로 자기를 죽이는 것은 어렵다고 방심할 만한 일이었다. 그러기에 진실로 믿었던 것이다.

「고육계란 거짓으로 자기 내부의 모순을 가장하여 적을 이간시키러 가는 것이다. 대개 자기와 대립하고 있는 자를 파견하여 적들을 유혹하는 것인데, 서로 같이 행동하기로 약속하거나 혹은 함께 힘을 합치기로 약속하는 것이 다 고육계의 종류이다.」

고육계가 성공하기 위해서는 적국에서 자기를 받아들일 만한 충분한 이유가 있어야 한다. 적국에서도 수많은 간자를 활용하여 첩보활동을 하고 있다. 자기 내부의 모순을 가장하는 것은 신중하고 은밀히 진행되어야 한다. 자기 진영의 다른 사람들조차 모르게 진행해야 성공할 수 있다. 합려는 요리를 그냥 벌한 것이 아니라 국사범으로 몰아 형벌을 주었다. 이처럼 고육계는 철저한 계획 속에서 이루어져야 하는 것이다.

역사상으로 상대방의 마음을 사기 위하여 자기의 팔다리를 자른 예를 종종 볼 수 있다. 절의 한 쪽 벽면에서 한 스님이 굴 밖으로 나와 산발을 하고 안광을 내 품고 있고, 그 아래에는 눈이 쌓인 마당에 피가 뚝뚝 떨어지는 자신의 한쪽 팔을 잘라 들고 있는 처사가 그려진 벽화를 본 적이 있을 것이다. 이는 중국의 선종(禪宗)의 2조가 된 혜가(慧可 : 후이커)가 보리 달마(菩提達磨 : 푸티다모)를 찾아 제자로 받아달라고 하는 일화를 형상화 한 것이다.

인도로부터 중국에 온 달마는 당시 남쪽의 양(梁)나라를 찾아갔다가 인연을 맺지 못하고 북으로 올라 소림사(少林寺 : 샤오린스)에서 수도하고 있었다. 전쟁 중에 가족을 잃고 방황을 하던 신광(神光 : 션광)은 사찰을 찾아 중이 되었으나 마음을 잡지 못하다가, 인도로부터 고승이 소림사에 있다는 소식을 듣고 여러 번 뵙기를 청하였지만 달마는 만나주지 않았다. 이에 눈이 내리는 어느 날 소림사를 찾은 신광은 달마가 만나줄 때가지 암자 앞에서 움직이지 않고 기다렸다. 며칠을 기다려도 달마가 나오지 않자 신광은 자신의 팔을 잘라 달마에 바쳤던 것이다. 이를 계기로 신광을 달마의 제자가 되었고, 혜가란 법명을 얻고 종국에는 선종의 2조가 되었던 것이다. 이것이 '혜가단비(慧可斷臂)' 의 내용이다.

이렇게 자신의 팔을 잘라 법을 구했던 혜가의 마음은 달마를 감복시켰고, 달마에서 혜가로 이어진 중국의 선종은 이후 찬란한 꽃을 피우게 된다. 이후 중국의 선은 동아시아는 물론 세계로 전파되어 지금에 이른 것이다. 물론 혜가단비는 엄밀히 말하면 고육계는 아니다. 혜가가 팔을 자른 것은 달마의 제자가 되기 위함이지 달마를 해치고자 한 것이 아니기 때문이다. 단지 마음을 사기 위하여 자기의 몸을 버린다는 점에서 고육계의 방식과 같다는 것이다.

또 '희생양' 이란 말이 있다. 희생양이란 어쩔 수 없이 하나를 버려야만 할 때 버려지게 되는 경우를 말한다. 이 또한 고육계와는 다르다. 고육계는 적에게 접근하기 위하여 거짓으로 한편으로 자기 내부의 모순을 가장하고 다른 한편으로 자신의 몸을 희생하는 것이며, 궁극적으로 적을 타도하기 위한 계략을 말하는 것이다.

앞의 반간계와 여기의 고육계는 동전의 앞뒤 면처럼 다른 것 같지만 사실을 같은 종류의 계략이라 할 수 있다. 때론 반간계를 성공하기 위하여 고육계를 병행하고 때론 고육계를 쓰면서 반간계를 활용한다. 모두 위기의 상황을 모면하고 승리를 쟁취하기 위한 계략이라 할 수 있다.

제 35계

여러 계략을 병행하라

연환계(連環計)

적의 배를 고리로 얽어매다

■ 〈연환계〉의 유래

연환계의 유래는 『삼국지연의』에 나오는 적벽대전에서 나온다. '連環' 이란 '고리를 연결하다' 는 뜻으로 방통(龐統 : 팡통)[1]이 조조를 꾀여 그들의 군함을 쇠고리로 연결시킨 후 불을 질러 조조를 크게 격퇴시킨 데서 '연환계' 란 이름을 따온 것이다. 상대방을 족쇄로 채우고 다시 또 다른 공격을 병행하여 무찌르는 방식이다. 이와 같이 둘 이상의 여러 가지 계략을 동시에 사용하는 것을 연환계라 부른다.

이 연환계의 이름은 원나라의 희곡 모음집인 『원곡선(元曲選)』 가운데 〈금운당이 은밀히 연환계를 정하다(錦雲黨暗定連環計)〉란 희곡명이 보인다. 또 『삼국지연의』 제8회에도 〈사도 왕윤(王允 : 왕윤)[2]이 교묘하게 연환계를 사용하다(王司徒巧使連環計)〉라 되어 있어 '연환계' 란 이름이 보인다.

---

1 방통(龐統, 178~213) : 중국 삼국시대 촉의 책사이다. 양양군(楊陽郡) 출생으로 자는 자원(子元)이다. 제갈량을 와룡(臥龍)에 비유하였고 방통은 봉추(鳳雛: 봉황의 새끼)라고 하였다. 소박한 외모에 우둔해 보이기도 했으며 그의 자질을 알아보는 이가 없다가 사마휘가 방통의 인물됨을 알아보고 오나라 주유 휘하에서 공조로 일하였다. 하지만 주유가 요절하고 나자 촉한 유비의 신하가 되었다. 하지만 유비는 그의 재능보다 외모를 보고 판단하여 방통을 지방인 뇌양현의 현령으로 보내버렸다. 어느 날 장비가 뇌양현을 갔다가 방통의 재능을 알아보고 유비에게 천거하여 군사 중랑장(軍師中郎將)이 되었다. 방통은 뛰어난 책략으로 유비가 익주(益州) 땅을 얻는 데 일등공신의 역할을 하였다. 낙성으로 진격하는 도중 매복병에게 화살을 맞고 낙봉파(落鳳坡)에서 36살의 젊은 나이로 사망하였다.

2 왕윤(王允, 137~192) : 후한 말의 인물로, 자는 자사(子師)이며 기주(冀州) 태원군(太原郡) 기현(祁縣) 출신이다. 여포(呂布)를 움직여 전횡을 일삼던 동탁(董卓)을 죽였으나 반격해온 동탁의 잔당에게 패하여 목숨을 잃었다.

■ 본문 및 주해

【본문】 적의 병력이 강할 때는 싸움을 해서는 안 된다. 적들로 하여금 스스로 지치게 하여 그 세력을 잠재워야 한다. 이는『주역』의〈사괘(師卦)〉에서 "군사(軍師)에게 있어 중을 하고 길하다는 것은 임금의 총애를 받듦이다."라고 한 이치와 같다.

(原文) 將多兵衆，不可以敵，使其自累，以殺其勢。在師中吉，承天寵也。

【주해】 촉나라의 군사였던 방통(龐統)이 조조로 하여금 군함에 쇠고리를 연결시키게 한 후 연이어 그곳에 불을 질러 배들을 벗어나지 못하게 했다.

이와 같이 연환계의 계략은 적들로 하여금 스스로 지치게 만들고 그 후에 그들을 도모하는 것이다. 대개 한 계략은 적은 지치게 하고 한 계략은 적을 공격하는 것이니 두 계략을 함께 사용하여 강한 세력을 꺾는 것이다.

송나라의 필재우(畢再遇 : 비자이위)[3]가 적을 유인하여 싸우는 것을 보면 나아가는 척 하다 물러서고 물러서는 척 하다가 나아가기를 서너 차례 하였다. 땅거미가 질 무렵 향료를 섞은 삶은 검은 콩을 가지고 땅위에 뿌려두고서 다시 앞으로 나아가 다시 싸움을 걸고서 도망가는

3 필재우(畢再遇) : 송(宋)나라의 장수이다. 연주(兗州 : 지금의 산동성 서남십현西南十縣 지역)가 고향이다.『송사(宋史)』에 의하면 모략이 뛰어나고 군대를 다스리는데 정통한 사람으로 소개되어 있다. 개희 년간(開禧 : 1205~1207) 송나라의 많은 장군들이 전쟁에서 패하였지만 유독 필재우만이 수차례 공을 세웠다.

척 했다. 적들이 이 틈을 놓치지 않고 추격해 왔으나 그 말들은 이미 굶주려 있었다. 콩의 냄새를 맡고서는 정신없이 먹기 시작했다. 아무리 채찍을 쳐도 움직이지 않았다. 필재우는 군사들을 되돌려 그들을 반격하여 드디어 큰 승리를 얻었다.

둘 모두 연환계이다.

(按) 龐統使曹操艦勾連，而後縱火焚之，使不得脫。則連環計者，其法在使敵自累，而後圖之。蓋一計累敵，一計攻敵，兩計扣用，以摧強勢也。如宋畢再遇嘗引敵與戰，且前且却，至於數四，視日已晚，乃以香料煮黑豆，布地上，復前搏戰，佯敗走。敵乘勝追逐，其馬已饑。聞豆香，就食，鞭之不前。遇率師反攻之，遂大勝。皆連環之計也。

■ 『주역』의 내용 풀이

재사중길 승천총야(在師中吉 承天寵也) : 이는 『주역』의 7괘인 〈사괘(師卦)〉의 구이의 상전에 나오는 말이다. "군사(軍師)에게 있어 중을 하고 길하다는 것은 임금의 총애를 받듦이다." 라는 말에 이어 "왕이 세 번 명을 준다는 것은 일만 나라를 내 품으로 포용함이라(王三錫命 懷萬邦也)"라 하고 있다.

〈사괘〉는 앞의 26계의 '지상매괴' 에서도 소개하였다. 땅을 상징하는 곤괘(☷)가 위에 있고, 물을 상징하는 감괘(☵)가 아래에 있어, 땅 위에 물이 있어 군중이 모이고 모두를 유익하게 하는 것이다.

이 〈사괘〉는 위 아래의 다섯 개의 효가 음효(--)이지만 아래에서 두 번째의 효만이 양효(-)이다. 따라서 이 구이는 신하 중의 가운데에 있는 것인데 이것이 양을 띠고 있어 중을 하면서 길한 것이라고 말한 것이다.

■ **해설**

연환계란 적의 세력이 강할 때 여러 가지 계략을 병행하여 사용하는 계략이다. 먼저 상대방의 족쇄를 채우고 다음에 공격하는 것이다. 이러한 연환계는 패전계의 다섯 번째 계략이다.

'연환계' 란 이름은 적벽대전에서 방통이 조조를 꼬여 그들의 군함을 쇠고리로 연결시킨 데에서 연유한 이름이지만, 적벽대전은 화공전과 고육계 및 반간계 등 여러 가지 계략이 연합되어 성공한 것이다. 따라서 여기에서 연환계란 두 가지 이상의 계략을 함께 사용하여 적을 무찌르는 계략이라 볼 수 있다.

「적의 병력이 강할 때는 싸움을 해서는 안 된다. 적들로 하여금 스스로 지치게 하여 그 세력을 잠재워야 한다.」

'적의 병력이 강할 때 싸움을 해서는 안 된다' 는 것은 수많은 전략가들이 공통적으로 하는 말이다. 우선 적이 힘을 쓰지 못하도록 발목을 잡고 이어 공격하는 것이다. 따라서 어떻게 하면 적의 발목을 잡아 힘을 쓰지 못하도록 하는가를 연구해야 한다. 적벽대전에서 방통이 조조의 배를 고리로 묶어 움직이지 못하게 한 것이 그러한 예이다.

「촉나라의 군사였던 방통이 조조로 하여금 군함에 쇠고리를 연결시키게 한 후 연이어 그곳에 불을 질러 배들을 벗어나지 못하게 했다. 이와 같이 연환계의 계략은 적들로 하여금 스스로 지치게 만들고 그 후에 그들을 도모하는 것이다. 대개 한 계략은 적은 지치게 하고 한 계략은 적을 공격하는 것이니 두 계략을 함께 사용하여 강한 세력을 꺾는 것이다.」

방통이 조조의 배를 묶어 놓은 것은 화공을 통해 공격하기 위한 예비적 단계의 전술이다. 일단 발을 묶어 놓고 싸우면 아무리 강한 상대라도 이길 수 있는 것이다. 불리할수록 수많은 계략을 병행해야하고 철저한 각본 위에서 움직여야 한다.

위에서 소개되고 있는 적벽대전은 수많은 계력이 합쳐져서 오나라의 손권과 주유 그리고 촉나라의 유비와 공명이 승리한 멋진 드라마이다. 나관중의 『삼국지연의』는 촉나라 유비를 주인공으로 그린 역사소설이다. 우리에게 『삼국지』로 널리 알려져 있어 실재 삼국의 역사를 기록한 것으로 착각하는 경우도 있지만 유비와 공명이 실재보다 많이 영웅적으로 묘사되어 있다고 비판받기도 한다. 그러나 계략을 말할 때 『삼국지연의』의 내용을 통하여 말하는 것은 그다지 문제가 되지 않는다고 생각한다. 36계의 저자도 많은 예를 『삼국지연의』에서 취하고 있다.

적벽대전의 내용은 많이 알려져 있어 구체적인 내용을 말할 필요는 없을 것 같다. 다만 여기에서 관심을 끄는 것은 '적벽대전에서 오나라의 주유와 촉나라의 제갈량의 연합군이 위나라의 조조의 백만대군을 상대하여 어떠한 계략을 연합하여 승리하게 되었는가?' 하는 점이다.

우선 방통이 조조에게 접근하여 조조의 배를 묶어 놓은 것은 작은 의미의 연환계라 할 수 있다. 다음으로 주유(周瑜)가 조조 진영에서 간자로 보낸 채중(蔡中) · 채화(蔡和)의 형제를 그대로 받아들여 놓아 둔 것은 이들이 조조에게 자기의 정보를 흘리도록 의도한 것이니 이것은 일종의 반간계라 할 수 있다. 또 주유가 자신의 심복인 황개(黃蓋)를 형틀에 묶어 백여 대를 치고, 황개가 조조에게 거짓 투항을 하게 한 것은 일종의 고육계라 할 수 있다. 여기에 서북풍의 바람의 방향을 동남풍으로 바꾼 제갈량의 신이한 힘이 발휘되어 적벽대전은 연합군의 승리로 끝나게 되었던 것이다.

연환계에 이어지는 다음의 계는 '주위상'이다. 즉 불리할 때는 도망가는 것이 상책이란 말이다. 그런데 중국과 같이 땅이 넓은 나라는 도망갈 곳이 있지만 우리와 같이 조그만 나라는 도망가고 싶어도 도망갈 곳이 없다. 따라서 도망가기 이전에 어떻게든 싸워서 이겨야 한다. 연환계는 바로 어떻게든 싸워 이기기 위해 수많은 계략을 동시에 병행해야 함을 말하고 있는 것이다. 13척의 남은 배로 일본의 수 백 척의 배를 상대하여 이겼던 이순신 장군의 명량해전은 아무리 어려운 상황 속에서도 포기하지 않고 싸워 이긴 대표적인 예일 것이다. '사즉생 생즉사(死卽生 生卽死)' 즉 '죽고자 하면 살고, 살고자 하면 죽을 것이다.' 는 정신이야 말로 연환계의 계략을 세우기에 앞서 필요한 마음가짐이다. 그런데 명량해전 역시 지형과 물살의 흐름 및 적에 대한 첨보 등 치밀하게 준비하고 계획된 싸움이었기에 승리할 수 있었음을 알아야 한다.

오자 또한 『오자병법』 〈논장편(論將篇)〉에서 "장수가 출전하는 날에는 죽음의 영예가 있을 뿐 삶의 치욕은 없다.(師出之日 有死之榮 無生之辱)"고 말하고 있다. 또 〈치병편(治兵篇)〉에서는 "반드시 죽고자 하면 살고 살기를 바라면 반드시 죽는다(必死則生 幸生則死)"라고 말하고 있다. 죽기로 싸워 승리하는 것이 장수가 선택할 기본적인 요건임을 말하는 것이다.

연환계는 강한 적은 먼저 그 힘을 빼고 그리고 나서 공격을 병행하는 것이 핵심이다. 그러기 위하여 여러 가지 계략을 병행하라는 것이다.

제 36계

줄행랑이 으뜸이다

주위상(走爲上)

도망치는 것이 상책이다

■ 〈주위상〉의 유래

'도망치는 것이 상책이다' 라는 주위상의 계명의 출전은 『남제서(南齊書)』 〈왕경즉전(王敬則傳)〉에서 유래한다.

왕경(王敬, 왕징)은 남북조 시대, 제(齊 : 南齊, 479~502)나라의 개국공신으로 회계(會稽)태수를 지냈던 인물이다.

494년 제나라를 세운 고제(高帝)의 증손들을 제거하고 명제(明帝)가 왕위에 오르게 된다. 왕 위에 오른 후 기존의 고제를 따르던 신하들에 대한 과감한 숙청을 감행하였다. 이 때 왕경은 명제에 대항하여 군사를 일으켰던 중심적인 인물이다.

명제는 대부 장괴(張壞, 장화이)를 평동(平東)장군에 임명하여 회계와 인접한 오군(五郡)으로 파견하였다. 그러자 왕경은 1만여 군사를 이끌고 도읍 건강(建康 : 南京)을 향해 진군하여 불과 10여 일 만에 건강과 가까운 홍성성(興盛城)을 점령해 버렸다.

이 때 국정을 운영하던 사람은 명제의 태자였던 소보권(蕭寶卷, 샤오바오주안)[1]이었다. 소보권이 피난 준비를 서두른다는 소식을 듣고서 왕경은 이렇게 말하였다. "단공(檀公)이 삼십육계 중에서 도망가는 것이 상책이라고 하더라."

---

1 소보권(蕭寶卷, 483~501) : 남조(南朝) 제나라의 황제로 본명은 명현(明賢)인제, 명제(明帝)의 정치를 보좌하게 된 뒤부터 보권으로 개명했다. 자는 지장(智藏)이다. 명제의 둘째 아들이다. 명제 건무(建武) 원년(494) 황태자가 되었다. 영태(永泰) 원년(499) 즉위해 세금을 가혹하게 걷고 간신배와 측근들을 가까이하면서 제멋대로 대신 서효사(徐孝嗣)와 심문계(沈文季) 등을 살육했다. 이런 폭정 때문에 민심은 이반되고 국세는 나날이 기울어갔다. 당시 전쟁이 빈번하게 일어나 군량은 바닥을 보이고, 덩달아 세금은 가중되었다. 대규모 토목 공사를 벌여 생활은 사치했고, 황음(荒淫)으로 날을 지새웠다. 소연(蕭衍)이 병사를 일으켜 건강(建康)을 포위하자 수비장군 장직(張稷)이 내부에서 호응하여 성은 함락되고 자신은 피살당했다. 3년 동안 재위했고, 화제(和帝)가 즉위하자 동혼후에 추봉되었다.

단공은 송나라의 명장 단도제(檀道濟, 탄따오지)를 말한다. 무제(武帝)가 송나라 를 건국할 때 그를 도운 명장 중의 하나이다.

"단공이 말하기를 36계 중 달아나는 것이 최선책이다"라고 말했다는 『남제서』의 내용에 근거하여 『36계』의 책이 단도제의 작품이라고 주장되기도 한다. 그러나 『단공 36계』는 전해지지 않는다. 따라서 이 『36계』는 단공 보다 훨씬 후대에 누군가에 의하여 지어진 것으로 추정할 수 있는 것이다.

물론 『남제서』 이외에도 『회남자』 〈병략훈(兵略訓)〉에 "실즉두(實則斗) 허즉주(虛則走)"라는 내용이 보인다. 즉 '그 세력이 강성할 때는 나아가고 그 세력이 허약할 때는 달아나라' 는 내용으로 '주(走)' 자의 사용을 찾아볼 수 있다.

또 『오자(吳子)』 〈료적(料敵)〉에서도 "장수가 나아가는 것을 보기는 쉽지만 물러가는 것을 보기는 어렵다"는 말이 나온다. '퇴(退)' 자의 사용을 볼 수 있다.

■ 본문 및 주해

【본문】 강한 적과 싸울 때 적을 피해 도망가야 한다. 『주역』의 〈사괘(師卦)〉의 "물러나는 것이 허물이 아니면 상도(常道)를 잃은 것이 아니다."란 말에 비유할 수 있다.

원문 전사2 피적, 좌차무구, 미실상야
(原文) 全師 避敵, 左次無咎, 未失常也。

【주해】 적의 세력이 절대적으로 우세하고 우리 편이 싸워서 이길 능력이 없을 때 선택할 수 있는 것은 곧 항복하거나 화합을 청하거나 아니면 도망가는 것이다. 항복하는 것은 완전히 패하는 것이고, 화합을 청하는 것은 반쯤 패하는 것이고, 도망가는 것은 패하지 않는 것이다. 패하지 않으면 승리의 기회가 다시 오기 마련이다.

송나라의 장수 필재우(畢再遇 : 비자이위)가 금나라 군대와 진영을 마주하고 있었다. 어느 날 밤 필재우는 군사를 진영에서 모두 빼어 달아나고서 깃발만 진영에 남겨두었다. 미리 양을 잡아서 거꾸로 메달아 놓고 두발에 북면의 위쪽과 연결해 놓았다. 양의 발이 조그만 움직여도 북소리를 내게 되었다. 금나라의 사람들은 필재우의 부대가 도망간 사실을 며칠 동안 알아차리지 못했다. 송나라의 진영이 비었음을 알았을 때는 이미 멀리 달아난 뒤였다. 도망치는 전략을 잘 사용한 예라 할 수 있다.

(按) 敵勢全勝，我不能戰，則必降，必和，必走。降則全敗 ： 和則半敗 ： 走則未敗。未敗者，勝之轉機也。如宋畢再遇與金人對壘，一夕拔營去，留旗幟於營，豫縛生羊懸之，置前二足於鼓上 ： 羊不堪倒懸，則足擊鼓有聲[3]。金人不覺，相持數日。始覺之，則已遠矣。可謂善走者矣。

---

2 전사(全師) : 전(全)이란 보전하는 것을 말하고 사(師)란 군대를 지휘하는 것을 말한다. 즉 군대의 힘을 보전하도록 지휘하는 것을 말한다. 여기에서 '全師避敵(전사피적)'은 『주역』의 "사괘(師卦)의 전체는 적을 피하는 것에 대해 말한다."라는 해석도 가능하다. 왜냐하면 사괘(師卦)의 원문에서 "師" 貞丈人吉無咎." 즉 "사(師)괘란 곧은 것으로 장수에게는 길(吉)하고 허물이 없다"고 밝히고 있기 때문이다.

■ 『주역』의 내용 풀이

좌차무구 미실상야(左次無咎 未失常也) : 이 역시 『주역』의 사괘(師卦)에 나오는 말이다. "좌차무구(左次無咎), 미실상야(未失常也)" 이 괘의 육사효의 상전에 나오는 말이다. 여기서 '좌차(左次)'란 부대가 뒤쪽으로 퇴각하는 것을 말한다. 고대의 군대는 오른쪽이 앞쪽이고 왼쪽이 뒤쪽이다. 부대는 항상 오른쪽으로 이동한다. 왼쪽을 머리로 하는 것은 후퇴하는 것을 말하는 것이다. 상(常)이란 항상함, 법도를 말한다. 즉 후퇴하는 것도 병법(兵法)에 어긋나는 것이 아니란 말이다.

■ 해설

36계의 마지막 장은 '주위상(走爲上)'이다. 적에게 불리한 상황에서 싸우는 방법을 말하고 있는 패전계의 마지막 계략이 바로 도망치라는 것이다. 흔히 말하는 '36계 줄행랑'이라고 하는 것이다.

주위상의 계략의 앞쪽에는 연환계가 놓여있다. 불리한 상황 속에서 쓸 수 있는 모든 계략을 종합하여 살길을 찾으라는 것이 연환계의 핵심이다. 연환계의 다음 전략이 바로 주위상이니 숙고 끝에 마지막으로 내리는 계책이 바로 주위상인 것이다. 그런데 주위상은 구장정 불

3 예박생양현지(豫縛生羊懸之) 치전이족어고상(置前二足於鼓上) 양소감도현(羊小堪倒懸) 즉족격고유성(則足擊鼓有聲) : 『자치통감』에 나오는 이야기이다. '현양격고(縣羊擊鼓)' 즉 양을 매달아 북을 두드리게 한다는 전략으로 알려져 있다. 1206년 필재우가 금나라 군사와 대치하는 와중에 몰래 빠져나간 내용이다.

리하니까 꽁무니를 빼는 도망침과는 분명 차원이 다르다.

'주위상의 다음 계략은 무엇일까?' 문득 이런 질문을 던지고 이에 대한 해답을 찾다 보면 중국인의 독특한 사고를 발견할 수 있다. 모든 존재를 인식할 때에 시작과 끝이 있고, 원인과 결과가 있고, 창조와 종말이 있는 것으로 바라보는 것은 서양적 사고이다. 직선적으로 발전한다고 생각하기 때문에 '주위상'을 36계의 결론이나 최후의 방법으로 여기게 된다. 중국인들은 시작과 끝을 상정하지 않는다. 무시무종(無始無終), 끝의 다음은 다시 시작이다. 직선이 아니라 둥근 원을 상정하고 그곳에서 순환하는 것이 우주자연의 질서라고 생각한다. 끝의 바로 옆엔 시작이 존재한다. 즉 주위상의 다음은 다시 만천과해의 계략이 존재하는 것이다. 연환계와 만천과해라는 계략 사이에 주위상이 놓여있다. 이러한 생각을 가지고 주위상의 계략을 이해해야 한다. 그렇게 되면 도망감이란 다시 싸우기 위해 자신의 힘을 비축하기 위한 방책이 되는 것이다. 직선적인 사고가 아닌 순환론적인 사고로의 전환(Turning Point)만이 도망침의 의미를 바로 이해하는 첩경이다.

주위상의 계에 대한 설명은 『주역』의 사괘(師卦)를 통해 설명하고 있다. 사괘의 괘상은 곤상감하(坤上坎下)의 괘로서 땅(☷) 가운데 물(☵)이 있어서 전체적으로 길(吉)하고 허물이 되지 않음을 말한다. 당장은 도망가지만 땅이 있고 그 속에 물이 존재하고 있으니 결국 힘을 배양하여 새롭게 세력을 성장할 수 있음을 말하고 있는 것이다. 비록 지금은 적의 막강한 힘에 의하여 싸워도 이기는 길은 없지만 도망쳐서 그 힘을 기르고 있으면 언젠가는 나의 힘이 성장하여 적을 이길 수 있으니 흉(凶)하지 않고 길(吉)하다는 해석을 하고 있는 것이다. 도망가서 생존해야 한다는 절박함과 힘의 비축해야한다는 비장함이 주위상의 계책 속에 깔려 있는 것이다. 주역은 괘사와 효사로 이루어져 있다. 한 괘에는 양효–와 음효--가 6개씩 존재한다. 양을 대표하는 수는 구(九)이고 음을 대표하는 수는 육(六)이다. 괘사가 총론이라면 효사는 구체적인 상황을 의미한다. '좌차무구(左次無咎)' 즉 "뒤로 도망가는 것이 허물이 되지 않는다."는 것은 아래에서 네 번째의 음효--를 풀이한 말이다. 음의 네 번째 효이기 때문에 육사(六四)라고 한다.

'무구(無咎)' 란 허물이 되지 않는다는 뜻이다. 전쟁에 나간 장수가 승리는 못할망정 군사를 돌려 도망을 친다면 그것이 어찌 허물이 되지 않겠는가? 당연히 허물이 될 뿐만 아니라 조소의 대상이 될 것이다. 도망이란 마지막 선택이다. 적의 세력이 막강하고 도저히 승산이 없는 싸움을 하고 있는 경우 사람들의 조소를 무릅쓰고서라도 도망을 치는 것은 생존과 이후의 승리를 위한 준비를 하겠다는 각오가 있기 때문에 가능한 것이다. 물러나는 것이 나아가 싸우기보다 어려운 선택이기에 허물이 되지 않는다는 것이다.

적의 세력이 절대적으로 우세하고 우리 편이 싸워서 이길 능력이 없을 때 장수가 선택할 수 있는 방법에 대하여 세 가지를 제시하고 있다. 항복과 화합을 청하는 것과 도망가는 것이 그것이다. 그리고 이에 대하여, 항복하는 것은 완전히 패하는 것이고, 화합을 청하는 것은 반쯤 패하는 것이고, 도망가는 것은 패하지 않는 것이라고 평가를 내리고 있다. 불리한 조건에서 살아남아 힘을 기르고 시간을 기다려 유리한 조건에서 싸워 이기기 위한 지혜가 엿보이는 대목이다.

이러한 주위상의 계략을 보고 있으면 중국인들의 사고방식의 단면을 엿볼 수 있다. 적의 세력이 막강하여 사지에 놓여 있을 때 장수가 선택할 수 있는 방법은 세 가지가 아니라 사실은 네 가지이다. 그 하나는 죽기를 각오하고 싸우는 것이다. 계백장군이 황산벌의 싸움에서 아내와 가족들의 목을 먼저 베고 전장에 나가 장열하게 싸우다가 전사한 것이 그것이다. 중국인의 선택이 주위상이라면 한국인의 선택은 죽기를 각오하고 싸우는 것이다. 왜 이러한 차이가 나는 것일까? 그것은 도망갈 곳이 없는 지리적인 상황과 연관되어 있는 것 같다. 거대한 중국의 땅은 언제든지 도망가서 준비할 수 있는 여건이 된다. 그러나 조그만 반도의 땅에서 도망가고 싶어도 도망갈 곳이 없다. 그러기에 배수진을 치고 죽기를 각오하고 싸울 수밖에 없는 것이다. 임진왜란 당시 끊이지 않고 출현한 의병들의 모습이 한국인의 전형적인 태도이다. 죽기를 두려워하지 않고 끊임없이 일어남으로 인하여 적을 굴복시키고 자신을 지킨 선조들의 정신은 반도의 조그만 나라에서 생존해온 어쩔 수 없는 선택이었을 것이다. 한국인의 정서상 주위상의 계략은 비겁한 자의 자기변명으로 밖에 보이지 않는 이유가 여기에 있다.

'죽어서라도 명분을 지키려는 사고' 와 '어떻게든지 살아남아 다음을 기약하려는 사고' 와의 차이가 한국인과 중국인의 차이라면 지나친 비약일까? '명분과 실리의 가치 중 어느 것을 우선할 것인가' 하는 것 또한 시대의 상황에 따라 다를 수밖에 없다. 일제시대와 군사독재의 근현대사의 흐름 속에서 우리는 명분적인 가치를 우선해왔다. 막강한 적 앞에서 죽음을 무릅쓰고 싸워나가는 것만이 최선의 선택이었다. 그러나 이제 전 세계의 무한경쟁 속에서 살아남아 자신의 힘을 키우는 실리적인 선택이 더 중요한 가치로 다가와 있다. 죽음을 불사하고 싸우다 죽는 것이 최선의 선택이 아니라, 불리한 상황에서 도망갈 수 있는 선택을 하여 어떻게든지 살아남아 다음을 기약하는 사고가 요청되는 것이다. 죽기를 각오하고 싸우는 것을 고려하지 않는 주위상의 설명은 중국이라는 대국적 사고에서 기인하는 것이다. 조그만 땅덩어리에서 항상 우선적으로 죽는 것을 전제하고 싸워야하는 우리의 입장과의 차이를 분명히 느낄 수 있다.

도망간다는 것이 쉬운 것은 아니다. 이미 막강한 적 앞에 먹이감으로 전락한 상황 하에서 성공적으로 도망친다는 것은 현실적으로 쉬운 일이 아니다. '도망을 가느냐', 아니면 '싸우느냐' 하는 것을 선택하는 심리적인 문제를 넘어, '어떻게 성공적으로 도망을 칠 수 있는가' 하는 현실적인 문제에 직면한다. 필재우의 예화는 그것을 잘 보여준다. 상대의 부대가 그대로 진을 치고 있도록 믿게 하고서 몰래 빠져나가야 한다. 필재우는 살아있는 양을 묶어놓고 그 발에 북채를 연결하여 양이 움직일 때마다 북소리를 내게 함으로써 적진을 속이고 진영을 빠져나갔다. 자신의 부하들을 희생시켜 몇 명의 지도자들만이 살아남아 후일을 도모하는 것과는 차원이 다른 발상이다. 자신의 모든 군대를 살려 적진에서 빠져나오는 냉정함과 치밀함을 가지고 있기에 필재우는 이후의 싸움에서 다시 승리할 수 있었던 것이다.

장수가 도망가는 선택을 해도 허물이 되지 않아야 한다. 살아가면서 허물이 되지 않게 도망갈 수 있기 위해서는 솔직함과 용기가 필요하다. 이미 죽기를 각오하였기에 도망갈 수 있는 것이다. 만약 죽기를 피하기 위해 도망치는 것이라면 그것은 죽는 것만 못하다. 장수가 전쟁에서 장렬하게 죽는다는 것은 행복한 것이다. 죽음으로 인해 영원히 살 수 있는 것이니 그보다 행복함이 어디 있겠는가? 그러나 지도자는 죽고 싶어서도 죽을 수가 없다. 자신을 따르는 사람들의 생존과 행복을 위하여 살아남는 방책을 마련해야 하는 것이다. 객관적인 상황을 받아들일 수 있는 솔직함과 다음을 준비할 수 있는 용기가 있기에 도망갈 수 있는 것이다. 그러기에 허물이 되지 않는 것이다.

많은 실패를 경험한 자만이 승리할 수 있다. 거대한 적에게 죽음의 공포를 느껴보지 못한 자는 결코 정상에 오를 수가 없다. 설사 순간적으로 정상에 오를 수는 있어도 그것을 지속적으로 유지할 수는 없다. 도망감이란 포기하지 않는 것이며, 자신의 발전을 위하여 끊임없이 노력하는 힘이 되는 것이다. 발전을 위해서는 도망갈 줄 아는 용기가 필요하다. 정치가가 자신의 정치적인 노선이 대중들로부터 외면 받고 대중들의 정치적 욕구를 해결해줄 수 없으면 떠날 줄을 알아야 한다. 경영자가 자신의 경영전략이 실패하여 막대한 손실을 입힐 것 같으면 빨리 물러나야 한다. 작가가 자신의 필력이 다했으면 절필하고 도망갈 줄을 알아야 한다. 도망가서 힘을 비축하고 대안을 가지고 새롭게 나타나야 한다. 패배의 순간 생존해야 하는 것의 소중함과 새로움에 대한 희망 그리고 미래의 승리를 위한 철저한 준비를 주위상의 계략 속에서 발견해야 한다.

도망감을 사괘(師卦)를 통하여 설명하고 길(吉)하다고 바라보고 있는 중국인의 사고가 인상적이다.

참고문헌

찾아보기

■ 참고문헌

* 原著 : 「三十六計」 (一 · 二 · 三), 上海江東書局 印行.

「管子」
「鬼谷子」
「老子」
「墨子」
「史記列傳」
「司馬法」
「四十二章經」
「三國志演義」
「三國志」
「三略」
「三祝記」
「孫子兵法」
「荀子」
「永樂大全」
「吳越春秋」
「吳子兵法」
「元曲選」
「尉繚子」
「六韜」
「李衛公問對」
「資治通鑑」
「莊子」
「戰國策」
「諸葛亮心書」
「周易」
「韓非子」
「黃石公素書」
「淮南子」

葛洪 著 · 張泳暢 편역(1989), 『포박자』 (서울 : 자유문고)
葛洪 撰 · 임동석 역주(2006), 『신선전』 (서울 : 고즈윈)
곽신환 지음(1991), 『주역의 이해 : 우주의 자연관과 인간관』 (서울 : 서광사)
霍存福 著 · 김영수 역(1998), 『권력장』 (서울 : 도서출판 푸른숲)
귀곡자 저 · 허일봉 역(2008), 『귀곡자』 (서울 : 밝은빛)
金敬琢 譯(1985), 『列子(上) · (下)』 (서울 : 명지대학교출판부)
김영수 편역(2002), 『간신론』 (경기 고양시 : 도서출판 아이필드)
김영수(1996), 『모략(1 · 2 · 3)』 (서울 : 들녘)
김창규 外저(2006) 『36계 경영학』 (서울 : 도서출판 연어)
김필수外 옮김(2007), 『관자』 (서울 : 소나무)
나관중 저 · 박태원 완역, 『三國志(1-10)』 (서울 : 깊은샘)
노병천(1994), 『비전 삼십육계』 (서울 : 군사저널)
大山 金碩鎭 著(2001), 『대산 주역강의(1) · (2) · (3)』 (서울 : 한길사)
도경일 · 도경국 지음(2000), 『三國志 人名錄 (上 · 下)』 (서울 : 도서출판 불잉걸)
마키아벨리 니콜로 저 · 이상두 김인철 역(1990), 『군주론』 (서울 : 범우사)
墨翟 지음 · 박재영 옮김(1999), 『묵자』 (서울 : 홍익출판사)
司馬遷 저 · 김원중 역(2002), 『史記』 (서울 : 을유문화사)
謝祥皓 著(1998), 『中國兵學 (先秦卷 · 漢唐卷 · 宋元 明淸卷)』, (中國 : 山東人民出版社)
소강절 지음 · 노영균 옮김(단기 4335), 『황극경세서』 (서울 : 대원출판)
손무 저 · 유동환 역(2005), 『손자병법』 (서울 : 홍익출판사)
孫臏 著, 梁曉蕊 編(2005), 『三十六計故事』 (중국 : 人民日報出版社)
순자 지음 · 김학주 옮김(2003), 『순자』 (서울 : 을유문화사)
신동준 역주(2004), 『유향의 전국책』 (경기 고양시 : 인간사랑)
오광익 역주(2004), 『황석공소서』 (전북 익산시 : 동남풍)
오승은 저(1994), 『진본 서유기(1 · 2)』 (서울 : 도서출판 동반인)
吳兆基 編著(2001), 『孫子兵法與三十六計』 (中國 : 京華出版社)
禹玄民 역(1983), 『홍루몽(卷二 · 卷六)』 (서울 : 서문당)
유덕선 역해(2007), 『주역』 (서울 : 홍문관)
유안 저 · 이석호 역(1992), 『淮南子』 (서울 : 세계사)
이상각 지음(2005), 『36계 심리학』 (서울 : 도서출판 비움)
李恩珪 譯注(1991), 『孫吳兵法』 (서울 : 도서출판 內外新書)
장기근 · 이석호 역(1983), 『老子 · 莊子』 (서울 : 삼성출판사)

제갈량 지음 · 박동석 옮김(2006), 『제갈량집』 (서울 : 홍익출판사)
諸葛靜一 編撰(2005), 『孫子兵法與三十六計的智慧』 (中國 : 中國長安出版社)
좌구명 지음 · 신동준 옮김(2006), 『춘추좌전(1 · 2)』 (서울 : 한길사)
陳壽 지음 · 김원중 옮김(2007), 『정사 삼국지(위서 · 오서 · 촉서)』 (서울 : 민음사)
클라우제비쯔 저 · 김홍철 역(1991), 『전쟁론』 (서울 : 민음사)
태공망 황석공 저 · 유동환 역(2005), 『육도 · 삼략』 (서울 : 홍익출판사)
하이트 · 리텔(1980), 『위료자, 이위공문대』 (서울 : 하서출판사)
한비 지음, 김원중 옮김(2006), 『한비자』 (서울 : 현암사)

네이버 백과사전(http://100.naver.com)
네이버 중국어사전(http://cndic.naver.com)
네이버용어사전(http://terms.naver.com)
야후백과사전(http://kr.dic.yahoo.com)

■ 찾아보기

찾아보기